KB253810

사회보장행정에 관한 입법재량과 행정재량

사회보장행정법의 구조적 특성

사회보장행정에 관한 입법재량과 행정재량

사회보장행정법의 구조적 특성

이호용 지음

현대사회에서 인권의 관심이 인간의 생존의 문제에 있음은 누구도 부인할 수 없다. 특히 최근에 들어와서 삶의 질에 관한 논의들이 사회적으로 확장되어 가고 있는 것도 이러한 연유이다. 그러나 생존의 문제는 자유라는 거대한 불가양의 기본권과 충돌될 수도 있으며, 국가의 예산과 같은 재정적 지원이 뒷받침되지 않고서는 달성할 수 없는 문제이기 때문에 그 해결이 그리 쉬운 것은 아니다.

社會保障行政法

KSi 한국학술정보㈜

머리말

현대사회에서 인권의 관심이 인간의 생존 문제에 있음은 누구도 부인할 수 없다. 특히 최근에 들어와서 삶의 질에 관한 논의들이 사회적으로 확장되어 가고 있는 것도 이러한 연유이다. 그러나 생존의 문제는 자유라는 거대한 불가양의 기본권과 충돌될 수도 있으며, 국가의 예산과 같은 재정적 지원이 뒷받침되지 않고서는 달성할 수 없는 문제이기 때문에 그 해결이 그리 쉬운 것은 아니다.

특히 일부의 헌법학자들은 신자유주의라는 사상적 조류에 힘입어 사회권의 실현을 목적으로 하는 사회보장정책 특히 공적부조에 있어 소득재분배정책에 의한 행정기능의 확대·강화는 자유권을 과도하게 제약하는 것이라고 지적하기도 하였고, 최근 서구에서는 국가의 복지 영역의 확대로 재정지출이 증대되자 이에 대한 반발작용으로 조세저항의 증가와 또 이로 인한 지하경제의 성장 등과 같은 사회병리적 현상도 유발하고 있어 긴축적인 사회정책이 필요하다고 하는 등의 사회보장국가위기론이 대두되고 있는 것도 사실이다. 하지만 사회보장의 필요성과 당위성을 전면에서 부인하는 사람은 누구도 없으며, 위와 같은 병리적 현상들도 사회보장의 경험이 많은 서구 여러 나라에 관한 문제가 아닌가 생각된다. 사회보장의 경험이 일천한 우리나라에서 사회보장의 필요성이 진지하게 수용될 단계에 있기 때문에 무엇보다도 사회보장의 실현을 조장할 수 있도록 법구조를 정비하는 작업이 선행되어야 함은 두말할 나위도 없다. 따라서 이 시점에서는 단순히 사회보장실현을 위한 법이론을 선언적으로 외치기보다는 사회보장의 실현을 저해하는 법적 요인들을 법적용의 단계에 따라 지적하고 그 대안을 체계적으로 정리해 봄으로써 보다 적극적으로 사회보장의 실현을 위해 대응하는 것이 필요하다고 생가된다.

이와 같은 상황인데도 우리나라에서의 사회보장관련법(이하 사회보장법이라 한다)에 관한 연구는 많지 않은 것이 현실이다. 종래의 사회보장과 관련된 논의는 헌법적 차원의 것이거나, 정책적 차원의 것이 대부분이었다. 헌법적 차원의 것들은 생존권의 법적 성격을 다루는 선언적 차원의 것이거나, 실제 문제를 다루더라도 기본권과 관련하여 사회보장수급권에 관한 평등의 문제를 다루는 것 정도였으므로, 현실에서 이루어지는 사회보장의 실천적인 문제에 관한 법적인 논의는 소수에 불과하다. 또 일부의 사회보장학자들의 법적인 측면에서의 연구결과도 있는데, 이들의 사회보장법에 대한 체계화의 시도는 사회보장의 행정이 결국은 법적 토대 위에서 작용할 수 있다는 점에 대한 인식이 사회보장학의 영역에서도 시작되었음을 나타낸 것이기 때문에 종래 법적 측면에서의 연구가 천시되어 오던 사회보장 영역에서 이러한 연구가 시도되고 있다는 것은 상당히 고무적인 일이며, 그 연구성과도 현실적인 부분은 많다. 그러나 이들이 전문법학자가 아닌 관계로 다소 법적인 토대가 부족한 면이 있고, 법원리에 의한 분석이라기보다는 조문해설식인 것들이거나, 법이라기보다는 정책적 제안에 가까운 것들이

어서 원리적으로 법적 대응을 할 수 있는 자료가 되기에는 부족한 점도 있었다.

결국 사회보장행정이 국가의 적극적인 개입에 의해 이루어지는 급부작용임을 감안할 때 행정법적인 측면에서의 논의가 별로 없었던 것은 앞으로의 문제해결에 있어 중대한 불비가 아닐 수 없다. 물론 아직까지는 소송으로 다루어진 사회보장에 관한 분쟁이 손에 꼽을 정도로 소수이며, 한국판 아사히소송이라 불리는 1994년의 생활보호법상의 생계보호기준에 관한 헌법소원을 제외하고는 눈에 띄는 소송은 거의 없다고 할 수 있다. 이것은 후술하는 바와 같이 사회보장수급권자의 권리의식의 부족, 기본권적 인식부족, 소송에 관한 지식부족, 사법기관의 보수성 등을 직접적인 원인으로 들기도 하는데, 행정법의 측면에서 보면 사회보장을 위해 행정을 법적으로 통제할 필요성이 그만큼 없었다는 것을 의미하기도 하지만 그 반면 사회보장을 위한 행정의 통제가 잘 이루어져서 사회보장행정이 활성화되었다면 그에 대하여 불복이 있는 수급자들에 의한 권리추구를 위한 소송이 더 많았을 것이라고도 예측할 수 있는 것이다.

그러나 학계에서는 사회보장의 헌법적 근거인 헌법 제34조의 생존권규정에 대하여 현실적으로 프로그램규정설과 크게 다를 바 없는 추상적 권리설을 다수의 입장으로 취하고 있고, 이러한 헌법단계에서의 생존권의 프로그램적 성격은 법률단계에서는 광범위한 입법재량으로, 행정단계에서는 광범위한 행정재량으로, 소송단계에서는 항고소송으로서의 급부소송과 의무화소송의 부정이라는 일련의 법적 구조로 연결되게 된다. 이러한 법적 구조는 일련의 전체적 시스템에서, 또 각각의 단계에서도 결코 생존권실현을 위한 유효한 법적 제도와 수단이 될 수 없으며, 이러한 법구조를 탈피하지 않는 한 사회보장의 실현은 요원하다고 할 수 있다. 따라서 사회보장실현에 관하여 행정법학이 과제로 하고 있는 것은 사회보장법을 '법률과 법'에 기속시키고, 광범위한 행정재량을 수권하고 있는 행정이 수급권자에게 실시하는 지도, 조언, 입소조치 등 일련의 행정과정에서 성립된 복지행정을 통제하고 규율하기 위한 적정절차와 행정 참가 및 사후적 구제 등을 도모하는 방법을 현대적 법치국가 원리의 토대 위에서 조화롭게 실현하는 것이다. 따라서 본서에서는 이러한 목적 위에서 현재 사회보장실현 저해요인으로서의 법적 구조를 단계별로 살펴보고 그 한계와 대안을 제시해 보고자 한다.

2007년 6월

著 者 씀

차 례

第1章

序　論

第1節 社會保障行政法의 體系的 地位

국가 등 공적 주체가 담당하는 행정작용은 시대에 따라 또 각국의 헌법구조의 변천에 따라 변화한다. 19세기 후반의 입헌군주제하에서는 질서유지행정 및 그것을 위한 재무행정이 중심을 이루고 있었다. 그러나 제1차대전 이후부터는 소위 자본주의경제의 모순 현상, 즉 자유경쟁의 폐해로 등장한 다양한 사회문제가 발생하여, 개인 스스로에 의해서는 그 문제를 해결할 수 없는 경우도 등장하게 되었고 여기에 국가가 점차 개입하게 됨으로써, 개인의 생존은 국가에 의한 적극적인 생존배려에 강하게 의존하지 않을 수 없게 되었다.[1] 그 결과 생존배려를 중심으로 한 급부행정은 행정법의 새로운 영역으로서 중심적 위치를 차지하게 되었다. 급부행정에 대한 정의는 학자 간에 다소 차이가 있으나, 급부행정을 교과서를 통해 최초로 체계화한 Hans J. Wolff가 말한 바와 같이 "주는 활동을 통해 공동체 구성원의 이익추구를 직접적으로 촉진하는 행정[2]"이라고 정의될 수 있으며, 이러한 국가의 수

---

1) Wolff/Bachof, Verwaltungsrecht, Verlag C. H. Beck, Bd. 3, 4. Aufl., 1978, S.180.
2) A.a.O., S.182.

익적 활동으로 이루어지는 급부행정은 대체로 사회보장행정, 공급행정, 조성행정으로 구분되고 있다.

그런데 이 중 사회보장행정은 현대적 인권 문제로서의 생존권의 부각과 함께 현대국가의 가장 중요한 과제라고 할 수 있는 영역이 되었다. 헌법상의 생존권의 구현은 사회보장행정의 형태로 나타나기 때문이다. 종래의 사회보장행정은 내용적인 측면에서는 소득보장과 의료보장으로, 방식의 측면에서는 공적부조, 사회보험, 사회적 약자에 대한 원조 등의 극히 한정적인 부분으로 이루어졌으나, 사회가 발달하고 인권의 관심이 점차 확대됨에 띠리 현재는 환경의 문제, 주택의 문제 등도 사회보장행정의 영역으로 이해되고 있다.

이와 같이 사회적 관심에도 불구하고 사회보장행정법은 그 역사가 짧고 국가의 정책방향에 따라 좌우될 수 있는 유동성이 강하기 때문에 법이론적 해명이 쉽지 않으며, 다른 행정법학 분야보다는 연구가 늦어져 왔다. 특히 사회보장행정법의 전반에 관한 체계적인 연구서는 거의 없다고 할 수 있다. 따라서 사회보장행정법의 체계와 이론을 구성하고 그에 따라 현행의 제도를 통일적으로 이해한다는 것은 매우 어려운 일이 아닐 수 없다. 하지만 이제는 그 작업은 피할 수 없는 과제가 되고 있다. 지금과 같이 고조되어 있는 생존권적 인권의 관심을 구체적으로 실현하기 위해서는 사회보장행정법의 법리에 의한 해명이 있어야 하며, 이러한 작업을 헌법이나 사회복지학의 영역에만 맡겨서는 현실적으로 효과적인 해결책은 기대할 수 없기 때문이다.

종래 복지국가실현이라는 기치 아래 사회보장의 바람직한 발전방향을 제시하기 위한 연구들은 종래의 공·사법 체계가 아닌 독자적인 법 영역으로서의 사회보장법학, 헌법학, 행정학, 사회복지학 등에서 다양하게 이루어져 왔다. 그러나 그 결과는 현실적으로 구체적인 법문제, 즉 사회보장수급에 대한 권리구제의 문제를 실제로 해결해 줄 수 있기에는 다소 부족하였다.

종래에는 사회보장의 법이 행정법이 아니라 독자적인 법 영역으로서의 사회보장법학이라는 인식이 강하였다. 이러한 접근태도는, 사회보장이 급부행정의 영역으로서 이에 대한 법적 체계가 행정법학의 한 분야임에도 불구하고, 이러한 점에 주목하지 아니하고 공·사법의 어느 영역에도 속하지 않는다는 사회보장법의 특수성만을 강조하는 경향을 취하게 되었다. 그 결과 사회보장이 국가의 급부체계에 의해 이루어지는 행정작용임에도 불구하고, 그 기초가 되는 행정법이론과 단절되어 논의되었으며, 따라서 실질적인 구제의 법리나 통제를 위한 법리들이 개발되지 못하였던 것이다. 또, 헌법학에서의 사회보장에 대한 연구는 기본권을 중심으로 한 권리론의 연구, 즉 생존권의 법적 성격 내지는 생존권의 재판규범성에 관한 논의가 주종을 이루고 있는데, 이것도 헌법이 갖는 법적 기반적 성격에 관한 측면에서, 또 사회보장행정법도 헌법상 기본권에 근거하여 형성된다는 측면에서 절대 소홀히 되어서는 아니 되지만, 이러한 것들은 실천적이라기보다는 다소 이론적이고, 관념적인 것들이 많아서 이것만으로는 구체적인 권리구제를 도모할 수는 없었다. 다음으로 사회보장행정학 내지 사회복지학에서의 연구는 이들이 현실의 실증적 자료를 제시함으로써 법정책적 제안을 할 때 상당히 설득력이 있으나, 전문법학자가 아닌 관계로 '법적 연구'임에도 불구하고, 법이라기보다는 정책적 제안에 치중되어 있고, 문제점만을 제기하거나, 구체적인 법문제의 해결책에 관해서는 방향만을 제시할 뿐 문제의 해결을 위한 기술적인 측면에서의 실효성 있는 방안을 제시하지 못했다고 할 수 있다. 결국 법이 종국적으로 목적하는 바는 권리의 소재를 명확히 하고 권리의 구제를 도모하는 것이므로,

권리의 보장 내지 권리의 구제의 문제를 기술적으로 해결하는 법인 행정법에 의해서 사회보장의 문제를 해결하여야 하며, 이러한 접근을 위해서 행정법학적 법리연구는 절대적으로 필요하다. 이러한 측면에서 사회보장이 갖는 정책적, 기술적 성격은 감안하더라도, 그것이 필요에 따라 이루어지는 단순한 정책실현이 아니라 일반적 공법의 원리에 입각하여 수행되는 종합적인 행정법의 한 분야라는 점을 인식하는 점은 상당히 중요하다.

다만 사회보장행정법이 현대 행정법의 핵심적 영역인 급부행정법의 가장 중요한 부분을 차지하긴 하나, 일반적 급부행정법의 이론이 그대로 적용될 수 있는 것은 아니다. 왜냐하면 사회보장행정이 비권력행정 작용으로서의 급부작용의 전형을 이루는 것이기는 하나, 사회보장에서는 국가 등 공행정 주체가 급부실현과정에 강력히 개입되어 그 급부체계가 국가의 책임에 의해 실현되며, 또 사회보장이라는 행정목적을 위한 수단으로서 직접, 간접의 급부활동을 전제한다는 점에서 일반적인 급부행정작용과는 다른 특수성이 있기 때문이다.[3] 즉 사회보장행정은 사회공공의 복리증진을 위한 적극적인 수익적 작용이라는 점에서는 다른 급부행정의 작용과 다를 바 없으나, 일정한 재화나 역무의 제공에 그치는 것이 아니라 종합적인 생존배려를 내용으로 하며, 사회보장행정은 급부작용이긴 하나 처분으로서의 성격이 강하고 급부대상자에 대한 특별한 보호를 목적으로 한다는 점에서 다른 급부작용과는 구별되며, 따라서 효과적인 사회보장행정의 실현을 위해서는 사회보장행정법이 갖는 특질적 요소들을 잘 고려한 법리를 구성하여야 한다.

---

3) W. Rüfner, "Die Rechtsform der sozialen Sicherung und das allgemeiner Verwaltungsrecht", VVDStRL(1980), S.204; W. Wertenbruch, "Sozialrecht und allgemeines Verwaltungsrecht", DÖV(1969), S.598.

사회보장행정법의 법리에 대한 체계적 연구의 필요성은 현실적으로도 절박하다. 우리나라의 경우 1960년대부터 진행된 경제성장 위주의 정책으로 단기간에 경제성장은 이룩하였지만, 빈부격차가 증대되어 소득재분배에 대한 요구가 노동계를 중심으로 정치사회적 쟁점이 되어 있고, 또 1990년 독일통일과정에서 본 바와 같이 이질적인 체제로 존재하던 두 국가의 통합과정에서 우선적으로 표출된 문제가 사회보장의 문제4)였던 점에 비추어 볼 때 남북통일을 대비하기 위한 우리의 법정책적인 측면에서도 사회보장행정법에 대한 연구는 당위적인 과제이기도 하기 때문이다.

이러한 점을 전제로 본 연구에서는 사회보장행정법을 내용적으로 체계화하고, 사회보장행정이 공법일반 원리의 적용을 받는 행정의 한 영역으로서 구현되는 과정에 방해가 되는 법구조적 장애요인들을 행정법적인 시각에서 분석하고 해결책을 도모함으로써 사회보장이 가장 실효성 있게 확보될 수 있는 법리를 제시하고자 한다.

第2節 社會保障權의 實現을 沮害하는 有機的 法構造

사회보장이 현실적으로 제대로 실현되지 못하는 법구조적 원인을 살펴보면, 기본권 단계에서의 사회보장을 받을 권리의 추상성, 기본권

---

4) G. A. Ritter, *Sozialversicherung in Deutschland und England*, Verlag C. H. Beck, 1983, 서문에서.

을 규범적으로 구체화시키는 법정립단계에서의 넓은 입법재량, 법집행
단계에서의 광범위한 행정재량, 소송단계에서의 항고소송으로서의 급
부소송과 의무이행소송의 부정 등을 들 수 있는데, 이것은 각각 병렬
적으로 또는 일련의 상호 유기적 시스템으로 사회보장의 실현을 저해
하는 중대한 장애요인이 되며, 이러한 법구조를 탈피하지 않는 한 사
회보장의 실현은 요원하다고 할 수 있다. 이러한 측면에서 사회보장실
현에 관하여 행정법학이 과제로 하고 있는 것은 입법재량을 적절히
통제함으로써 사회보장법을 실질적인 헌법질서에 기속시키고, 광범위
한 행정재량을 수권하고 있는 행정이 수급권자에게 실시하는 일련의
급부, 입소조치, 지도, 상담, 알선 등 일련의 행정과정에서 성립된 복
지행정을 실체적, 절차적으로 통제하는 방법을 현대적 법치국가 원리
의 토대 위에서 조화롭게 실현하는 것이라 할 수 있다.[5]

따라서 본 연구에서는 사회보장을 받을 권리에 관해서는 그것이 진
정한 권리로서 구체화되어 가고 있다는 점을 새로운 시각에서 입증하
고, 입법재량과 행정재량에 관해서는 이것들의 한계점은 어디인지, 그
재량의 통제를 위해서는 어떤 법리가 적용될 수 있는지를 탐구해 보
는 것을 주된 연구범위로 한다. 그런데 연구대상인 사회보장의 영역을
어디까지로 할 것인가에 대해서는 사회보장의 가장 원초적인 형태라
고 할 수 있는 공적부조를 중심으로 하되, 국가가 제공하는 공익적 차
원의 급부를 모두 포함하여 넓게 이해하는 것이 좋을 듯하다. 따라서
전통적인 사회보장의 세 영역인 사회보험, 공적부조, 사회복지서비스
외에도 보건위생, 사회보상,[6] 생활환경(공해, 주택문제, 도시정비) 등

---

5) 横山信二, "社會權の實現と行政法學—憲法學, 社會保障法學, 財政法學の狹
　間で", 公法研究 第59号(1997), p.327.
6) 사회보상(社會報償)이란 국가가 어떠한 개인적 손실에 대해서 비록 국가
　배상법 규정에 의해 배상할 의무는 없다고 하더라도 국민의 특별한 희생

의 영역까지도 포함하는 것으로 한다.

각 장별 연구범위에 관해서는 第1章 序論에서는 사회보장행정법이 헌법상 생존권을 그 이념적 지주로 하여, 사회보험, 공적부조, 사회적 원조 등을 주축으로 하여 일정한 사회적 수요(needs)의 충족을 목적으로, 국가의 책임에 의해 이루어지는 사회급부체계에 관한 행정작용법[7]이라는 인식 아래, 연구의 목적과 연구의 범위 및 연구의 방법을 밝혔다.

第2章 社會保障行政을 위한 法的 基礎에서는, 효과적인 사회보장행정법의 구현의 방해가 되는 법적 장애요인의 분석을 하기 위해서 정리되어야 할 기초적인 법문제로서, 사회보장과 관련된 개념의 혼란상과 사회보장법의 내용적 체계화, 사회보장의 받을 권리의 법적 성격 등에 관하여 검토해 본다. 관련 기본개념이 확립되지 못한 것은 법의 발전에 중요한 장애가 되므로, 학자 간 학문 영역 간 중복되거나 달리 이해되는 부분을 정리하여 혼란상을 정리하였다. 다음으로 사회보장은 다양한 형식, 예컨대 사회보험의 경우에는 보험의 형식을 취하는 경우와 같이 보장의 내용이 발생한 역사적, 사회적 차이에 따라 급부의 형식이 상이하기 때문에 이를 전체적으로 통일적으로 규범화하는 것이 그리 쉬운 일은 아니다. 따라서 여기서는 사회보장행정법이 규범적 효력을 갖추기 위해서 반드시 고려되어야 하는 요소에 관해서 현행법제의 수준을 언급하면서 검토해 본다. 또 사회보장행정법의 헌법적 근거

을 예방할 의무가 있는 경우의 이에 대한 보상을 의미하는 것이다. 이것은 손실보상과 유사하지만 순수한 손실보상이론으로 완전한 설명은 어려운 경우이다. 범죄피해자에 대한 구조, 환경오염에 대한 피해자, 예방접종 사고로 인한 피해자 등이 이에 해당된다.

7) Wolff/ Bachof/ Stober, *Verwaltungsrecht*, Verlag C. H. Beck, Bd. 1, 11. Aufl., 1999. §3, Rdnr. 6, S.57.

는 모든 국민의 인간다운 생활의 실현을 보장내용으로 하는 생존권이며, 이 생존권이 권리로서 구체성을 갖느냐의 여부는 사회보장행정법의 실효성확보를 위한 가장 근본적인 문제로 중대한 영향을 주게 되므로, 생존권의 구체성을 인정하기 위한 근거를 제시하도록 한다. 그런데 종래의 이에 관한 연구는 헌법의 기본권론에서만 국한되었으므로, 자유권과의 관계 때문에 유효하고 적절한 설명이 되지 못했다. 따라서 본 연구에서는 새로운 시각에서 생존권의 구체성의 논거를 제시하고자 한다.

즉 종래에는 기본권적인 시각에서만 그것을 이해하려고 하였으므로 자유권과의 충돌문제, 자유권에 집착하는 경향 등으로 인하여 권리의 구체성을 인정하기가 어려웠다. 이것은 헌법은 행정법에 의해서 구체화된다는 명제에 충실한 것으로 헌법상 권리의 구체성이 인정될 때 행정법상의 구현이 가능하다는 전제 아래 헌법상의 권리의 성질에 관해서는 헌법적 차원에서만 논의되었기 때문이다. 그러나 여기서는 헌법과 행정법의 관계를 이와 같이 설명하지 아니하고, 역으로 행정법에 의해 헌법원리가 형성된다는 명제가 가능함을 이해한다. 즉 오늘날 헌법으로 분류되는 많은 제도들도 헌법적 원칙으로 받아들여지기 전에는 특별행정법의 개별적인 영역 속에 속하는 것들이었음을 볼 수 있기 때문이다.

第3章 社會保障行政에 관한 立法裁量과 그 統制에서는 사회보장행정의 법정립단계에서 입법부가 행사하는 입법재량에 관한 통제에 관하여 다룬다. 여기서는 사회보장입법에서의 입법재량은 피할 수 없는 것인지, 또 그렇다면 어떤 방식으로 입법재량을 통제할 것인가를 검토한다. 입법재량에 관해서는 국내에서의 연구가 미진하므로, 미국과 일본의 사회보장소송에서 나타난 재판이론을 검토하고 거기에서 시사점

을 찾도록 한다.

　第4章 社會保障行政에 관한 行政裁量과 그 統制에서는 사회보장행정이 전통적인 행정의 이분론인 침해행정과 급부행정의 어느 것에도 완전히 포함시킬 수 없는 특유한 성질을 가지고 있다는 인식을 전제로 하면서 사회보장행정에서의 실체적, 절차적 통제에 관하여 검토한다. 즉 사회보장행정은 어떤 단계에서, 어느 정도의 재량발생가능성이 있는지, 그 재량을 통제하기 위해서는 어떻게 하여야 하는지를, 사회보장행정의 구체적 구현과정에 따라서, 또 사회보장행정의 행위형식에 따라서 검토하고, 아울러 절차적 통제는 어떤 방법으로 할 것인지를 검토한다.

　여기서도 일정한 행위형식이 갖는 법적 효과에 대해서 그 행위에 대하여 전형적인 효과만을 법적 판단의 근거로 삼는 것이 아니라, 그 행위의 목적 내지 지향점, 법적 효과 등을 근거로 해석 가능한 다양한 법리를 도모하는 새로운 시도를 해 본다. 즉 사회보장행정의 행위형식은 그 전형적인 모습과는 다른 구조의 법적 효과가 발생하기도 하기 때문에, 사회보장행정법의 실효성확보를 위해서는 이러한 성질을 잘 이용하여 제도의 취지에 가장 잘 부합하는 법리를 도모하고자 하는 것이다. 말하자면, 사회보장행정의 행위형식은 법규나 법규명령 및 행정행위, 사실행위, 계약 등의 형식으로 이루어지는데, 예컨대 행정행위로 이루어지는 경우에도 계약적 요소가 많고, 계약으로 이루어지는 경우에도 처분적 성질을 많이 내포하고 있는 것과 같이 행위형식의 전형적인 법효과만을 전제로 하여서는 구체적인 구제의 문제에 효과적인 답을 내기 어렵기 때문이다.

　第5章 結論에서는 위에서 제기한 문제에 대해서 간략하게 답함으로써 결론을 맺는다.

第3節　研究의　方法

　본 연구에서는 사회보장행정법이 공법일반 원리의 적용을 받는 행정의 한 영역으로서 구현되는 과정에 존재하는 구조적 장애요인들을 분석함으로써 사회보장행정을 올바른 모습으로 개선하는 방안을 제시하기 위해 법해석론, 비교법론, 입법론, 법정책적 대안의 제시 등의 방법을 채택하고자 한다. 아울러 사회보장법의 영역이 법적 영역과 사회학적 영역이 중복되어 있기 때문에 사회복지학자들의 현장에서의 의견과 경험에 대한 법사회학적으로 검토가 가미되어야 함은 말할 필요도 없다.

　다만 우리나라에서는 법적인 토대에서의 사회보장에 대한 논의가 많지 않은 관계로 여기서는 주로 독일과 미국, 일본의 논의수준과 사례 등을 들어 비교법적 연구를 토대로 새로운 입법론과 법정책적 대안을 제시하고자 하는데, 특히 사회보장의 경험이 많은 서구 각국의 역사적 체험에 의한 경험론은 이 분야의 문제해결에 많은 도움이 될 수 있을 것이다.

第2章

社會保障行政을 위한 法的 基礎

　본 장에서는 사회보장실현을 위한 법적 구조에 대한 본격적인 검토에 들어가기 앞서 사회보장행정의 실효성확보를 위한 법적 기초를 살펴보고자 한다.

　여기서는 그에 관한 세 가지 점을 다루는데, 먼저 사회보장에 관한 각종 개념의 혼란상을 정리하고(제1절), 또 사회보장법이 규범력을 갖기 위해 갖추어야 할 내용적 요소, 즉 규범적 체계화에 관하여 정리하며(제2절), 다음으로 사회보장을 받을 권리의 성질에 관해서 검토한다(제3절). 후술하겠지만 사회보장의 실현을 저해하는 가장 중요하고도 직접적인 요인은 사회보장의 헌법적 근거인 생존권의 성질에 관한 추상적 권리라는 인식을 비롯하여 및 사회보장의 입법단계에서의 재량, 즉 입법재량과 집행단계에서의 행정재량이 폭넓게 인정되고 있다는 점이다. 이러한 제 요인은 본 장에서 검토하는 기본적 문제와도 상호 연관성이 있다는 점을 부인할 수 없기 때문에 이러한 문제의 선행적 해결은 반드시 중요하다고 생각된다.

第1節 社會保障에 관한 基本概念의 整理

사회보장, 사회보장을 받을 권리, 사회보장에 관한 법은 그 내용과 범위가 명확히 정해져 있지 않고 유사한 개념과 중복되어 있어 정확히 무엇을 말하는지 혼란스러울 때가 많다. 따라서 이하에서는 사회보장에 관한 기본적 개념들은 혼란의 원인이 되는 그 유사개념과 대비하면서 정리해 보도록 한다.

1. 社會保障의 概念

1) 社會保障 概念의 發展

사회보장(social security)이라는 용어가 공식적으로 쓰인 것은 미국의 1935년 사회보장법(Social Security Act)에서부터였다고 한다. 이후 1938년 뉴질랜드 사회보장법이 제정되면서 사회보장이라는 용어가 확산되기 시작하였으나 현재까지 사회보장의 개념에 대하여 확고하게 일치된 견해는 없다. 이것은 이 개념이 시공을 초월하는 절대적 개념도 아니고, 자본주의 발전과 함께 미묘한 개념의 변화를 보여주고 있기 때문이다.[8]

한 연구에 따르면 사회보장의 개념은 애초에는 경제보장(Economic security)의 의미로서 시작되었지만 이것은 다시 정치적 프로그램으로,

---

8) 이인재 · 유인석 · 권문일 · 김진구, 사회보장론, 나남출판, 1999, p.18.

또 사회정책적 프로그램으로 발전하여 현재와 같은 사회정책적 제도로 발전하였다고 한다.[9] 물론 현재도 사회보장의 가장 보편적인 개념은 경제보장이다. 사회보장은 사회적 위기(social risk)로부터의 보장을 의미하는 것이고 그 사회적 위기의 요소 중 가장 핵심적인 것은 빈곤이기 때문이다.

자유주의를 신봉하는 근대사회에서 국가가 '빈곤에 대한 사회적 책임'을 슬로건으로 개인의 복지문제에 개입한다는 것은 하나의 혁명적 변화를 의미했다. 제2차대전을 계기로 사회보장 개념에는 정치적 성격이 추가되게 된다. 미국의 루스벨트와 영국의 처칠은 대서양 헌장을 통하여 전 국민이 전쟁에 참가하는 총력전으로 유도하기 위하여 '공포와 궁핍으로부터의 자유(freedom from fear and wants)'라는 정치적 슬로건을 사용하게 되는데, 이 슬로건의 정신이 1942년 영국의 비버리지보고서에 반영되고 이것은 다시 1948년 UN인권선언에도 영향을 주게 되어 인권선언 제22조에 "모든 인간은 사회구성원으로서 사회보장을 받을 권리가 있다"는 규정으로 나타나게 되었다. 이 시기의 사회보장은 실업자에 대한 경제적 보장, 소득보장적 의미에서의 의료보장 등의 의미로 확대되었다. 물론 정치적 평화를 고려한 사회보장이었으므로, 구체적인 방법이나 최저기준이 설정되지도 못하는 등 사회제도적 의미를 가지는 것으로 정착되지 못하였다. 전후 사회보장은 국제노동기구(ILO)와 국제사회보장협회(ISSA)의 노력으로 점차 사회보장의 관념적 내용이 줄어들고 제도적, 기술적 내용이 증대되어 사회정책적 프로그램의 성격을 거쳐 점차 제도로서 형상을 갖추기 시작하였다. 그리고 이들에 의해 사회보장법의 통합된 개념 아래 사회보험, 사회부조의

---

9) 유광호, "사회보장의 개념에 관한 연구", 사회보장연구(한국사회보장학회지) 제1호(1985), p.1.

틀이 구성되었고, 제도 간 일관성과 조화를 갖추어가게 됨에 따라 사회보장이 프로그램수준을 넘어 제도화되면서 일정하게 법적으로 보장된 요구, 급여, 행정문제 등이 나타나게 되었다.

종래 경제적 보장에서 출발한 사회보장은, 인간의 생활상의 위험(노령, 질병, 산재, 실업 등)이나 곤경에 대해 법으로 정해진 일정한 사회적 급부(현금, 현물, 서비스)를 제공하는 사회적 장치라고 하는 견해가 많았으나,[10] 현대사회에서의 사회보장은 생활위기뿐만 아니라 그 이상의 생활구조의 변화에도 적극적으로 대처하여 국민의 사회적 필요성을 충족시키지 않으면 안 되게 되었다.[11] 따라서 오늘날에는 사회보장의 전통적인 구분인 공적부조, 사회보험, 사회복지서비스(모성, 아동, 노인, 장애인, 윤락녀 등 사회적 약자라고 판단되는 일부 특수계층 국민을 위한 부문 등)[12][13][14]뿐만 아니라 공중위생, 공해규제, 교육,

---

10) 이인재 외, 사회보장론, pp.22-23. 아직도 사회복지학자들이 말하는 사회보장의 범위는 생활의 위기로부터의 보장을 의미하는 수준에 그치고 있다.

11) 金裕盛, 社會保障法, 東星社, 1985. pp.25-26.

12) 여기서 '사회복지서비스'의 보다 정확한 표현은 '사회원조서비스'이다. 왜냐하면 이것은 그 대상계층이 특징적 사회적 약자들이고 이들의 부족한 부분 내지 이로 인한 생활상 수요(needs)를 원조해 줌으로써 그렇지 아니한 일반인들과 균등하게 한다는 측면이 강하기 때문이다. 따라서 개념을 보다 정확하게 표현하기 위해서는 사회원조서비스라고 하는 것이 적당하다. 하지만 사회복지서비스가 더 일반적인 표현이고, 현행 사회보장기본법 제3조에서도 사회복지서비스라는 용어를 사용하고 있으므로 이에 따르기로 한다.

13) 사회복지서비스는 민간부문에 의한 공급도 포함되며, 민간에 의한 역할이 상당한 부분을 차지한다.

14) 사회보장의 구조를 사회보험, 공적부조, 사회보상, 사회복지로 나누고 사회복지를 '사회복지서비스'와 같은 개념으로 사용하는 견해가 있는데(權寧星, 憲法學原論, 法文社, 1999, p.569) 이것은 사회복지와 사회보장을 거의 유사한 개념으로 보고 있는 실무에서의 현실을 볼 때 부적당한 표현이다.

주택, 도시문제 등 사회생활환경의 정비를 위한 부분에까지도 개입하지 않으면 안 되게 된 것이다.

현재에도 사회복지학자들의 사회보장개념은 대체로 생활적 위기에 대한 사회적 급부에 한정되어 있다. 이에 비해 법학자들의 견해는 생활위기에 대한 보장뿐만 아니라 사회보상 및 생활환경정비를 위한 부분까지 포함하는 것으로 하고 있다.[15] 이것은 양 학문의 특성에 기인하는 것으로 보인다. 사회보장의 개념을 사회적 위기에 대한 사회적 급부라고 할 때 사회복지학자들의 경우 사회적 위기라는 개념요소에 초점을 두는 반면, 법학자들은 사회보장이 헌법상 생존권의 토대 위에서 작용하는 국가적 급부의 하나라는 개념에서 출발하기 때문이 아닌가 생각된다.

사회보장은 위와 같이 넓게 이해해야 한다. 왜냐하면 현대사회에서 사회보장 개념은 점점 다양하게 확대되고 있고, 보다 적극적으로 사회보장을 실현하려는 적극성을 보장한다는 측면이 중요하기 때문이다. 이러한 개념범위는 이하에서의 사회보장을 받을 권리, 사회보장에 관한 법에서도 같이 적용한다.

2) 類似槪念과의 關係

위에서 밝힌 바처럼 사회보장의 개념은 확고히 되어 있지 않기 때문에 국가마다 학자마다 용어도 개념범위도 달리하고 있다. 먼저 미국에서는 social security,[16] 독일에서는 Sozialsicherung, 또 영국에서는

---

15) 金裕盛, 社會保障法, p.21; 李憲錫, "社會保障受給權의 法理에 관한 小考", 眩谷金斗漢敎授華甲紀念論文集, 1994. p.1149; 園部逸夫, 社會保障行政法, 有斐閣 1988; 隅谷三喜, 社會保障의 新理論, 東京大出版會, 1991.
16) 소득보장을 중심으로 하는 것으로 대개는 편의상 협의의 사회보장이라

social welfare 내지 social service, 스웨덴에서는 social policy라는 용어를 주로 사용하고 있으며, 일본에서는 社會福祉뿐만 아니라 社會事業이라는 용어도 많이 사용하고 있다.

이에 관하여 정리해 보면 미국에서의 미국의 social security개념은 노령, 장애, 가장의 사망으로 인한 유족의 생존 등의 문제를 가진 사람들에게 경제적 보장을 제공하기 위해 연방정부가 제공하는 일련의 사회보험프로그램을 의미하는 것으로,[17] 노인과 그 부양가족을 그 주된 대상으로 하고 있었으나, 점차 실업, 질병, 산업재해, 가족수당, 공공부조프로그램 등을 포함하는 개념으로 확대되었다. 독일의 sozialsicherung은 종래는 질병, 노령, 산재 등 소극적으로 사회적 위험으로부터 개인을 보호하는 개념이었으나, 교육, 직업, 자녀양육 등 보다 적극적으로 개성신장을 위한 개인의 수요를 충족시키는 과제로 발전시켜 나가고 있다.[18] 또 영국에서의 social welfare 내지 social service는 광의의 개념을 택하고 있어 소득보장이 중심이 되는 협의의 사회보장(social security)을 비롯하여 의료서비스로서의 보건, 대인서비스, 아동대책, 청년대책, 교육, 고용·직업훈련, 주택문제, 법률부조, 지역복지 및 도시문제 등을 포함하는 개념이다.[19] 특히 영국에서는 사회적 제도로서의 사회사업(social work)이 일찍이 발달해 왔기 때문에 규범적 제도로서 사회보장이 발달한 독일과 특색 있는 대조를 이룬다고 할 수 있다. 따라서 영국에서의

한다.

17) 여기에는 노령유족보험, 장애보험, 의료보험 등의 대표적인 세 가지 프로그램이 있다. Tracy. M. B. and M. N. Ozawa, "Social security", NASW, *Encyclopedia of social work*, 19th ed., NASW Press, 1995, pp.2186-2195.

18) 全光錫, 獨逸社會保障法論, 法文社, 1994, pp.24-25.

19) H.M.S.O.(His Majesty's Stationery Office), Social services in Britain, 1973.

사회보장은 (국가주도가 아닌) 민간 사회에서 태동한 것이므로, 법은 단지 사회사업의 윤곽질서만 설정해 부고 세부사업에서는 사회복지사(social worker)가 주된 기능을 담당하게 되는 점이 특색이다.[20]

국내에서도 사회정책이라는 용어를 사용하기도 하는데,[21] 사회정책이라는 개념은 문언적 의미에서도 알 수 있듯이 정치적 행위성이 가미된 개념이며, 사회문제가 단순히 개체로서의 문제가 아니라 사회구조적으로 야기되는 문제이기 때문에 그 체계관련성을 중시하지 않을 수 없다는 입장에서 시혜성을 중심으로 한 사회보장의 개념에 노동자보호정책, 산업민주화정책 등을 포괄한 사회정책이라는 개념을 사용한다.[22] 사회보장의 내용범위를 넓게 할 때 사회정책의 개념은 구분이 쉽지 않은데, 사회보장이 다소 개체중심적인 데 비해서 사회정책은 공동체중심적인 개념이라고 이해하면 구분이 가능하다.

일본에서 주로 사용하는 사회사업이라는 용어는 사회복지와 동일한 의미로 쓰이는데,[23] 孝橋正一에 따르면 사회복지라는 용어보다는 오히려 사회사업이라는 용어가 적확하다고 한다. 그는 사회복지는 사회주의사회를 전제로 했을 때만 가능하다는 인식 아래 미국에서 수입된 사회사업이라는 용어를 일본정부가 합리적 이유나 상황의 변화 없이 사회복지, 사회복지사업으로 개명하여 개념과 실천상의 혼란을 일으키게 한 것으로, 사회복지는 비과학적인 용어이며, 사회사업이 진정한 용어라고 주장하기도 한다.[24] 생각건대 여기서 사회복지를 사회주의

---

20) 全光錫, 獨逸社會保障法論, p.26.
21) 朴洪圭 · 權奇洪, 社會政策 · 社會保障法, 三英社, 1998. pp.26-29.
22) H. Lampert, social politik, 1973.
23) 우리나라에서는 사회사업이라는 용어는 사회원조의 의미로서의 사회원조서비스(사회복지서비스)와 동일한 개념으로 사용되기도 한다. 윤찬영, 사회복지법제론 I, 나남출판, 1998, pp.79.
24) 孝橋正一(중앙사회복지연구회 역), 현대자본주의와 사회사업, 이론과 실

의 소산이라고 규정한 것은 다소 비현실적인 사고라고 생각되나 어쨌든 일본에서는 사회사업이 사회복지와 구별되지 않는 개념이며 다만 관례상의 선택이라고 하는 점에는 누구나 동의하는 것 같다.[25] 굳이 구분한다면 문언상 사회사업이 민간에 의한 공급체계에 보다 중점을 둔 표현인 것 같다.

이와 같이 사회보장의 개념은 확정되어 있지 않으며, 그 포괄 영역도 명확히 구분되어 있지 않기 때문에 어느 개념이 다른 개념보다 넓은 개념이라고 말하기는 어렵다. 다만 분명한 것은 사회부조적인 것에서 출발히었다가 짐차 그 범위를 확대되고 있다는 점이다. 본 연구에서 택하는 개념은 제1장에서 밝힌 바와 같이 사회보장 개념을 넓게 이해하기로 하며, 이하에서는 이것을 사회보장이라고 표현하기로 한다. 또 한 가지 지적해 둘 점은 사회복지학에서 말하는 사회복지는 공적부문에 의한 공급체계와 민간부문에 의한 공급체계를 포괄하는 개념으로, 특히 민간부문에 의한 사회복지의 수행을 상당히 중요시하고 있는 데 비해, 사회보장개념은 민간부문에 의한 급부는 제외한 공적부문에 의한 급부, 즉 행정의 한 부문으로서의 사회보장만을 개념범위로 한다. 또 사회보장은 공급자의 측면에서의 용어이고, 사회복지는 수요자의 측면에서의 용어라고 할 수 있다. 이것은 사회복지를 누릴 권리를 사회복지권이라고 하는 데 대해서 사회보장이라는 용어를 쓸 때에는 사회보장수급권이라고 하며, 사회보장권이라고는 표현하지 않는 데서도 알 수 있다. 사회보장에 관한 법을 전통적으로 공법체계로 분류하고 있는 법학자들이 사회복지라는 용어의 사용을 자제하는 것도 이러한 이유이다.[26] 따라서 사회복지학에서 말하는 사회복지는 법학에

천사, 1991.
25) 윤찬영, 사회복지법제론 I, p.72 참조.

서 말하는 사회보장과 대체로 유사한 개념으로 사용되나, 전술한 바와
같이 사회복지에서는 민간부문에 의한 공급을 포함시키면서, 사회복지
의 영역을 사회적 위기로부터의 보장에 관한 것으로 한정시키고 있어,
엄밀히 말하면 사회보장의 공급체계 측면에서는 공법에서 말하는 사
회보장의 영역보다 넓으나, 내용적 측면에서는 그것보다 좁다고 하겠
다. 그러나 일반적으로는 공급체계의 측면을 제외한다면 사회보장과
사회복지의 영역의 차이는 거의 없다고 이해하는 것이 보통이어서, 양
자를 혼용해서 사용해도 무방하며, 대개 경우에는 양자 간에 중대한
표현상의 문제가 발생하는 것은 아니라고 생각된다.

3) 社會保障의 槪念 整理

전술한 바와 같이 사회보장의 개념은 특성상 각국의 역사적 사회적
조건에 구속될 수밖에 없는 국가특유의 속성으로 인하여[27] 일반적 개
념적 정의는 불가능하다. 또 사회보장의 대상이 사회발전과 더불어 다
양하게 확대되어 가고 있다는 특성과 각각의 사회보장은 그 기본원리
상의 차이뿐만 아니라 거기서 기인하는 행위수단상의 차이 등에서 사
회보장 전체를 포괄하는 공통된 성격의 법규범을 설정하는 것도 그리

---

26) 이에 대하여 이러한 용어례는 복지(Wohlfahrt)라는 용어에 매우 인색한
　　 독일의 영향을 받은 것이라는 지적이 있다(윤찬영, 사회복지법제의 체계
　　 화에 관한 연구, 1995, 서울대박사학위논문, pp.95-96.). 이 용어를 사용
　　 하는 데 있어서는 현실적으로 실무에서 사용하고 있는 예도 존중되어야
　　 하며, 사회복지와 사회보장의 개념범위를 사회복지학과 법학에서 각각
　　 달리 사용하는 것 자체가 사회보장을 저해하는 요인이 되는 것은 아니
　　 라고 생각된다.
27) H. Zacher, "Was können wir über das Sozialstaatsprinzip wissen?"
　　 Festschrift für: H. Peters Ipsen, 1977, S.231ff.

쉬운 일은 아니다.

하지만 사회보장을 법학적으로 고찰하고자 하는 경우에는, 개개 사
회보장제도의 단순한 총화가 아니라 그 자체의 독자적인 이념·목적
이나 원리에 의해 통일적 제도[28]로 구성할 필요가 있다. 이러한 견지
에서 학계의 일반적인 정의를 도출해 보면,[29] 사회보장이란 일정한
사회적 수요의 충족을 목적으로 하는 사회급부의 체계이며 모든 국민
의 인간다운 생활의 실현을 보장내용으로 하는 생존권을 그 이념적
지주로 하여 국가의 책임에 의해 운영되는 공행정작용이라고 할 수
있으며, 사회보장법은 이러한 체계에 존재하는 법규범의 총체를 의미
한다.[30]

주지하는 바와 같이 사회보장의 가장 일반적인 분류는 공적부조를
중심으로 사회보험과 사회원조서비스를 포괄하는 것이다.[31] 사회복지
학자들이 주장하는 개념범위는 주로 여기에 그치나 행정법학자들은
사회보장개념을 좀더 넓게 이해하여, 여기에 공중위생을 포함시키기도
하고,[32] 노동 부분까지 포함시키는 학자[33]도 있다.[34]

---

28) E. Eihenhofer, "G, Radbruch, Theoretiker des Sozialen Rechts", Zeitschrift für Sozialverform, 1983, S.393.

29) Wolff/ Bachof/ Stober, *Verwaltungsrecht,* S.57; 金南辰, "社會國家와 社會行政法", 行政法의 基本問題, 法文社, 1989, pp.774; 全光錫, "社會行政法", 牧村金導昶博士古稀紀念論文集, 1993, pp.837 등 참조.

30) 李憲錫, "社會保障行政法上 行政裁量에 관한 小考", 玄齋金英勳敎授華甲記念論文集, 1995. pp.631.

31) 현행 사회보장기본법 제3조에서도 '사회보장'이라 함은 질병·장애·노령·실업·사망 등의 사회적 위험으로부터 모든 국민을 보호하고 빈곤을 해소하며 국민생활의 질을 향상시키기 위하여 제공되는 사회보험·공공부조·사회복지서비스 및 관련복지제도를 말한다고 정의하고 있다.

32) 일본에서의 사회보장행정의 내용은 학자마다 다르나, 대체로 ① 공적부조, ② 사회보험, ③ 무거출연금 및 사회수당, ④ 사회복지, ⑤ 공중·환경위생 등의 다섯 가지를 주축으로 하고 있다. 村上武則, "給付行政の諸

어쨌든 사회보장행정의 개념규정 방법은 일반적으로 법규범에 내재한 규범내용이나 규범목적 또는 그 기능에 따라 공통된 특징을 도출하여 그 규범의 개념정립의 기초로 삼게 되는데,[35] 일반적 사회보장행정의 포괄범위에 따라 최광의, 광의, 협의, 최협의로 나눌 수 있다.

⑴ 最廣義의 社會保障

이것은 스웨덴식의 Social policy와 유사한 개념으로, 사회정책에 관한 모든 행정부문을 의미하는 것이다. 즉 여기에는 복지국가건설을 위해 계획되고 실시되는 재정·경제·금융정책과 국토개발, 토목건설 등 모든 유형의 복지국가건설 기반정책뿐만 아니라 인간적 측면에서의 복지사회 정비 내지 충실에 공헌할 수 있는 문화·교육·의료·보건·범죄대책 및 사법정책·소비자보호·주택정책 등도 포괄하는 개념이다. 또 공급 주체적인 면에서 보면 공적 주체에 의한 공공정책과 민간 주체에 의한 사회사업을 위한 기반정책까지도 포함하는 개념이다. 최

問題", (雄川一郎·塩野 宏·園部逸夫 編) 現代行政法の問題—現代行政法大系1, 有斐閣, 1983. pp.103; 坂本重雄, "社會保障受給權と行政爭訟", (兼子 仁編) 市民のための行政爭訟, 勁草書房, 1981, p.481; 日本社會保障制度審議會事務局 編, 社會保障制度におけする勸告, 1950. p.31 등 참조.
33) 李尙圭, 新行政法論(下), 法文社, 1996, p.439.
34) 그러나 金光錫 교수는 독일 기본법 제20조 제1항 및 제28조 제1항에 국가목표규정 또는 입법위임규정으로 규범화된 사회국가원리는 국가에 "포괄적인 사회정책을 실시할 의무"를 규정한 반면, 우리나라 헌법 제34조는 국가에게 구체적으로 사회보장 분야에서 적극적인 활동을 요구하는 각 개인의 "사회보장에 관한 사회적 기본권"을 규정하여 사회국가원리에 비해 다소 구체적인 내용을 갖는 사회보장정책을 시행할 국가의 의무를 기본권의 형태로 표현한 것이라고 하는 것으로 보아, 근로보호와 보건위생을 사회행정법의 범위에 포함시키는 것에 대해 다소 비판적인 것 같다. 金光錫, 獨逸社會保障法論, pp.25-26 참조.
35) 유광호, "사회보장개념에 관한 연구", pp.1.

근 복지사회학이나 복지경제학에서는 이 개념을 사회보장의 개념으로 택하기도 한다.[36]

(2) 廣義의 社會保障

이것은 최광의의 사회보장행정의 개념 중에서 조세부문, 노동부문과 순수 사법적 사회보장행정을 제외하고 공행정작용에 의한 사회보장만을 사회보장행정으로 이해하여 기타의 사회정책에 관한 부분은 개념범주에서 제외시킨다.[37] 따라서 여기서의 사회보장행정이란 전통적 사회보징의 부문인 공적부조, 사회보험, 사회복지서비스 외에 공중위생, 생활환경(공해, 주택문제, 도시정비)을 포괄하는 개념이다.[38] 오늘날 일반적인 사회보장의 경향은 사회변동에 대처하기 위하여 전 국민을 대상으로 한 예방과 치료를 포함한 사회복지, 공중위생 등의 영역으로 점차 확대되어 가는 경향이다.[39] 일본에서는 이 개념 범위보다는 다소 좁지만 대체로 이러한 개념 범주 속에서 사회보장은 주로 사회보험, 공적부조 및 사회복지서비스, 공중위생으로 구성된다. 이 중 사회보험 및 공적부조는 주로 소득보장 및 의료보장의 제반 급여를 부여하는 구조의 측면이 강하고, 사회복지는 국가부조의 적용을 받는 자, 신체장애자, 아동, 그 밖의 원호육성을 요하는 자가 자립하여 그의 능력을 발휘하도록 필요한 생활지도, 갱생지도, 기타 보호육성을 행하는 것이라고 한다.[40]

---

36) 신섭중, 각국의 사회보장, 유풍출판사, 1989, pp.17 참조.
37) H. Bley, *Sozialrecht,* 6 Aufl., Frankfurt am Main:Metzner, 1988, S.23ff.
38) United Nation Dept. of Social Affairs, "Definitions of Social work", in Training for Social Worker, An International Survey, 1950, p.115.
39) J. A. Ponsioen, "General Theory of Social Welfare Policy", in: *Social Welfare Policy,* The institute of Social studies, 1962. p.15.

(3) 狹義의 社會保障

이것은 광의의 사회보장행정 가운데 순수하게 개체 중심적으로, 개인적 곤궁의 구제에 관한 행정만을 의미한다. 이것은 전통적인 사회보장의 구분인 사회보험, 공적부조, 사회원조(사회복지서비스)로 한정되는 사회보장행정의 영역을 말한다.[41] 이것은 스스로 자신의 생활을 영위하지 못하는 사회적 약자에 대한 제한적인 공적원조를 의미하는 것이므로, 자본주의 사회의 발전에 따른 생활문제에 대한 해결이라는 거시적 내지 사회구조적 측면에서의 구제라기보다는 주로 개인적인 측면에서의 생활문제의 발생원인과 해결책을 강구하는 것이 그 특색으로 종전의 일반적인 사회보장의 개념범위이다. 1952년의 ILO 사회보장협정[42]이나, 미국정부가 발행한 세계사회보장프로그램[43]에서도 이러한 입장에서 전개되고 있다.

(4) 最狹義의 社會保障

이것은 협의의 사회보장행정의 개념 중에서도 사회보험과 공적부조

---

40) 日本社會保障制度審議會事務局 編, 社會保障制度におけする勸告, 1950. p.31 참조.
41) 佐藤 進·又田紀久惠 編, 社會福祉の法と行財政(講座 社會福祉6), 有斐閣, 1982, pp.50.
42) 이 협정에서는 사회보장제도를 9가지로 구분하고 있다. 즉 ① 의료보호, ② 질병급여, ③ 실업급여, ④ 노령급여, ⑤ 고용상해급여, ⑥ 가족급여, ⑦ 출산급여, ⑧ 폐질급여, ⑨ 유족급여 등이 그것이다.
43) 여기서 사회보장은 소득능력의 중단 혹은 상실로부터 개인을 보호하고 결혼, 출생, 사망으로 인한 특별지출을 보장하는 정부법령에 의해 제정된 여러 프로그램으로 정의하고 있다. United States Dept. of Health, Education and Welfare, *Social Security Programs Through out the World*, Washington, 1977.

에 관한 행정만을 의미한다. 종래의 사회보장에관한법률(1963.11. 제정; 1995.12. 사회보장기본법이 제정되기 전의 법)이 택한 입장이다. 이 법 제2조에서는 "이 법에서 사회보장이라 함은 사회보험에 의한 제급여와 무상으로 행해지는 공적부조를 말한다"라고 하여 이 입장을 분명히 하였다. 또 1942년 ILO가 출간한 보고서에서도 이 개념정의를 취하고 있는데,[44] 이에 따르면 질병을 예방하거나 치료하기 위해 근로자가 근로소득을 올릴 수 없을 때, 그를 지원하고 근로소득활동을 할 수 있도록 회복시키기 위해 고안된 급여들 중에서 일반 시민에게 제공하는 제도들만을 사회보장으로 간주하려 하며, 이것은 사회보험과 공적부조라는 두 개의 중요한 사회보장형태로 분류된다고 한다.[45]

(5) 結 語

종래에는 협의의 사회보장의 개념범위를 일반적으로 택하여 왔다.[46] 그러나 이미 지적한 바대로 사회발전 다양성과 사회변동에 대

---

44) 여기서는 사회가 적절한 조직을 통하여 그 구성원이 봉착한 일정한 사고에 대하여 제공하는 보장이다. 구체적으로는 국민에 대해 질병의 예방 또는 치료, 생활이 불가능할 때의 생활의 유지 및 유상활동에 복귀시킬 것을 목적으로 하여 급부를 주는 제도를 말한다. ILO, "Approaches to Social Securities", An international Survey, Studies and Report Series M, No.18, Geneva, 1942.

45) 신수식, 사회보장론, 박영사, 1983, pp.40-44.

46) 아직은 학문적으로나 실정법상으로 협의의 사회보장개념을 선호하는 것은 사실이다. 따라서 대부분의 사회복지학자들이나 일부법학자(李相光, 金裕盛) 등은 아직까지 협의의 사회보장개념에 입각하고 있다. 그러나 행정법학자(李尙圭, 李憲錫)들은 점차 광의의 사회보장개념 쪽으로 가고 있는 듯하다. 李相光, 社會法, pp.11; 金裕盛, 社會保障法, pp.29; 李尙圭, 新行政法論(下), pp.439. 李憲錫, 社會保障行政의 公法的 研究, pp.8 등 참조.

처한다는 측면 이외에도 (사회적 약자의 범주에 포함시킬 수 없는) 일반 시민이 사회의 절대적 다수를 차지하고 이들이 정치적으로도 결국은 절대적인 결정권을 가질 수밖에 없기 때문에 이들을 위한 사회보장적 배려가 반드시 필요하게 되었다는 사실은 사회보장의 개념범위를 다소 확대시키지 않을 수 없게 되는 것을 의미한다. 이는 다시 말하면 현대사회에서 사회보험, 공적부조, 사회복지서비스 중 협의의 사회보장의 중심이라고 할 수 있는 공적부조보다는 사회보험이 차지하는 비중은 비교할 수 없을 정도로 월등히 크고, 학문연구에 있어서도 중산층을 대상으로 하는 사회보험이 중추적 역할을 하고 있는 것은 정치세력의 중심이 일반 중산층에게로 모아져서 이들 중심의 사회정책이 이루어질 수밖에 없음을 표현하는 것이기도 하다. 즉 현대사회에서 정치적 정당성을 좌우하는 것은 빈민이나, 장애인 등과 같은 사회적 약자보호라는 객관적인 관점에서의 정책적 목표보다는 기득권보호를 추구하는 중산층의 이해관계이기 때문에 중산층 중심의 사회정책은 한편으로는 민주주의 정치의 한계라고 할 수 있다.[47] 이러한 상황하에서는 사회보장의 범위를 전통적인 그것보다는 다소 확장하여 광의의 개념을 원칙으로 것이 적당할 것 같다. 따라서 여기서 사회보장행정은 전통적 사회보장의 부문인 공적부조, 사회보험, 사회복지서비스 외에 과거에 경찰법적 영역으로 여겨졌던 공중위생, 생활환경(공해, 주택문제, 도시정비) 및 사회보상을 포괄하는 개념으로 한다. 그래도 원칙적 의미의 사회보장, 즉 사회적 약자를 위한 사회보장이 보다 우선시되고 보다 강조되어야 함은 말할 필요도 없으며, 따라서 주된 논의대상은 공적부조와 사회복지서비스에 중심을 둔다.

---

47) 同旨, 金光錫, "韓國社會保障法의 現況과 課題", 法制研究 第7號(1994), p.40-41.

2. 社會保障을 받을 權利

1) 社會保障을 받을 權利의 概念範圍

전항에서 밝힌 바와 같이 사회보장의 개념은 전통적인 사회보장의 영역인 공적부조, 사회보험, 사회복지서비스뿐만 아니라 공중위생, 공해규제, 교육, 주택, 도시문제 등 사회생활환경의 정비를 위한 부분 및 사회보상까지도 포함하는 개념이며, 사회보장을 받을 권리는 이것을 대상으로 하는 권리이다.

2) 類似槪念과의 區別

그런데 사회보장을 받을 권리는 헌법 제34조 제1항의 '인간다운 생활을 할 권리'를 바탕으로 하고 있고, 또 인간다운 생활을 할 권리의 이념적 기초는 '인간의 존엄성'에 있다는 상호 연관적 구조를 가지고 있다. 또 인간다운 생활을 할 권리는 인간다운 생존을 할 권리, 즉 생존권(right to live)으로 표현되고 있는 것이 일반적이다. 그러면 사회보장을 받을 권리와 생존권은 어떠한 관계에 있는가? 양자에는 등식관계가 성립하는가를 확인해 볼 필요가 있다.

이를 위해서는 먼저 생존권의 개념범위를 명확히 할 필요가 있다. 이와 관련하여 생존권이라는 용어 이외에도 사회권, 생활권 등의 다양한 용어가 사용되고 있으며, 그 개념범위에 관한 논의가 분분함에 유의할 필요가 있다. 먼저 생존권과 사회권의 용어례에 관해서 살펴보자. 여기에는 생존권을 사회보장을 받을 권리와 같이 이해하고, 그보다 넓은 개념으로서의 사회권이라는 개념을 사용하는 견해가 있다. 이 견해에 따르면 사회법이 노동법, 경제법, 사회보장법으로 발전해 왔음을 들어 사회보장에 해당하는 헌법상의 사회권적 기본권을 생존권적 기본권으로 칭하는 것이 낫다고 한다.[48] 일본에서도 일부 사회보장법학자들은 사회권은 생존권을 포괄하는 넓은 개념이라고 이해한다.[49] 그러나 헌법학에서는 대체로 사회권과 생존권을 혼용하는 경향이고,[50] 사회권의 목적적 규정을 생존권규정으로 이하의 규정을 수단적 규정으로 이해하고 있다. 따라서 사회권이 생존권보다 포괄적인 개념임은 분명하나, 생존권과 사회보장의 권리가 동일한 것은 아니라 전자가 후자보다 넓은 개념으로 이해하여야 한다.

다음으로 생존권과 생활권의 용어례에 관해서 살펴보면, 생활권은 각자가 놓여 있는 사회적인 신분(status 또는 condition)에 따라서 신분에 알맞은 생활을 할 수 있는 권리이기 때문에 생존권과 다른 것이라고 말하는 견해가 있다.[51] 이에 대하여 이것보다는 인간다운 '생활'을 할 권리이므로, Lebensrecht(생활권)이라고 하는 것이 생사의 문제인 것처럼 보이는 생존권이라는 용어보다는 낫다고 하면서,[52] 결국 생활권과 생존권을 같은 의미로 이해하는 견해가 있다. 후자가 더 적절하다고 생각된다.

정리해 보면 생활권은 생존권과 같은 개념으로 이해되고, 생존권을 목표규정으로 하는 보다 큰 개념이 사회권이라 할 수 있으며, 사회보장

---

48) 윤찬영, 사회복지법제 Ⅰ, p.253.

49) 橫山信二, "社會權の實現と行政法學"; 前田雅子, "社會權實現の理論", 公法硏究 第59号(1997).

50) 생존권적 기본권은 학자에 따라 생존권적 기본권(金哲洙, 丘秉朔, 葛奉根, 金箕範) 외에 사회권적 기본권(權寧星, 韓泰淵), 생활권적 기본권(文鴻柱, 韓相範), 사회국가적 기본권(安容敎) 등으로 불린다. 사용하는 용어에 따라 적용의 범위가 다소 다르기도 하지만 대체로 같은 의미로 쓰이는 것으로 보아도 무방하다.

51) 張塤, 社會保障法總論—基本理論과 歷史—, 大邱大出版部, 1984, p.63.

52) 文鴻柱, 韓國憲法, 海岩社, 1988, p.10 참조.

에 관한 권리는 생존권에 내포되어 있는 권리라 하겠다. 즉 생존권은 자본주의경제가 자유경쟁으로부터 독점단계로 발전하면서 자기생활을 유지할 수 없는 사회적 약자들을 보호하기 위하여 등장한 개념으로 이전까지의 자유방임의 경제원리와 그를 기반으로 하는 소유권절대원칙, 계약자유의 원칙 등에 대한 대항과 비판의 표현이라고 할 수 있으므로 이러한 생존권의 현실화는 단순히 사회보장의 수행에서 그치는 것이 아니라 경제의 규제와 조정과 같은 경제정책과도 결부되는 것이다. 이러한 의미에서 볼 때 생존권은 사회보장만을 예정하고 있는 것이 아니라 사회보장이 생존권과 결부되는 다양한 영역의 중요한 힌 부분을 이루고 있는 것이라고 하겠다. 다만 생존권에 대한 성질론 기타 일반론은 사회보장에 관한 권리에서도 그대로 타당하므로, 이하에서는 생존권에 관한 일반적 논의를 사회보장에 관한 권리에 적용하여 서술하도록 한다.

3. 社會保障에 관한 法

1) 넓은 의미의 社會保障法과 좁은 의미의 社會保障法

전술한 사회보장의 개념을 토대로 사회보장에 관한 법은 사회보장기본법을 비롯하여 급부의 내용에 따라 사회보험에 관한 법으로는 국민연금법, 공무원연금법, 사학연금법 등의 연금법과 국민건강보험법, 산업재해보상보험법, 고용보험법 등이 있고, 공적부조에 관한 법으로는 국민기초생활보장법, 의료보호법 등이, 사회복지서비스에 관한 법으로는 사회복지사업법, 모자복지법, 아동복지법, 장애인복지법, 노인

복지법 등이 있다. 이외에 의료 보건관련법과 재해구호법, 범죄피해자
구조법, 의사상자보호법 등과 사회적 원조가 필요한 자에 대한 교육,
주택의 지원 등에 관한 법과 함께 널리 생활환경에 관한 법도 이에
포함된다. 그런데 여기서의 사회보장개념은 앞서 설명한 대로 공적 주
체에 의한 영역에 국한됨은 물론이며, 위에서 "사회보장을 넓게 이해
한다"라는 표현도 공적 주체를 전제로 하면서 그 '내용상의 범위'를
넓게 이해하자는 것을 의미하는 것이었다.

그런데 위에서 언급한 사회보장법의 영역에 속하는 개별법들은 공
적 주체에 의해 공급되는 사회보장급여만를 규율하는 것은 아니다. 사
회보장의 법이 갖는 역할을 감안해 볼 때 공적 주체에 의해서 공급되
는 사회보장뿐만 아니라 사적 주체에 의해서 이루어지는 사회보장의
영역도 많으며, 오히려 지금보다 훨씬 장려되어야 할 부분이기도 하
다. 이와 같이 사회보장법의 개념을 정의함에 있어 주체와 방법을 불
문하고, 개인을 사회적 위험으로부터 보호하는 기능(Function)을 수행
하는 모든 법 영역을 사회보장법이라고 하는 것을 '넓은 의미의 사회
보장'이라 하고, 공적 주체에 의해 급부되는 행정의 영역으로서의 사
회보장을 '좁은 의미의 사회보장'이라고 표현하기도 한다.53)

이와 같은 표현법에 따라 '넓은 의미'로 사회보장법을 파악하게 되
면, 여기에는 사법체계와 공법체계를 망라되며, 개별법이 추구하는 다
양한 입법목적이 혼재해 있다. 또 국가와 사인, 공법인과 사법인, 영리
단체와 비영리단체 등 이질적인 정책의 주체가 존재하며, 법적 보호와
제도적 보호, 개별급여와 공급행정, 적극적인 급여와 소극적인 의무의
감면, 직접급여와 시설 혹은 제도적 보호 등의 방법이 동시에 관찰될
수 있다. 이와 같이 넓은 의미에서 사회보장법을 파악하고, 이에 기초

---

53) 全光錫, 韓國社會保障法論, 法文社, 2000, pp.59-63.

하여 사안에 접근하여야 할 필요성은 충분히 있다. 왜냐하면 이렇게 함으로써 비로소 개인의 사회적 상황을 개선하기 위해서 이념적 및 제도적으로 다양한 접근이 가능해지며, 또 접근방법 상호간에 기능이 보충될 수 있을 것이기 때문이다.[54]

다만 본 연구에서는 행정법학의 시각에서 바라보는 사회보장만을 논의의 대상으로 하므로, 행정의 한 영역으로서의 공적 주체에 의한 사회보장급부, 즉 좁은 의미의 사회보장법만을 대상으로 한다.

2) 類似槪念과의 區別

그런데 사회보장에 관한 법을 사회보장법이라고 한다면 이에 유사한 개념으로, 사회법, 사회복지법, 사회사업법, 사회보장행정법 등이 있다. 이 중 사회법은 가장 다양한 개념으로 쓰여서 혼동을 가져올 수가 있는데, 대체로는 네 가지 개념으로 쓰인다.[55] 첫째 법률사상의 조류를 가리키는 말로 개인법에 대항하는 법으로서의 개념이다. 둘째 공법, 사법과 더불어 양자에 포함되지 않는 새로운 법 영역으로서의 개념이다. 셋째 법사회학적 고찰에서의 법원을 가리키는 것으로 국가법에 대응하는 민간법으로서의 사회법 개념이다. 넷째 법학의 한 분야로서 노동법, 경제법, 사회보장법을 통칭하는 개념으로서의 사회법이다. 여기서 문제가 되는 것은 네 번째의 견해인데, 일반적으로는 이와 같이 이해하기도 하지만 다수의 사회보장법학자들은 사회법에서의 '사회'를 공적 주체에 의한 사회보장 급부만을 범위로 하는 '협의의 사회

---

54) 金榮三·全光錫·金光洙, 社會保險法의 憲法的 問題에 관한 硏究—憲法裁判硏究 第11卷—, 憲法裁判所, 2000. 12. pp.1.
55) 이하는 崔種庫, 法主體로서의 人間에서 본 社會法의 存在論的 構造, 서울大 碩士學位論文, 1971, pp.6 참조.

보장'의 개념과 동일시하기도 한다.[56] 이것은 독일법의 경향이기도 하며, 사회보장법의 독자성을 부각시키고 노동법, 경제법과 구별되는 존재로서의 사회보장법을 인식하려는 태도이다.

사회복지법과 사회사업법은 사회복지와 사회사업을 대상으로 하는 법이다. 따라서 위에서 언급한 바와 같이 양자 간을 구별하지는 않으며, 사회복지법의 대체용어로서 사회사업법이 사용된다고 보는 것이 일반적이다.

마지막으로 중요하게 정리되어야 할 문제는 행정법으로서의 사회보장법, 즉 사회보장행정법[57]에 관한 개념정의이다. 종래 사회보장법은 행정법의 영역으로 이해되기보다는 사회법 또는 독자적 영역으로서 사회보장법의 체계화가 시도되었기 때문에, 사회보장을 받을 권리도 권리로서 인식되기가 어려웠다. 또한 사회보장행정도 국가의 행정작용에 의해 이루어지는 것이므로 행정구제의 일반 원리에 의해 구제될 수 있음에도 불구하고 이를 적용하지 않음으로써, 사회보장을 받을 권리를 추상적이고 관념적인 것으로 이해하는 요인이 되었다고도 볼 수 있다. 이러한 현상은 사회보장이 근대자본주의 사회가 신봉하던 자유

---

56) 全光錫, 獨逸社會保障法論, 法文社, 1994, p.41; 李相光, 社會法, 博英社, 1988, p.15; Hans F. Zacher, *Einführung in das sozialrecht,* 3. Aufl. (Heidelberg: C. F. Müller), 1985, S.9.

57) 용어례에 관하여, 현재 우리나라에서는 주로 사회보장법 내지는 사회보장행정법이라는 용어를 주로 사용한다(金導昶, 一般行政法論(下), 靑雲社, 1992, pp.483; 金東熙, 行政法Ⅱ, 博英社, 2000, pp.285; 朴鈗炘, 最新行政法講義(下), 博英社, 1998, pp.497; 李尙圭, 新行政法論(下), 法文社, 1996, pp.433; 金裕盛, 社會保障法, 1990; 全光錫, 韓國社會保障法論, pp.3). 사회보장법은 그 주로 영미에서 사용되며, 사회행정법 또는 사회법(Sozialrecht)이라고 하는 명칭은 주로 독일에서 사용되는 용어이다. 金南辰 교수는 사회행정법이라고 표현한다. 金南辰, 行政法Ⅱ, 法文社, 1999, p.417.

주의에 의한 자유경쟁의 폐해로 야기된 사회문제를 해결하기 위한 방법으로 등장한 것이며, 사회보장이라는 국가적 목적은 국가작용을 소극적인 것에서 적극적인 개입작용으로 변화시키는 역할을 하였음은 누구나 인정하면서도 국가의 급부작용으로서 사회보장행정법에 대한 체계적인 연구가 부족했다는 것을 의미한다. 현재는 사회보장법을 급부행정법의 한 영역으로서 사회행정법(Sozialverwaltungsrecht) 보는 견해가 지배적이다.58) 독일59)이나 일본60)의 대표적인 교과서에서도 급부행정을 "국민의 생활의 가능성 및 개량을 위하여, 그러한 이익의 추급을 공여로서 직접 촉진하는 행정"이라고 정의하면서 여기에는 사회보장 등의 사회행정, 공공시설 및 공기업 등에 의한 역무와 재화의 제공을 하는 공급행정 및 자금보조행정 등의 조성행정 등을 포함시켜, 사회보장행정은 급부행정의 가장 중요한 영역으로 파악하고 있다.

그러나 다른 한편으로는 사회보장을 행정법적 차원에서 권리구제를 도모하는 등 사회보장을 받을 권리를 현실화하고자 하여도, 사회보장행정이 갖는 특수성으로 인하여 단순히 행정법의 일반 원리가 그대로 적용되는 것은 아니다.

이에 관하여 우선 여기서 간단히 기술하면, 첫째는 사회보장행정이 급부작용일지라도 종래의 일반적 급부작용과는 다른 중대한 차이가 있

---

58) Eberhard Schmidt Aßmann, *Das allgemeine Verwaltungsrecht als Ordnungsidee,* Springer, 1998. S.118; W. Wertenbruch, "Sozialverwaltung, Sechtster Abschnitt", in *Besonderes Verwaltungsrecht,* Hrsg. Ingo von Münch, Walter de Gruyter, 1988, SS.295-298; H. Zacher, "Sozialverwaltung als Teil des öffentlich Recht", *Festschrift für kurt Jants,* 1968, S.36ff.
59) H. U. Erichsen und W. Martens(Hrsg.), *Allgemeines Verwaltungsrecht,* 5. Aufl., 1981, S.21.
60) 村上武則, "給付行政の諸問題", (雄川一郎·塩野 宏·園部逸夫 編) 現代行政法の問題-現代行政法大系1, 有斐閣, 1983. p.82.

다는 점이다. 종래 법치국가원리에 의한 행정작용은 크게 침해행정과 급부행정으로 구분되며 침해행정은 행정행위에 의해서, 급부행정은 행정계약에 의해서 이루어지는 것이 일반적이었다. 하지만 이러한 행정작용의 도식적 구분[61]은 사회보장행정의 영역에서는 더 이상 적용될 수 없게 되었다. 왜냐하면 급부행정의 영역에서도 행정행위의 결정형식이 이루어지기 때문인데, 예컨대 사회보장의 급여대상의 결정이라는 행정작용은 처분으로서의 성격이 강하기 때문에 종래의 도식적 구분은 변경이 불가피해진 것이다.[62][63] 이러한 현상의 원인은 급부행정에서 행정계약이 활용되었던 것은 대량적 급부에 있어 공평한 처리가 이루어질 것이 급부행정의 중요한 요건이었기 때문이나, 사회보장행정은 요보장자의 개별적 특수성을 감안하지 않을 수 없기 때문에 특성에 따른 개별적 급부를 내용으로 하고 있기 때문인 것으로 생각된다.

또한 사회보장은 전기, 수도, 가스 등과 같은 단순한 물질적 급부와는 내용을 달리하기 때문에 급부대상자로 하여금 일정한 내용을 규제할 수 있는 침해행정적인 성격도 가지기 때문에 단순히 급부행정법의 원리가 적용되는 것이 아니라 경찰행정법의 원리도 병행하여 적용된다는 점이다. 다음으로는 일반 급부행정법은 급여제공 주체의 입장에서 주체와 대상 간의 급여 전달과정을 중심적으로 규율하나, 사회보장행

---

61) 大橋洋一, 行政法學の構造的變革, 有斐閣, 1996, p.181.
62) 大橋洋一, 前揭書, p.181; 平岡 久, 行政立法と行政基準, 有斐閣, 1996, p.51; 橫山信二, "社會權の實現と行政法學" p.327 註)24 참조.
63) 이와 같이 비권력적 행위이면서도 특정한 행정목적을 위하여 사인의 법익에 대하여 사실상의 지배력을 미치게 되는 경우를 '形式的 行政行爲'라 하고 여기에 항고소송으로서의 처분성을 인정하기도 하나, 이것은 일본에서 전개된 이론으로 우리나라에서 널리 인정된 견해는 아니다. 石琮顯, 一般行政法(上), 三英社, 2000, p.210; 金南辰, 行政法 I, 法文社, 2000, p.208; 金東熙, 行政法 I, 博英社, 2000, p.221 등 참조.

정법은 사회적 자원의 할당의 원칙과 수급권자를 보호하는 측면이 강하다는 점을 들 수 있다. 즉 대상자의 권리에 대한 보호규범으로서의 성격이 다른 급부행정의 영역보다 강하다는 점도 특색이라 하겠다.[64] 사회보장행정의 특질의 자세한 내용은 第4章 第1節에서 상술한다.

第2節 社會保障行政法의 實效性 確保를 위한 內容的 體系化

헌법상의 사회보장을 받을 권리는 결국 법률에 의해 구체화되는 것이므로 사회보장이 실현되기 위해서는 이를 담보하기 위한 법제도가 완비되어야 하고, 이 법은 유명무실하거나 사문화된 것이 아닌 실제로 활용될 수 있는 것이어야 한다. 그런데 법이 법으로서의 실효성을 갖추기 위해서는 무엇보다 내용적 체계화가 이루어져야 한다. 이것은 사회보장행정법이 반드시 갖추어야 할 내용적 요소를 의미하는 것이다. 그러면 현재의 사회보장행정법의 규정수준은 어떠한가? 현행 사회보장행정법은 법제정당시부터 일관된 법리에 따라, 체계적으로 제정되었다기보다는 일응의 필요에 따른 제정이 많았으므로 통일적인 내용의 체계화가 이루어져 있지 않고 있거나, 그 요소를 갖추고 있을지라도 추상적이거나 불명확하게 규정하고 있어서 그러한 요소를 포용하고 있는지 의심스러울 때가 많다. 이하에서는 사회보장행정법이 갖추어야 할 내용적 체계화에 관해서 서술하기로 한다.[65]

---

64) 윤찬영, 사회복지법제 I, p.88.

  법이 실효성을 확보하기 위해 내용적 체계화를 이룬다는 것은 법이 규범적 타당성(Gültigkeit)과 현실적 실효성(Wirksamkeit)을 갖추어 체계화되어야 한다는 것을 의미한다.[66] 규범적 타당성은 갖추었는데, 실효성을 갖추지 못하면 사문화된 법이 되며, 실효성을 갖추었으나 정당성을 갖추지 못하면 악법이 될 수도 있기 때문이다.[67] 따라서 이들 양자가 합치될 때 비로소 법의 효력이 실질화된다고 하겠다.

  이러한 측면에서 사회보장행정법의 실효성확보를 위한 체계적 요소로서는 먼저 그 규범적 타당성을 확보하기 위한 체계적 요소는 법의 목적, 개인의 권리와 그에 대한 행정 주체의 책무, 또 행정 주체의 책임성에 의해 담보되는 재정부담의 원칙, 수급대상자의 결정과 수급의 기준, 수급의 요건과 범위 등이 논의되고, 현실적 실효성확보를 위한 체계적 요소로는 전달체계, 재정조달의 방법, 권리구제의 절차, 법위반에 대한 제재 등이 문제된다. 이하에서는 이 중 몇 가지 중요한 사항에 관해서 살펴보기로 한다.

---

65) 사회보장법의 체계화를 위한 중요한 연구로는 윤찬영, 사회복지법의 체계화를 위한 연구, 서울대박사학위논문, 1995; 박석돈, 사회복지법제의 정향을 위한 연구, 대구대박사학위논문, 1989 등이 있다. 특히 윤찬영의 연구는 사회복지학에서의 법학적 관심을 보여준 중요한 자료이다.
66) 강동욱 · 박기병 · 조태제, 법과생활, 만파서적, 1998, pp.68-69; 엄영진, 법학입문, 대왕사, 1989, p.34.
67) 윤찬영, 사회복지법의 체계화를 위한 연구, p.155.

1. 規範的 妥當性 確保를 위한 體系的 要素

1) 行政主體의 責任性에 의해 擔保되는 財政負擔의 原則

국가재정에서의 사회보장예산의 확보는 사회보장행정의 중요한 관건이 된다. 왜냐하면 사회보장급부를 하기 위해서는 많은 재정이 필요하고 이것이 확보될 때 비로소 권리로서의 현실적 실현이 가능해지기 때문이다. 일부에서 우리나라를 복지후진국이라고 자책하듯이 우리나라의 국가에 의한 복지재정은 1996년 20조 5631억 원(복지부문 13조 7335억 원, 보건부문 6조 8296억 원)으로 이는 GDP 대비 5.28%로 주요 OECD 국가들에 비하여 15~35%에 불과한 낮은 수준이라고 한다.[68]

구체적으로, 아래 <표 1>에서 보는 바와 같이 OECD회원국의 1인당 GDP 대비 사회보장비 지출을 1995년 기준으로 비교하여 보면, 우리나라의 사회보장비는 5.3%로 미국의 16.3%, 일본의 14.1%, 독일의 29.6%에 비해 크게 낮았다. 특히 스웨덴, 핀란드, 덴마크 등은 30%를 넘어 우리의 6배 이상이 된다. 다시 말해 우리나라의 사회보장비는 OECD회원국의 약 18~38%에 불과한 낮은 수준이다. 이를 OECD회원국과의 소득수준을 고려하여 두 가지 측면에서 분석하여 본다.

먼저 소득수준이 같은 연도와 비교해 보면, 우리나라의 1인당 GDP가 1만 달러(1995년, 5.3%)였을 때 미국(1978년)은 13.6%, 일본(1981년)이 10.4%, 서독(1980년)이 25.7%로 우리나라보다 약 2~5배나 높다. 사회보장비를 인구수로 나눈 1인당 사회보장비의 경우 1995년 우

---

68) 한국보건사회연구원, 보건복지포럼 http://kihasa.re.kr/data/forum21-4.htm;
    문진영, "국민기초생활보장제도의 내용과 쟁점", 국민기초생활보장법 제정추
    진 연대활동자료집, 1999, pp.19-21 등 참조.

리나라는 577달러(약 44만 원)로 미국 1,364달러, 일본 1,047달러, 서독 2,650달러와 큰 차이를 보였다. 다음으로 1995년도를 기준으로 우리의 소득수준과 비슷한 포르투갈(10,059달러)은 18.26%, 그리고 소득이 우리의 약 1/3의 수준인 멕시코(3,019달러)는 3.67%로 우리의 약 69%이다. 이와 같이 사회보장비의 지출은 그 나라의 경제수준에 따라 다르지만 우리나라보다도 경제사정이 좋지 아니한 나라들에서도 사회보장비 지출은 우리나라보다 높게 설정되어 있음을 알 수 있다.

〈표 1〉 OECD 주요 회원국의 사회보장부문별 지출비율(1995)[69]

(단위: GDP에 대한 %)

	총 지 출	복지부문지출	보건부문지출
한 국	5.32 (100.0)	3.27 (61.5)	2.05 (38.5)
일 본	14.06 (100.0)	8.49 (60.4)	5.57 (39.6)
미 국	16.26 (100.0)	9.72 (59.8)	6.53 (40.2)
독 일	29.61 (100.0)	21.48 (72.5)	8.13 (27.5)
스 웨 덴	33.38 (100.0)	27.48 (82.3)	5.90 (17.7)

* 출처; 보건복지부, 한국의 사회보장비
추계: 1990~1997—OECD 추계방법을 중심으로—, 1999, p.54.

또 아래 〈표 2〉에서 보는 바와 같이 우리나라의 경우 사회보장비에서 민간이 차지하는 비중이 다른 OECD회원국에 비하여 현저히 높음을 알 수 있다. 여기서 민간부문의 지출이란 주로 기업이 법률에 의하여 근로자의 노령, 질병, 사망, 직업병, 그리고 실업 등의 사회적 위험으로부터 소득상실이나 이들의 지출에 대처하기 위하여 지급되는

---

69) 보건복지부, 한국의 사회보장비 추계: 1990~1997—OECD 추계방법을 중심으로—, 1999, pp.54. 참조.

강제적 급여(Mandatory Private Social Expenditure)[70]를 말한다. <표 2>에서는 OECD 주요 회원국의 민간부문의 급여가 6개 부문에서 지출되고 있음을 알 수 있다. 각 국가별로 제도 차이가 있어 단순비교는 어렵지만, <표 2>에 제시된 주요 선진국의 1995년 현재 민간부문의 사회보장비 지출비율(GDP 대비)은 독일(1.60%)과 우리나라(1.51%)가 높다. 그리고 덴마크, 미국이 0.5% 이상을 지출하고 있는 반면, 영국, 네덜란드, 스웨덴은 0.5% 미만에 머물러 있다. 이것은 국가가 사회보장제도의 일부를 기업에 위임 또는 의존하고 있으며 기업(또는 고용주) 또한 그민큼 기여하고 있나고 볼 수 있다. 다음으로 민간부문의 지출이 있는 OECD회원국의 사회보장비 지출 중 민간부문지출의 백분율구성을 살펴보면, 백분율구성은 우리나라가 28.38%로 가장 높으며, 사회보장비 지출비율이 상당히 높던 독일은 5.40%에 지나지 않았으며 그 외의 국가들은 1~3%의 수준이었다. 이와 같이 우리나라 민간부문의 지출이 다른 회원국과는 달리 한 부문에만 지출하고 있음에도 불구하고 이렇게 높다는 것은 다음과 같이 설명할 수 있을 것이다. 첫째, 외국과 비교하였을 때 우리의 공공부문의 역할이 상대적으로 미약하며, 사회보장의 상당한 부분을 민간에 의존하고 있다고 볼 수 있다. 향후 정부의 공공부조와 사회복지서비스에 대한 지출수준이 더 증가되어야 할 것이다. 둘째, 우리나라에 4대 사회보험은 도입되었지만 그 기능이 상대적으로 미약하다는 것이다. 앞으로 사회보험의 급여수준이나 적용범위가 확대되어야 한다고 본다.[71]

---

70) 기업이 부담하는 민간부문의 지출급여에 대하여 OECD에서는 강제적 (Mandatory Employer-provided Private Social Benefit)인 성격의 급여와 자조적(Voluntary Employer-provided Private Social Benefit)인 성격의 급여로 분류하고 있으나, 이 자료에서는 전자로만 국한하고 있다.

71) 보건복지부, 한국의 사회보장비 추계: 1990~1997—OECD 추계방법을 중

〈표 2〉 OECD 주요 회원국의 사회보장비지출 중 법정민간지출 비율(1995)

(단위: GDP에 대한 %)

	한 국	미 국	영 국	독 일	덴마크	네덜란드	스웨덴
사회보장비지출 (A) (%)	5.32 (100.00)	16.26 (100.00)	22.79 (100.00)	29.61 (100.00)	32.58 (100.00)	27.99 (100.00)	33.38 (100.00)
민간지출 (B) (B)/(A)×100	1.51 (28.38)	0.50 (3.08)	0.27 (1.18)	1.60 (5.40)	0.53 (1.63)	0.21 (0.75)	0.37 (1.11)
노령현금급여			0.27				
산업재해 및 직업병급여		0.28					
질병급여		0.01		1.52	0.53	0.21	0.37
가족현금급여			0.08				
실업급여	1.51						
보건부문공공지출		0.21					

* 주: blank 부분은 제도가 없거나 지출이 없음을 나타냄.
** 출처: 보건복지부, 한국의 사회보장비
  추계: 1990~1997—OECD 추계방법을 중심으로—, 1999, p.51.

위에서 보는 바와 같이 우리나라는 국가의 재정적 능력에 비해서 사회보장비의 비중이 선진국뿐만 아니라 우리와 비슷한 수준이거나 그 이하인 나라에 비해 과소하다고 할 수 있다. 이러한 상황에서 '국가재정상의 이유'로 사회보장급여가 미진하다거나, 다른 행정의 영역에 비해 소홀해진다는 것은 타당하지 아니하며, 설득력이 없다.

따라서 국가에 의한 재정부담원칙이 확립되고 사회보장행정이 효과적으로 구현되기 위해서는 이를 법규정상 확립해 둘 필요가 있다. 일례로 사회보험의 경우를 들어보면 사회보험의 비용은 노동자, 사업주, 국가의 삼자가 부담하는 삼자부담원칙을 이상적인 것이라고 볼 때 국가의 책임은 적절히 이행되지 못하고 있다고 할 수 있다. 즉 사회보험

심으로—, 1999, p.57 참조.

에 소요되는 비용[72]은 사용자·피용자 및 자영자가 부담하는 것을 원칙으로 하되 관계법령이 정하는 바에 따라 국가가 그 비용의 일부를 부담할 수 있도록 하고 있는데(사회보장기본법 제27조 제2항), 사회보험에 관한 개별법에서 비용부담을 의무화하고 있는 규정은 국민연금법에 존재하고 있는 정도이다. 물론 국가재정에 의해 연금재정의 상당부분을 감당하고 있는 것은 사실이다. 하지만 임의규정은 국가의 재정문제 등 사정여하에 따라 그것이 축소될 수도 있음을 의미하는 것이기 때문에 문제가 될 수 있다.

국민연금법 제74조만이 "국가는 국민연금사업의 관리·운영에 필요한 공단의 관리·운영비의 전부 또는 일부를 부담한다"고 규정하고 있을 뿐, 국민건강보험법 제92조는 " …… 공단에 대하여 건강보험사업의 운영에 필요한 비용을 부담할 수 있다", 산업재해보상보험법 제3조 제2항에서는 "예산의 범위 안에서 보험사업에 소요되는 비용의 일부를 지원할 수 있다", 고용보험법 제5조는 "국가는 매년 보험사업의 관리·운영에 소요되는 비용의 전부 또는 일부를 일반 회계에서 부담할 수 있다"고 규정하고 있을 뿐이다. 이러한 임의규정화는 권리의 실효성을 담보할 수 없을 뿐 아니라, 특히 국민건강보험법과 산업재해보상보험법에서의 보험사업에 소요되는 비용의 국가의 부담과 지원에 대한 임의규정은 국민의 건강 및 생활보장과 의료의 상품화 간의 모순적 구조가 극복되지 못한 채 시장의 논리에 종속되어 있음을 보여주는 예라고 할 수 있다.

노인, 장애인, 청소년, 모자 등에 대한 원조를 하는 사회복지서비스의 영역에서는 사회보장행정에 의한 공적부문의 공급보다는 복지재단

---

72) 사회보험비용이란 급여에 소요되는 비용을 말하는 것으로, 우리나라에서는 관리·운영비까지 포함하는 개념으로 쓰인다.

과 시설에 의한 민간 부분의 공급체계가 더욱 활성화되어 있다. 따라서 이러한 재단이나 시설에 대하여 국가는 비용의 일부 등을 '보조'할 수 있도록 규정하고 있다.[73] 문언상 의미로 보조는 특정한 사업의 촉진, 장려 등을 위해 비용을 지출하는 것이고, 부담은 직접 책임을 지는 경우를 말한다.[74] 따라서 사회보장법의 많은 규정들이 비용을 부담하지 않고 보조할 수 있다고 하는 것은 국가의 책임을 직접 인정하지 않겠다는 표현으로 받아들일 수밖에 없다. 특히 "보조할 수 있다"는 재량적 표현을 씀으로써 국가의 책임성을 더욱 희박하게 하려고 한다. 따라서 '부담한다'는 적극적인 표현으로 바꿀 필요가 있다. 이와 같이 국가와 지방자치단체의 책임이 규정되어 있더라도 구체적인 경우에서는 그 재정적 책임을 담보할 수 없도록 함으로써 현실적으로 국가의 책임이 이루어지지 않고 있는 면이 있으므로, 보다 적극적인 규정방식을 택할 필요가 있다.

2) 受給對象의 決定

사회보장법의 규범적 정당성을 확인해 보기 위해 사회보장 수급대상의 결정이 어떻게 규정되고 어떻게 해석되고 있는지를 검토해 보는 것도 중요하다.

---

73) 이에 관한 규정으로는 사회복지사업법 제42조, 장애인복지법 제47조, 동법 제48조 제1항, 동법 제49조, 노인복지법, 제45조 내지 제47조, 아동복지법 제27조, 영유아보육법 제21조 내지 제22조, 모자복지법 제25조 등이 있는데 이 중 노인복지법 제45조와 제46조, 영유아보육법에서 국민기초생활보장대상자(생활보호대상자)를 대상으로 하는 경우만 국가 또는 지방자치단체가 그 비용을 '부담'하도록 하고 있고, 나머지는 그 비용을 '보조'할 수 있다고 하고 있다.

74) 小川正亮, 扶助と福祉の法學, 一粒社, 1978, p.146.

먼저 수급대상의 결정형식과 관련하여 '복지조치[75]'라는 용어를 많이 쓰고 있다는 점에 주목할 필요가 있다. 원래 조치는 직권에 의한 것을 의미하며, 이것은 신청주의와 대립하는 개념이다. 현행법상 이러한 용어례를 보이는 조문이나 항목으로는 사회복지사업법 제44조, 노인복지법 제50조, 장애인복지법 제3장 복지조치 등이 있다. 사회보장에서 조치는 급여의 결정 내지는 급여의 내용을 의미하게 되는데 이러한 형식에는 다음과 같은 문제점이 제기된다.

첫째 사회보장에서의 조치는 수익적 행위로서의 성질을 갖는 것이기 때문에 재량행위로시의 싱질을 상하게 지니게 된다. 둘째 조치에 의한 직권주의는 신청주의에 비해 권리에 대한 주체성이 약화될 수밖에 없다. 직권주의에 의해서는 행정에 대한 소극적인 자세로서의 권리를 의미할 수 있으므로 처분에 대한 반사적 이익으로 인식될 소지가 있다. 물론 신청주의에 의할 때는 수급대상자인데도 수급할 수 있다는 데 대한 인식을 하지 못하여(법률의 부지, 정보의 부족 등) 신청하지 않거나, 인지능력이나 물리적 능력이 부족하여 자발적인 신청을 할 수 없는 자인 경우에는 직권에 의한 급부제공이 이루어져야 하겠지만 이 경우에도 이들을 지도하고 이에 대한 정보를 제공할 의무[76]는 행정에

---

75) 제4장에서 서술하는 바와 같이 여기서의 조치는 반드시 처분적 성질을 가진 것이 아닌 사회보장의 급부작용을 의미하는 포괄적인 용어이다. 따라서 실제로 복지조치는 복지급부작용과 대체할 수 있는 용어이다. 다만 여기서는 용어법, 즉 '조치'라는 용어에서 오는 직권주의적 경향을 지적하는 것이다.

76) 이 의무에 관해서는 후술하겠지만 일본에서는 사회보장행정에 관한 행정청의 정보제공의무는 강제력을 띤 법적 의무는 아니며, 관보에 게재하는 것 외에 일체의 광고를 하지 않거나 창구에서 구체적인 상담에 응하면서 정확하게 답하지 못하여 잘못 알려주는 경우 등 현저히 재량의 범위를 일탈하지 않는 한 위법하지 않다고 한 판례가 있다. 大阪高裁 平成 5(1993).10.28. 平成3年(行コ)第3号 兒童扶養手當認定處分取消等請求控訴

있는 것이므로, 기본적으로는 신청주의의 입장을 취해야 할 것이다. 셋째 조치라고 하는 것은 행정에 의해 일방적으로 급부되는 행정처분이고 조치를 받은 자는 그 반사적 이익을 받은 데 지나지 않는다고 인식할 가능성이 많다.[77] 물론 이러한 조치개념에 대하여 조치라는 용어가 행정처분으로서의 의미로 일관되게 사용되는 것은 아니며, 사회보장행정의 영역이 구빈(救貧)과 방빈(防貧)의 범위를 넘어 일상생활에서 요구되는 다양한 복지욕구(needs)에 대응하는 급부시스템을 이루게 된 결과 현재에는 다양한 의미로 조치가 쓰이고 있는 것이다.[78]

3) 受給對象의 要件과 範圍

사회보장급부를 함에 있어 대상자의 요건과 범위를 제한하여, 수급대상이 한정된다면 사회보장의 목적을 충실히 이행하였다고 할 수 없다. 이처럼 대상자를 한정하게 되는 이유는 국가의 재정적 상황에 기인한다고 하는데, 일견 그러한 측면도 있지만 실제로는 정치권에서 수급권자의 범위를 기본권존중의 논리보다는 경제우위를 주장하는 정치권력의 정치적 동기가 입법과정에서 결정적으로 작용해 왔음은 부인할 수 없을 것이다.

事件. ジュリスト 第1053号(1994), p.76 참조.

77) 秋元美世, "措置制度の諸問題—反射的利益論—と權利性確保と問題をめぐって", 社會福祉硏究 第66号(1996), p.84.

78) 又坂常人, "「福祉の措置」の法律問題", 行政法の諸問題(下), 有斐閣, 1990, pp.759. 그에 의하면 '조치'라는 용어는 요보호자를 위한 상담, 면접, 주선, 소개, 지도 등의 사실행위의 성질을 가지기도 하며, 생활보호대상자를 위한 대부에서는 계약의 성질을 가지기도 하고, 단순히 행정의 노력목표를 정한 훈시규정으로 쓰이기도 하고, 때로는 조치대상자에 대한 법률상의 권리를 부여한 것도 있는 등 다양하게 사용되고 있다고 한다.

사회보장의 기초를 이루고 있는 공적부조(특히 국민기초생활보장)
행정의 근거법인 국민기초생활보장법의 경우, 지금까지 세 번의 중요
한 변화가 있었는데, 각각의 개정과정에서 수급대상자의 범위를 보면
1982년 개정법에서의 보호대상자의 범위(제3조)는 1. 65세 이상의 노
쇠자, 2. 18세 미만의 아동, 3. 임산부, 4. 폐질 또는 심신장애로 근로
능력이 없는 자, 5. 기타 생활이 어려운 자로서 보호기관이 어법에 의
한 보호를 필요로 한다고 인정하는 자 등으로 정하고 있어 노동무능
력자로 그 대상을 한정하고 있다. 원래 생활보호는 사회보험 기타 사
회복지관린법들을 동한 급여를 사시고도 죄서생활수준을 밑노는 경우
빈곤발생사유를 묻지 않고 급여를 제공하는 법이다. 그런데 이와 같이
노동무능력자만을 대상으로 한다는 것은 현대사회에서는 개인적 자활
노력인 공적부조의 보족성(supplementary)개념이 중요시된다 하더라
도 공적부조의 본래의 취지에 어긋나는 것이다. 이러한 수준은 영국의
신빈민법(Poor Act, 1834)과 유사한 수준이라고 비판받은 바 있다.[79]
1997년 개정에서는 진일보한 규정을 두게 되는데 여기서는 4. 폐질 또
는 심신장애로 근로능력이 없는 자를 4. 질병, 사고 등의 결과로 인하
여 근로능력을 상실하였거나 장애로 인하여 근로능력이 없는 자로 확
대하였고, 부양의무자와 관련하여 5. 제1호 내지 제4호의 자와 생계를
같이하는 자로서 이들의 부양, 양육, 간병과 기타 이에 준하는 사유로
인하여 생활이 어려운 자를 추가하였다. 그러나 1982년 개정법에 비해
획기적인 변화는 없었다. 종전의 생활보호법을 폐지하고 1999년 제정
되어 2000년 10월 1일부터 시행되는 국민기초생활보장법에서의 수급
권자의 범위(법 제5조[80])는 부양의무자가 없거나, 부양의무자가 있어

---

79) 윤찬영, 사회복지법제 I, p.214, 참조.
80) 국민기초생활보장법 제5조(수급권자의 범위)

도 부양능력이 없거나 부양을 받을 수 없는 자로서 소득인정액이 최저생계비 이하인 자로 한다(동조 제1항)고 규정하고 있어 원래의 공적부조의 취지에 부합하는 규정을 두고 있다. 국민기초생활보장법의 발전과정을 보면 점차 규범적 타당성을 찾아가고 있음을 볼 수 있다. 우리 법이 자주 참조하는 일본법에서는 이미 오래전부터 무차별평등의 원칙에 따라 국민 누구나 일정한 기준에 미달하는 생활수준에 처하게 되면 보호를 신청할 수 있도록 하고 있다(일본 생활보호법 제7조).

 2000년 10월 1일부터 적용되는 국민기초생활보장법에서는 개별가구의 소득에 기초한 소득평가액과 재산을 소득으로 환산한 소득환산액을 합하여 소득인정액으로 보고 그 소득인정액이 최저생계비에 이르지 못한 자를 수급권자에 포함시키는 규정은 2003년 1월 1일부터 시행하도록 되어 있고, 아직은 주소지기준, 부양의무자기준, 부양능력판별기준, 소득기준, 재산기준, 주거면적기준, 토지소유기준, 자동차소유기준 등 단편적인 일곱 가지의 기준만으로만 판정하도록 되어 있는데, 이러한 엄격한 기준은 예산확보의 어려움이 가장 큰 요인인 것 같다. 또 이 법에 의해 급여를 받을 수급자의 수는 2000년 9월 말 현재 69만 가구 149만 명으로 파악되었다고 한다. 이는 기존의 생활보호대상자 152만 명보다 줄어든 수치로 너무 엄격한 기준을 적용하여 급여를 필요로 하는 국민들 중 상당수가 탈락된 것이라는 비판을 받고 있

---

① 수급권자는 부양의무자가 없거나, 부양의무자가 있어도 부양능력이 없거나 부양을 받을 수 없는 자로서 소득인정액이 최저생계비 이하인 자로 한다.
② 제1항의 규정에 의한 수급권자에 해당하지 아니하여도 생활이 어려운 자로서 일정 기간 동안 이 법이 정하는 급여의 전부 또는 일부가 필요하다고 보건복지부장관이 정하는 자는 수급권자로 본다.
③ 제1항의 부양의무자가 있어도 부양능력이 없거나 부양을 받을 수 없는 경우는 대통령령으로 정한다.

다.[81] 이와 같이 법이 헌법상의 인간다운 생활을 할 권리를 빠짐없이 보장하려면 그 대상이 되어야 할 생활이 어려운 사람을 모두 수급자에 포함시킬 수 있어야 하기 때문에, 아직까지도 법규정의 태도가 적절한 수준은 되지 못한다고 생각된다.[82]

4) 受給의 內容과 水準

사회보장은 복지욕구에 응하여 적절한 수준과 내용으로 급부되어야 실효성을 갖게 됨은 물론이다. 예건대 국민기초생활보장법에 의한 국민기초생활보장대상자에 대한 생계급여나 주거급여가 현실적 욕구에 전혀 미치지 못하는 낮은 수준의 것이거나 장애인복지법이 장애인들의 접근권을 충족시키는 서비스를 제공하지 못하는 등의 경우에는 법으로서의 규범력을 인정하기 어려울 것이다.

예컨대 국민기초생활보장법에서는 헌법상의 '인간다운 생활을 할 권리'가 보장하는 범위를 그대로 받아들여 생물적 최저생존수준이 아니라 '건강하고 문화적인 최저생활수준[83]'을 유지하기 위하여 필요한

---

81) 허 선, "국민기초생활보장수급자 선정기준의 문제점", 월간 복지동향(2000/6), pp.8-9.

82) 洪起台, "人間다운 生活을 할 權利와 國民基礎生活保障法의 憲法的 意義", 法曹 第351號(2000/12), pp.242.

83) '문화적인 최저수준의 생활'이라는 용어와 관련해서 '문화적'이라는 의미를 고상하고 고차원적인 의미로 이해하여, 생존권이 실상 목적으로 하는 바는 '문화적'인 (최저수준의) 생활이 아니라 '물질적'인 최저수준의 생활이라고 해야 한다는 견해가 있다(허 영, 한국헌법론, p.491). 이 견해에 따르면 추상적 권리설, 불완전구체적 권리설의 입장에 서면서 문화적인 최저수준이라고 하는 것은 실효성 없는 이론전개이며, 오히려 (달성하기가 어렵기 때문에) 권리의 실현을 어렵게 하지 않을까 우려한다. 그러나 이것은 잘못된 견해라고 생각된다. 문화적이라는 의미에는 물질적

최소한의 급여지급을 보장하고 있다. 이 법에 의한 급여의 기준이 될 최저생계비는 보건복지부장관이 중앙생활보장위원회의 심의·의결을 거쳐 결정·공포하며, 그 결정에 있어서는 국민의 소득·지출수준과 수급권자의 생활실태, 물가상승률 등을 고려하도록 규정하고 있다(법 제6조 제1항, 동 제2항).

2003년 1월 1일 이후에는 원칙적으로 최저생계비와 소득인정액의 차액이 이 법에 의하여 지급받을 급여의 액수가 되므로, 보건복지부장관이 결정하여 공표한 최저생계비의 액수가 건강하고 문화적인 생활에 필요한 최저한도인가의 문제는 수급대상자의 권리에 현실적인 영향을 미치게 된다. 특히 문화적인 생활이란 소득수준의 변화와 지역·연령의 차이 등에 따라 지극히 가변적인 것이므로 신중하게 결정되어야 한다. 또 이 법에 의하면 최저생계비에 소득 및 재산가치가 미달하는 경우 국가가 이를 보충하는 방식으로 급여를 하게 되는데, 이러한 제도하에서는 일단 수급자가 되면 비교적 안정된 사회보장을 누릴 수 있게 되나, 여기에서 제외되면 전혀 보장을 받을 수 없는 문제점이 있으므로, 대상자가 필요로 하는 영역에 따라 탄력적으로 단계적인 급여지급이 가능하도록 하는 개별급여방식을 도입할 필요도 있다.

이라는 의미도 포괄하고 있다고 보아야 하며, 실제로 '문화적 최저수준'과 '물질적 최저수준'은 같은 개념으로 쓰이고 있는 것으로 이해해야 한다(헌법재판소 판례에서는 '물질적 최저한도'라는 표현을 쓰고 있다. 93헌가14, 94헌마33 결정 등). 오히려 문화라는 용어에는 그 시대에 맞는 것이라는 시대적 상황을 포함하는 개념이므로 오히려 적당한 개념이라 생각된다.

2. 現實的 實效性 確保를 위한 體系的 要素

1) 傳達體系

사회보장의 급부나 서비스가 공급 주체로부터 수급자에게 제대로 전달되기 위해서는 전달조직으로서의 전달체계의 운영과 확보가 필요하다. 이러한 전달체계의 확립은 자원의 효율적인 이용과 대상자의 욕구를 효율적으로 충족시켜 주는 역할을 한다. 즉 수급대상자의 권리, 수급의 내용 등이 아무리 충실하게 규정되어 있더라도 직접 업무를 담당하는 행정기관이 정비되어 있지 아니하고 담당자가 전문성이 전혀 없어 적재적소에 급부를 제공하지 못한다면 대상자의 욕구충족은 어려울 것이다. 따라서 사회보장급부의 실효성증대를 위해서는 무엇보다 전달체계의 정비와 이를 포함한 관리체계의 확립이 필요하다.

전통적인 사회보장의 세 부문(사회보험, 공적부조, 사회복지서비스) 중에서 전달체계의 문제가 심각한 것은 공적부조와 사회복지서비스의 영역이다. 왜냐하면 사회보험의 경우 이를 담당하는 특별한 행정기관을 두고 있으나, 공적부조와 사회복지서비스의 영역에서는 이 업무를 담당하는 전문행정기관조차 두지 않고 있기 때문이다. 일반 행정기관에서 이 업무를 담당하는 결과 급여서비스의 전문성 결여, 일반 행정에의 종속 등이 중요한 문제점으로 제기되고 있다.[84] 이러한 문제점을 개선하기 위하여 1997년부터 서울시 관악구 등 전국 5개 시·군·구 지역에 보건복지사무소[85] 시범사업을 전개하고 1998년부터는 전국

---

84) 일선에 근무하는 사회복지전문요원들을 모니터해 보면 하급직에서 사회보장행정을 담당하는 결과 다른 행정 영역보다 업무의 우선순위에서 밀리는 등 그나마 전문성도 발휘하지 못한다고 한다.

적으로 실시한다는 계획을 세우고 있었으나 지금까지 연기되고 있는 실정이다.

사회보험법의 영역에서의 전달체계에 관한 문제로는 요즘 중요한 사회문제가 된 의료보험의 통합문제, 관장부서의 불일치 등을 들 수 있다. 사회보험의 성질상 동일한 형태의 급여를 목적으로 하는 것이라면 직역에 관계없이 동일한 기관에서 동일한 부서의 관장하에 이루어지는 것이 수급자에 대한 형평성의 측면에서도 타당하다. 사회보험의 경우 대부분 국가기관이 사업을 관장하되 공단의 형태인 공법인으로 사업을 운영하도록 되어 있는데, 이것이 사업의 운영범위가 처음에는 큰 규모였다가 점차 그 적용대상을 한정시켜 감으로써 각각 새로운 공단이 설립되어 사업을 운영함으로써 보험공단마다 급여의 내용과 범위가 달라져서 수급자 간에 새로운 형태의 위화감이 조성되기도 하였다. 연금의 경우, 국민연금, 공무원연금, 사립학교교직원연금, 군인연금 등 각각 소속된 연금에 따라 급여의 내용이 다르며, 그 관장부처도 달라서 혼선이 발생하기도 한다. 의료보험의 경우 건강보험으로 대체하면서 종전에 지역의료보험, 직장의료보험, 공무원교원의료보험으로 되어 있던 것을 하나의 국민건강보험으로 통합하였다. 이것은 이러한 종래의 지적에 대한 보완으로 나온 것이다. 현실적으로 통합의 어려움은 인력의 감축을 수반하기 때문인데, 이들의 전업, 전직 등을 통해서 보완책을 마련하여서 보험공단의 통합[86]은 이루어져야 한다.

---

85) 보건복지사무소는 보건과 복지를 함께 담당하는 전문행정기관으로 사회보장행정의 특수성을 고려하여 일반 행정조직에서 분리한 전문행정 영역이다. 전국적 확대는 재정상의 이유로 어려움이 있으며, 내부적으로는 양 영역 간의 '업무 한계 모호'와 '직종 간 이해부족' 등이 문제점으로 지적되고 있다.

86) 의료보험의 통합은 지역과 공무원교원의료보험공단의 1단계 통합(재정은 분리)에 이어 직장조합까지 하나로 묶는 2단계 통합이 2000년 1월부

또한 사회보장행정의 조직으로서 전달체계는 아니지만 행정조직으로서 각종의 위원회가 있다. 이러한 위원회는 심의기구 내지는 자문기구로서의 법적 지위를 지닌다. 사회보장법의 영역에서도 사회보장기본법의 사회보장심의위원회(법 제16조), 아동복지법의 아동복지위원회(제5조), 국민건강보험법의 건강보험심의조정위원회(법 제4조), 장애인복지법의 장애인복지조정위원회(제11조), 국민기초생활보장법의 생활보장위원회(법 제20조), 사회복지사업법의 사회복지위원회(제7조), 의사상자예우에관한법률의 의사상자심사위원회(법 제4조) 등 많은 위원회조직이 있는데, 현재 대부분의 위원회는 유명무실한 경우가 많다. 보다 실질적이고 효과적인 심의와 자문이 이루어진다면 법의 실효성을 증대시키는 데 기여할 것이라 생각된다.

이 중 장애인복지법의 장애인복지조정위원회와 국민기초생활보장법의 생활보장위원회, 의사상자예우에관한법률의 의사상자심사위원회 등은 필요하다고 인정하는 때에는 관계 행정기관에 대하여 그 소속직원의 출석·설명과 자료의 제출을 요구할 수 있다(국민기초생활보장법 제20조 제5항, 의사상자예우에관한법률 제4조 제2항). 다른 위원회조직에서도 이와 같은 권한이 위원회에 부여된다면 실효성 있는 자문과 심의를 할 수 있을 것이다. 다음으로 중요한 것은 위원회의 구성에 수혜자 참여가 보장되어야 한다는 점이다. 이러한 몇몇의 조치들은 행정

터 시행되었으며, 국민의료보험법은 국민건강보험법으로 바뀌면서 직장의료보험도 통합하게 되었다. 재정까지 통합하는 3단계 통합조치가 시작되면서 이 문제와 관련하여 관련단체 간에 많은 갈등이 있었다. 왜냐하면 직장근로자의 경우 통합에 의해 현재의 2배에 가까운 보험료를 부담하게 되고, 공무원 교원은 상대적으로 적은 액수를 부담하게 되며, 또 자영업자의 경우 소득의 파악이 쉽지 않아 상대적으로 적은 액수를 부담하므로 보험료산정과 관련하여 봉급생활자들로부터 반발이 심하기 때문이다. 李虎龍, 社會法槪論(출간예정)에서.

기관의 재량을 통제하여 규범의 실효성을 제고하는 데 기여할 것이다.

2) 財政調達의 方法

국가가 사회보장을 위한 재정을 어떻게 마련할 것인가도 사회보장의 실효성을 확보하기 위한 중요한 내용적 요소가 된다. 사회보험의 경우 국가에 의한 부담의 정도가 문제되긴 하지만 기본적으로는 수익자부담을 원칙으로 하기 때문에 별다른 문제가 없다. 사회보장기본법에서 국가 및 지방자치단체가 사회보장제도에 필요한 재원을 마련하도록 강제하고 있는 것도 공적부조 및 사회복지서비스에 대한 국가의 재정책임을 강조하는 것이다.

사회보장의 재원은 원칙적으로 조세수입으로 마련되는 것이며, 모든 재정이 조세수입으로 완전히 이루어진다면 다액의 여부를 불문하고 중대한 재정상의 문제는 발생하지 않을 것이다. 그러나 우리의 현행법제는 생활보장기금(국민기초생활보장법), 의료보호기금(의료보호법), 국민연금기금(국민연금법), 편의시설촉진기금(장애인·노인·임산부등의편의증진보장에관한법률), 여성발전기금(여성발전기본법), 응급의료기금(응급의료기금에관한법률), 재해구호기금(재해구호법), 장애인고용촉진기금(장애인고용촉진등에관한법률) 등 각종 기금제도를 유도하고 있는데, 이 기금은 일종의 지불준비금 또는 책임준비금으로서의 성격을 갖는다. 그런데 이 기금은 그 절대액이 주로 민간의 출연금으로 조성되고 있다. 예컨대 생활보장기금의 경우 지방자치단체 또는 지방자치단체외의 자로부터의 출연금, 다른 기금으로부터의 출연금, 금융기관 또는 다른 기금으로부터의 장기차입금, 생업자금의 대여에 따른 이자수입, 공공근로의 실시결과 발생하는 수익금, 기금의 운용수익

등으로 구성되며, 국가는 기금의 재원확충을 위하여 시·도에 보조할 수 있다고 규정하고 있어(국민기초생활보장법 제44조, 동법 시행령 제42조) 기금의 용도의 국가책임에 의한 국민기초생활보장행정을 위한 것인데 그 기금의 조성은 정부 이외의 자, 즉 민간에 의한 기금뿐이고 정부출연금은 거의 없다. 따라서 행정부의 방만하고 자의적인 운영을 가져올 수 있으며, 국가의 책임을 회피하는 법적 근거로 사용될 소지가 많다.[87] 따라서 보다 안정적이고 지속적인 재정조달방법이 마련되어야 할 것이다.

3) 權利救濟節次

수급자의 권리가 실체적으로 인정되었다고 해도, 그 권리가 침해되었을 때 그것을 회복할 수 없거나 보상받을 수 없다면, 실효성이 없는 것이라 할 것이다. 따라서 사회보장법에서도 장애인고용촉진등에관한법률, 영유아보육법, 아동복지법 등 일부의 법률을 제외하고는 대부분의 법에서 이의신청, 심사청구, 재심사청구, 심판청구 등의 행정적 구제절차(행정심판)와 이에 불복하는 경우의 사법적 구제절차가 마련되어 있다.

우선 전심절차인 행정적 구제절차로는 심사청구→행정심판청구(노인복지법 제50조, 장애인복지법 제54조), 심사청구→재심사청구(산업재해보상보험법 제88조 이하, 고용보험법 제74조 이하, 국민연금법 제88조 이하), 이의신청→심사청구(국민건강보험법 제76조 이하), 이의신청[88]→이의신청(국민기초생활보장법) 등의 여러 가지 유형이 있다. 그

---

87) 朴錫敦, 社會福祉서비스法, 三英社, 1994, p.125.
88) 여기서의 이의신청은 당해 처분청에 대한 이의신청 외에 행정심판으로

런데 행정적 구제단계에서의 문제점으로는 법률마다 전심절차의 청구기간과 기간 산정 시 기산점을 달리하고 있는데,[89] 그 차별의 합리적 근거를 찾을 수 없다는 점을 들 수 있다. 따라서 이것을 통일할 필요가 있다. 예컨대 행정심판에 관한 일반법인 행정심판법에서는 처분이 있음을 안 날로부터 90일 이내, 처분일로부터 180일 이내에 행정심판을 청구할 수 있다는 일반 원칙을 두고 있다. 행정심판법을 준용하는 규정을 두거나 사회보장행정의 특이성을 인정하여 이와 달리 정하고자 한다면 그에 관한 일반 규정을 두어 이를 통일할 필요가 있다.

또 장애인복지법과 노인복지법에서는 심사청구 기간은 명시하지 않고, 심사결정 후 행정심판 제기 기간만을 명시하고 있다. 심사청구 기간을 지정하지 않는 것은 일반 해석원리에 따라 기간을 정할 수는 있지만, 당해 청구권을 형해화한다는 비판을 면하기 어렵다.

다음으로 사법적 구제단계에서의 문제점은 사회보장행정이 다른 일반 행정에 비해 가지는 특수성, 즉 사회보장행정에는 긴박한 수요(urgent need)가 많다는 점에서 기인하는 것이다. 행정심판에 의해 신속한 구제가 이루어지면 문제가 없겠지만 소송을 하게 되는 경우 상당한 시간적, 경제적 비용의 사용이 불가피하기 때문이다. 사회보장의

서의 성격을 지닌 이의신청을 말한다.

[89] 예컨대 국민건강보험법상 이의신청은 처분 있는 날로부터 90일 이내, 국민연금법에서는 처분 있음을 안 날로부터 60일 이내 심사청구를, 공무원연금법, 군인연금법, 사립학교교직원연금법에서는 급여에 대한 결정이 있은 날로부터 180일 이내에 심사청구를 하여야 하며, 산업재해보상보험법은 보험급여결정에 이의가 있는 자는 결정이 있음을 안 날로부터 90일 이내에 결정기관을 거쳐 근로복지공단에 심사청구를 할 수 있고, 국민기초생활보장법에서는 처분결정통지를 받은 날로부터 60일 이내 시·도지사에게 이의신청을 할 수 있고, 모자보건법에서는 급여결정을 받은 날로부터 30일 이내에 당해 복지실시기관에 심사를 청구할 수 있도록 하고 있다.

권리실현의 실효성을 확보하기 위해서는 사회보장의 대상자만을 위한 특별한 소송절차가 마련될 필요가 있다.[90] 독일이나 오스트리아와 같이 사회법원이라는 특별법원을 두어 사회보장소송을 전담하도록 하는 것을 검토해 볼 수 있다.

4) 法違反에 대한 制裁

법이 실효성을 갖기 위해서는 정당한 권리의 행사와 정당한 의무의 집행이 이루어져야 한다. 따라서 사회보장급여에 있어서도 허위 또는 부정한 수혜자나 국가에 대해 민간기관이 각종 의무를 이행하지 않거나 정부의 보조금을 부정하게 사용하는 등의 경우에는 일정한 제재를 두고 있는데, 여기에는 행정형벌에 의한 제재와 과태료에 의한 제재가 있다. 그런데 문제는 그러한 형벌의 보호법익이 국민의 수급권에 중심을 두고 있다기보다는 국가의 재정 및 국가의 권위, 보험재정의 안정성 등에 오히려 큰 비중을 두고 있어 보장적 측면보다도 규제적인 측면이 강하다는 느낌을 지울 수 없다는 점이다.

3. 結 語

이상에서 사회보장법이 법으로서의 실효성을 확보하기 위하여 갖추어야 할 체계적 요소로서 규범적 정당성을 위한 요소와 현실적 실효성을 위한 요소를 구분하여 현행법제가 결여되고 있는 점을 중심으로 비

---

90) 윤찬영, 사회복지법제Ⅰ, p.229.

판적으로 살펴보았다. 각각의 요소에 대하여 적절한 대안을 제시하는 것이 그리 쉬운 일은 아닐 것이다. 법제도란 고려되어야 할 다양한 다른 요소들과 연계되어 있으며, 모든 것을 만족할 수 있는 적절한 법제도적 수단이 조성되기란 현실적으로 어렵기 때문이다. 앞으로 이러한 미비점을 보완하는 방향으로 법제의 개편이 이루어져야 한다고 본다.

第3節 社會保障을 받을 權利의 性質

1. 學說과 그에 대한 評價

사회보장을 받을 권리의 근거가 되고 있는 인간다운 생활을 할 권리(생존권)에 대한 학설에는 종래에는 프로그램규정설, 법적 권리설로서의 추상적 권리설과 구체적 권리설의 3분설이 유력하였으나, 최근에는 완전한 구체적 권리설을 인정하기는 주저하면서도 그쪽으로의 방향성을 제시하면서 불완전구체적 권리설, 복합설 등도 등장하고 있다.

1) 프로그램 規定說

이 학설은 바이마르헌법시대에 등장한 학설로 생존권은 구체적·현실적 권리가 아니라고 하며, 국가가 그 권리의 실현에 필요한 입법 또는 시설을 하여야만 비로소 효력을 갖게 된다고 한다. 따라서 이것은 주관적 공권으로서의 독자적인 권리 형태로 존재하는 것이 아니라 국가의 사회정책적 목표와 강령을 선언한 것에 불과한 것이므로, 개인은 이에 대한 헌법조항만으로는 국가에 대해 그 의무의 이행을 재판상 청구할 수 있는 힘과 자격이 없으며, 또한 국가가 관련된 입법을 제정하지 않는다 해도 이를 사법적 방법(위헌법령심사제)을 통하여 강제할 수 없다고 한다.[91]

이 학설의 논거로는 다음과 같은 것들이 제시된다. 첫째 생존권은 국가의 사회적·경제적 활력 특히 그 재정적·예산상의 능력에 크게 의존하는 것이므로, 헌법에서 사회적 기본권을 규정하고 있는 경우에도 그것은 단순히 사회정책의 기본방침이나 사회국가석 원리로서 장래에 대한 정치적 공약을 선언한 것에 불과하다고 한다.[92] 둘째 생존권에 관한 헌법규정은 생존권을 헌법적 권리가 되게 하는 데 필요한 구체적인 절차와 방법이 입법되어 있어야 하는데 이를 명확하게 규정하지 않고, 법률에 위임하고 있으며, 국가가 헌법의 생존권규정에서 의무 지어진 내용을 실현하지 않는 경우 국민은 국가에 대하여 필요한 입법과 적당한 시책을 강구하고 촉진하는 청구권을 행사할 수 없

---

91) 이 입장에 서는 학자는 朴一慶(종래의 견해), 文鴻柱 교수 등인데, 文鴻柱 교수도 만일 국가의 구체적인 행위가 국민의 문화적 최저한도의 생활을 침해하고 있는 경우 개개 국민은 생활권에 의해 법원에 그 침해의 배제를 주장할 수 있다는 점에서 생존권은 프로그램규정이지만 일면에서는 권리성도 가진다고 하고 있으므로, 완전한 프로그램규정설을 취하는 견해는 없다고 해야 할 것이다. 朴一慶, "生存權의 法的 性質", 司法行政(1981/2), p.23. 그러나 朴一慶 교수도 후에 구체적 권리설로 입장을 바꾸었다. 朴一慶, 第6共和國憲法, 法經出版社, 1990, pp.320-321. 일본에서는 伊藤正己 교수가 이에 속한다. 伊藤正己, 憲法入門(新版), 有斐閣, 1988, p.165.

92) 朴一慶, "生存權의 法的 性質", 司法行政(1981/2), p.23. 그러나 朴一慶 교수님도 후에 구체적 권리설로 입장을 바꾸었다. 朴一慶, 第6共和國憲法, 法經出版社, 1990, pp.320-321.

다고 한다.[93] 셋째 헌법은 추상적인 형태로 생존권을 규정하고 있으므로 이에 대한 국가의 의무도 추상적일 뿐이며, 따라서 구체적인 입법이 없으면 행정부의 의무도 구체화되지 않는다고 한다. 넷째 기본권의 실현은 국가질서의 정치적 형성이 사회적·경제적 질서와 일치할 때 성과를 거둘 수 있는 것이므로, 사회주의 국가에서는 빵과 근로는 헌법에 있어 자유의 본질이 된다.[94] 그러나 민주주의 국가에서는 헌법의 정치적 구조는 그 헌법의 권리선언에 대해 중립적인 자세를 취하는 것이 특색이며 따라서 국가질서의 정치적 형성이 그 사회적·경제적 질서와는 직접 관련되지 못하는 이원적인 구조를 보여주게 된다.[95] 즉 민주주의 국가에서 생존의 요구라는 사회경제적 요구가 있으나, 정치질서는 이러한 요청과는 무관하게 다원적 정당국가의 입장에서 그때그때의 의사형성에만 국한되게 되므로, 자유권을 중심으로 한 사회질서는 형성되나, 빵과 근로는 결과되지 못하며, 결국 국가에 대한 생존권리의 실천이 재정을 이유로 국가적 의무이행으로 실현되지 못할 때에는 그 권리는 실효성 있는 권리라기보다는 하나의 단순한 프로그램으로 전락하게 된다[96]는 것이다.

2) 抽象的 權利說

추상적 권리설은 문언적 의미대로 일단 생존권을 법적 권리로 인정하되, 추상적인 정도로만 권리성을 인정하자는 것이다. 이것은 프로그

---

93) 朴一慶, "生存權의 法的 性質", p.23.

94) 韓泰淵, "社會的 基本權의 憲法的 課題: 自由의 槪念과 20世紀的 展開", 東亞法學 第19號(1989), p.106; 韓泰淵, 憲法學, 法文社, 1986, p.934.

95) 韓泰淵, "社會的 基本權에 대하여", 考試界(1963/10), p.114.

96) 韓泰淵, "社會的 基本權에 대하여", p.114.

램규정설이 갖는 생존권에 대한 권리성의 과소평가에 대한 비판으로
나온 것이다. 이 설은 권리의 보장수단이 불완전하여 그 권리를 선언
적인 것에 불과하다고 한다면 이것은 다른 기본권에도 적용되는 것이
라고 하면서 자본주의 경제체제가 생존권의 권리성을 부정할 근거는
되지 않는다고 한다. 다만 이것이 구체적 권리성을 가지지는 못하므로
국민은 국가에 대해 입법 기타 국정에 필요한 조치를 취할 것을 요구
할 수 있는 권리를 가질 뿐, 헌법규정으로부터 직접 이 권리를 행사할
수는 없고, 이 권리를 구체화하는 입법과 예산조치가 갖추어질 때 비
로소 이 법률에 따라 국가에 내해 구제적 정구권을 행사할 수 있다는
견해로 다수설과 헌법재판소의 대체적인 입장이다.

이에 대한 논거는 다음과 같다. 먼저 초기 사회에서는 생존의 책임
은 개인의 몫이거나 가족관계에 의해 해결되어야 할 것으로 이해되었
으나, 산업화·도시화가 진행되면서 점차 생존에 대한 개인적 책임이
사회화되기 시작하였다. 이것은 빈곤과 같은 사회적 위기가 개인에 의
해 발생했다기보다는 사회의 생산유통의 과정에서 파생된 사회적 문
제라고 생각하게 된 것이다. 따라서 빈곤의 문제는 사회가 해결해야
하고, 빈곤자가 정당한 생활을 할 권리를 요구하게 된 것은 사회구성
원으로서 당연하다는 관념이 싹트게 되었으며, 이러한 점에서 생존권
의 권리성이 도출된다고 한다.[97) 둘째는 생존권과 같이 정비된 법체
계를 갖추지 못한 기본권이 사법상의 권리와 동일한 수준의 구체적
권리성이 인정될 수 없는 것은 당연하다고 하겠지만 그렇다고 해서
그것을 단지 프로그램적 규정으로 보는 것은 논리의 비약이라고 한다.
셋째 국가의 재정능력을 이유로 권리보장방법이 불완전하기 때문에

---

97) 韓相範, "生存權의 法理와 그 實態(人間다운 生活을 할 權利에 관한 學
說과 判例 및 그 實態에 관한 소묘)", 司法行政(1974/8), p.16.

프로그램적이라고 하는 것은 문제가 있다. 왜냐하면 재판청구권과 청원권과 같은 청구권적 기본권 역시 권리실현을 위해서는 국가의 적극적인 행위를 제공해야 하는 사정은 마찬가지이므로 생존권에 대해서만 권리성을 부인하는 것은 옳지 못하다는 것이다.[98] 따라서 국민은 구체적인 급여나 서비스를 제공할 것을 국가에 대해 요청할 수는 없지만 이와 관련된 법제의 마련 등을 국가에 대해서 요청할 수 있는 권리는 있다는 것이다. 그리고 이에 대해 국가는 사법적 강제에 의해 의무이행을 할 수는 없지만 법적인 의무를 지고 있는 것이라고 한다.

추상적 권리설이 프로그램규정설과의 차이점은 프로그램규정설은 헌법규정 자체에서의 법적 권리를 인정하지 않으므로 헌법규정에서는 어떠한 법적 의미도 나오지 않으며, 권리가 발생하는 것은 헌법에 의해서가 아니라 법률에 의해서 나오는 것이라고 한다. 예컨대 국민기초생활보장법과 같은 법률이 기초생활보장(생활보호)에 관한 청구권을 규정하고 있는 경우에 그 청구권은 어디까지나 이 법률상의 권리이지 헌법상의 권리가 아니라는 것이다. 또 법률을 개정하여 일정한 기준에 의해 보호권을 행사하는 것이 아니라 보호실시기관의 은혜적인 재량으로 한다고 해도 이것은 헌법의 문제가 아닌 입법정책의 문제라고 하는 것이다.[99]

이러한 이론적인 차이점에도 불구하고 현실적으로 프로그램규정설과 추상적 권리설이 어떤 차이가 있느냐고 반문하는 견해가 있다.[100][101]

---

98) 金哲洙, 新考憲法學槪論, 法文社, 1999, p.670.

99) 李康赫, "人間다운 生活을 할 權利", 法政(1977/12), pp.41-42; 丘秉朔, 新憲法原論, 博英社, 1997, p.531 참조.

100) 許 營, 韓國憲法論, 博英社, 1997, p.493.

101) 따라서 추상적 권리설을 프로그램규정설에 포함시키는 견해도 있다. 大須賀明, 生存權論, 日本評論社, 1984, pp.73 참조.

이 견해에 따르면 프로그램규정설과 추상적 권리설의 견해대립은 인간다운 생활을 할 권리가 갖는 여러 가지 헌법상 의의와 기능을 도외시한 형식논리에 지나지 않는다고 한다. 도대체 내용 면에서 프로그램규정으로 보는 견해와 권리성 있는 프로그램으로 보는 견해와 소구권 없는 추상적 권리로 보는 견해가 무엇이 어떻게 다른지 알 수 없다고 하면서 생존권도 사회국가원리의 입장에서 기능적으로 파악해야 한다고 한다.

종래 추상적 권리설은 통설에 가까운 다수설이었으나, 최근 헌법학계의 주류를 이루는 많은 학자들이 구체적 권리설 쪽으로 입장을 바꾸고 있다.102)

3) 具體的 權利說

이 학설에서는 대체로 생존권은 구체적으로 실현될 수 있는 권리이며, 국가에 대해 요구할 수 있는 권리라고 보므로, 구체적인 입법이 없더라도 헌법의 규정만을 가지고도 권리를 실현할 수 있다고 보고, 그리하여 생존권규정은 당연히 재판상규범으로서 효력을 갖는다고 한다. 하지만 여기에도 학자들 간에 견해가 완전히 일치하는 것은 아닌데, 먼저 헌법상의 조항을 근거로 구체적인 생활보장의 수단을 국가에게 요구할 수 있는가에 대해서 반대의 의견이 있다. 이 견해에 따르면 국민에게 의식주를 배급하거나 국가를 상대한 구체적인 청구권을 부여할 수는 없다고 한다. 왜냐하면 이러한 조항은 입법기관을 비롯한

---

102) 종래에는 許 營, 安容敎 교수(韓國憲法, 考試研究社, 1989) 등만이 구체적 권리설의 입장이었으나, 金哲洙, 權寧星(불완전구체적 권리설), 朴一慶(1986年 『第6共和國憲法』을 통하여), 丘秉朔 교수(新憲法原論, 博英社, 1997) 등은 구체적 권리설의 방향으로 입장을 바꾸었다.

모든 국가기관에게 국가활동을 하는 데 있어서 언제나 사회국가실현을 염두에 두도록 명하는 국가활동의 지침적 성격을 지닐 뿐이지 국민은 직접 수범자가 아니며, 예컨대 실업자가 길거리에서 방황하지 않도록 적절한 사회정책을 펴는 것은 사회국가의 우선적 정책지표는 될지라도 배고픈 사람이 국가를 상대로 빵을 요구한다거나 실업자가 일자리를 요구할 수 있는 권리가 있는 것은 아니라는 것이다.[103]

다음으로는 생존권규정에 재판상규범으로서의 효력을 인정하더라도 어떠한 소송유형에 따라 어느 정도의 재판규범을 인정할 것인가에도 다양한 견해가 있다.[104] 제1설은 생존권에 관한 소송은 현행법상 존재하지 않기 때문에 이러한 권리구제소송은 헌법소송법과 같은 새로운 입법을 통해서만 가능하다고 한다. 제2설은 행정소송법 제1조의 규정에 의해 국가의 부작위위헌확인소송 내지는 의무이행소송을 할 수 있다고 보는 견해이다. 이것은 국가가 국민의 생존권을 충족시켜야 할 의무가 있음에도 불구하고 이를 실행하지 아니할 경우 국가의 작위의무 불이행이라는 측면에서 행정소송법 제1조의 공법상 권리관계에 관한 문제로 보아야 한다고 한다. 제3설은 헌법상 보장되는 권리가 하위법의 흠결로 인하여 보장되지 않는다는 것은 인정할 수 없으며, 기본권의 침해에 대해서는 반드시 법적 구제가 가능해야 한다는 설이다. 그리하여 헌법재판소법 제68조와 제75조 제2항 또는 제4항에 따라 헌법소원으로 사법적 구제를 할 수 있다고 한다.

---

103) 許 營, 憲法理論과 憲法(上), 法文社, 1984, pp.298-299.
104) 이하는 權寧星, 憲法學原論, p.555 참조.

4) 不完全 具體的 權利說[105]

이 학설은 기본적으로는 추상적 권리설에 동조하면서도 오늘날 생존권은 구체적 권리로서의 성격을 부분적으로 가지고 있으며, 인간다운 생활을 할 권리는 정신적 자유에 못지않은 중요한 의미를 가진다는 점을 감안하여 앞으로 구체적 권리로 파악하는 적극적인 이론구성이 바람직하다는 점을 강조한다. 따라서 구체적 권리설로 지향하는 미성숙한 단계의 구체적 권리설이라 할 수 있다. 이 학설에서는 다음과 같은 논거를 제시하고 있다.

첫째 모든 헌법규정은 공동체구성원들의 헌법생활에서 그 내용이 반드시 실현되어야 할 재판규범이라는 점이다. 어떠한 헌법규정은 재판규범이고, 어떠한 헌법규정은 프로그램규정이라는 해석은 헌법에 그에 관한 명문의 규정이 존재하지 않는 한 독단적이고 자의적인 해석일 수밖에 없으며, 둘째 경제적으로 열악한 상황에 처한 절대빈곤층과 사회적 빈곤층에게는 자유권적 기본권이나 정치적 기본권보다 사회적 기본권의 실질적 보장이 가장 절실한 의미를 가질 수 있기 때문이라고 한다. 셋째 우리나라와 같이 사회국가의 원리를 지향하는 사회국가적 성격을 사회국가로 규정하고 국가목적을 사회국가원리의 구현이라고 규정하면서 사회적 기본권을 프로그램적인 것 또는 추상적인 권리로 이해한다는 것은 논리적 모순일 수밖에 없다. 넷째 헌법재판제도가 확립되어 있는 경우에는 헌법재판이라는 방법을 통하여 헌법불합치, 입법촉구결정을 하는 것이 헌법구조상 불가능하지 않으므로 이러한 의미에서 사회적 기본권은 자유권적 기본권처럼 직접 효력을 가지는 완전한 의미에서의 구체적 권리일 수는 없다 할지라도 적어도 청구권

---

105) 權寧星, 憲法學原論, pp.555-556 참조.

적 기본권이나 정치적 기본권과 동일한 수준의 불완전하나마 구체적
인 권리로서의 성격은 가지고 있다고 할 것이다.

5) 制度保障說

이 학설은 생존권을 하나의 권리로 보는 것이 아니라 사회보장 또
는 사회복지제도에 의해 결과적으로 기본권이 보장되는 상태를 가져
올 수 있다는 점에 착안하여 하나의 제도보장으로 이해하는 견해이
다.[106] 이 견해는 생존권이 헌법조항에서 명문상의 권리로서 규정되
어 있어도 현실적인 제약 때문에 구체적인 권리가 될 수 없다고 보는
점에서는 추상적 권리설과 다를 바 없으나, 추상적 권리 개념의 모호
함을 극복하기 위하여 권리의 개념보다는 기본권을 보장하기 위한 제
도보장의 개념으로 이해하려는 것이다.

또 이 견해에 따르면 국가의 사회보장·사회복지 증진의무를 규정
한 헌법 제34조 제2항에 따라 사회복지 또는 사회보장은 생존권을 보
장하기 위해 헌법상 보장된 제도라고 이해하는 것이다. 따라서 사회보
장은 주관적 청구권으로서는 존재하지 않지만 제도보장의 성격을 갖
는 객관적 규범이기 때문에 재판규범으로서 기능할 수도 있다는 것이
다. 이 경우에 재판규범이 될 수 있다는 것은 개인의 주관적 공권으로
서 국가에 대해 사법적으로 급여를 청구할 수 있다는 의미가 아니라
제도의 마련을 위한 입법부의 적극적 입법을 청구할 수 있다는 것을
의미하는 것이다.

---

106) 윤찬영, "사회복지법의 이해를 위한 기초적 연구", 한국사회복지학 제
18호(한국사회복지연구회), 1991, pp78-80; 李相光, 社會法, p.100.

6) 複合說

이 학설의 헌법 제34조 제1항의 '인간답게' 생활할 권리에서 인간답게 생활할 권리의 수준, 즉 '인간다움'의 수준을 어떻게 설정하느냐에 따라 위의 세 가지 학설이 모두 가능하다고 하는 견해이다. 즉 헌법에서의 보장수준, 국가의 적극적 급부의 구체적인 내용, 실현가능성 등에 따라 프로그램적 권리가 될 수도 있고, 추상적인 권리나 구체적인 권리가 될 수도 있다고 한다.[107]

첫째, 인간다운 생활의 수준을 아주 이상적인 차원에서 기준 설정을 한다면 이 권리는 언제나 프로그램적인 권리에 지나지 않게 된다. 즉 현행 헌법 제34조 제2항 내지 제4항에서의 증진, 향상 등은 궁극적인 목적 또는 목표로서의 의미가 있을지는 몰라도 현재로서는 입법에 의해 실현될 수 있는 수준이 아니기 때문에, 이상적 수준의 인간다운 생활 또는 생존이라 함은 실질적인 권리가 될 수 없는 것이다. 둘째, 인간다움의 수준을 인간다운 최저생활수준의 실현으로 해석한다면 현실적인 보장요구의 실현가능성도 있지만 여기에는 국가의 적극적인 급여의 대상, 내용, 수준 등에 대한 규정들이 필요하게 되는데, 이것은 기본적으로 입법자의 권한사항이 되기 때문에 이러한 수준의 권리라는 것은 기껏해야 입법청구권이 될 것이며, 따라서 사회적 기본권 또는 생존권적 기본권은 불완전한 권리 또는 추상적 권리의 성격을 갖게 되는 것이다. 셋째, 인간다운 수준을 생물학적 최저수준의 보장으로 이해한다면 구체적 권리설을 인정할 수 있을 것이다. 생물학적 또는 생리학적 측면에서는 급여의 대상을 어느 정도 객관적으로 판단할

---

107) 韓柄鎬, 人間다운 生存의 憲法的 保障에 관한 研究—具體的 權利로서의 實現可能性을 중심으로—, 서울大 博士學位論文, 1993, pp.73-80.

수 있고 또한 급여의 내용이 금전급부일 경우에는 현실적으로 실현가
능성이 있다는 점에서 사회적 기본권은 구체적 권리로서 인정될 수
있을 것이라고 한다.

7) 學說에 대한 評價

먼저 프로그램규정설은 바이마르헌법시대에 지배적인 학설임에도
불구하고 당시에도 비판되었던 학설인데, 우리 헌법이 "모든 국민은
인간다운 생활을 할 권리를 가진다"는 명문을 두고 있음에도 불구하
고 권리성을 인정하지 않는 점은 부당하다고 하겠다.

생존권 중에서도 문언적으로 파악하여 "…… 노력해야 한다"라는 식
의 규정108)으로 프로그램성을 인정될 수 있는 경우도 있겠지만 "……
권리를 가진다"는 명백한 규정에 권리성을 인정하지 않아서는 아니 된
다.109)

추상적 권리설은 권리는 있으나 직접 구체적 청구권을 주장할 수
없고, 법률의 제정에 의하여 비로소 구체적 권리가 된다는 것은 프로
그램규정설과 다를 바 없게 된다. 또 헌법소원과 같은 입법부작위에
대한 권리구제절차가 마련되어 있는데도 구체적 권리성을 인정하지
않는 것은 옳지 않다.110) 다만 헌법규정상 형성적 법률유보규정이 있

---

108) 예컨대 헌법 제34조 제6항 "국가는 재해를 예방하고 그 위험으로부터
　　국민을 보호하기 위하여 노력하여야 한다", 제35조 제5항 "국가는 주택
　　개발정책 등을 통하여 모든 국민의 쾌적한 주민생활을 할 수 있도록
　　노력하여야 한다", 제31조 제5항 "국가는 평생교육을 진흥하여야 한다"
　　등이다.
109) 金哲洙, 新考憲法學槪論, p.672 참조.
110) 박일경 교수는 국회의 작위, 부작위에 의한 생존권침해에는 헌법소원이
　　나 법률위헌제청신청을 통하여, 행정권의 행사, 불행사로 인한 침해에

는 경우, 즉 "……는 법률이 정하는 바에 의하여 보호받는다"와 같이 규정하고 있는 경우에는 추상적 권리성을 인정할 수도 있을 것이다.

불완전구체적 권리설은 헌법재판을 통한 우회적인 권리실현가능성을 주장하고 있어 적극적으로 구체적 권리성을 인정하는 데는 유보적이며, 국가에 대해서 직접 청구를 할 수 없는 이유를 규명하지 않고 있다.

제도보장설은 권리와 권리실현방법을 구별하지 않는 한계가 있다. 즉 인간다운 생활을 할 권리를 보장하기 위해 필요한 것이 사회보장제도인데, 사회보장에 관한 입법이 제도보장에 관한 것이지, 인간다운 생활을 할 권리 자체가 제도보장이라고 보는 것은 논리구성에 문제가 있다.111)

복합설은 인간다운 생활수준에 대한 분석적인 접근이 돋보이는 견해라고 하겠다. 최근 학자들이 구체적 권리설로 방향전환을 하면서도 적극적으로 구체적 권리설을 택하지 못하고 불완전구체적 권리설을 택하는 것은 주로 구체적 권리설을 택할 때의 권리실현의 수단이 법리적으로 완성되어 있지 아니하기 때문이다. 이러한 상황에서 복합설은 상당히 신선한 학설로 보인다. 다만 복합설의 입장에 대해서도 약간의 비판이 가해질 수 있는데, 그것은 첫째 헌법상의 인간다운 생활의 의미를 '인간다운 최저생존의 수준'이라고 할 때 이것을 추상적인 권리로 보는 점이다. 이 설에서는 생물적 최저생존에는 구체적 권리를, 인간다운 최저생존에는 추상적 권리를, 이상적 수준의 인간다운 생존에는 실질적 권리가 성립할 수 없고, 프로그램적인 것에 지나지 않는다고 한다. 이러한 입장은 지금까지 나온 견해보다도 훨씬 현실적

대해서는 행정소송에 의해 그 구제를 구할 수 있으므로 생존권은 헌법 규정만으로도 권리성을 가진다고 한다. 朴一慶, 第6共和國憲法, p.321.
111) 윤찬영, 사회복지법제론Ⅰ, p.276.

이고 분석적이라고 할 수 있다. 하지만 실질적으로는 현재의 논의수준을 넘지 못하는 것이 아닌가 한다. 생존권에 관한 권리성의 인정수준을 한 단계 높이는 것이 타당한 것이 아닌가 생각된다. 구체적인 논거는 3.항에서 설명하기로 한다. 또 이러한 입장에 서는 결과 인간다운 최저생존의 권리를 보장하기 위해서는 국가의 적극적인 급부의 내용과 절차, 수준 등이 입법에 의해 규정되어야 하는데, 그러한 것은 입법자의 권한이며 따라서 추상적 권리설이라고 하는데 이것은 입법자의 권한이 아니라 입법자의 의무라고 하여야 한다.

이와 같이 본다면 우리 학계의 입장은 구체적 권리설로의 방향성을 잡고 있긴 하나, 온전한 의미의 그것이 아니며, 결국 추상적 권리설의 큰 틀은 벗어나지 못하고 있는 것 같다. 그것은 구체적 권리설은 타당한 학설이라고 인식하면서도 권리실현방법과 절차, 국가 재정적 문제와의 관계 등이 명쾌하게 해결되어 있지 못하기 때문이다. 그러나 좀 더 적극적인 자세로 구체적 권리설을 취할 필요가 있다. 자세한 것은 다음 항에서 설명한다.

2. 判例와 그에 대한 評價

헌법재판소의 결정은 일관되게 생존권을 추상적이고 상대적인 권리로 파악하고 있다. 이하에서는 우리나라의 중요한 헌법재판소 결정과 우리 판례가 많이 참조하는 일본의 판례를 소개하기로 한다.

1) 우리나라의 判例

⑴ 중학의무교육을 받을 권리(교육법 제8조의2)에 관한 헌재결정 (1991.2.11. 90헌가27)

이 결정에서 다수의견은 "중학의무교육제의 확대실시는 국가의 재정적 부담 등의 문제를 전제로 하며 중학의무교육을 받을 권리는 헌법상의 직접적인 권리가 아니므로 ……. 어느 시점에서 의무교육으로서 실시할 것인가는 입법자의 형성의 자유에 속하는 사항으로서 국회가 입법정책적으로 판단하여 법률로 구체적으로 규정할 때에 비로소 헌법상의 권리로서 구체화되는 것으로 보아야 한다"고 한다. 이에 대하여 소수 의견은 "교육을 받을 권리는 능력이 있으면서도 경제적 이유로 교육을 받을 수 없는 자가 교육을 받을 수 있는 교육조건 정비를 국가에 대하여 요구할 수 있는 사회적 기본권의 하나이다. 기본권으로서의 중요성을 고려하여 우리나라보다도 국민소득수준이 낮은 나라까지도 9년 내지 12년까지 의무교육연한을 연장하여 실시하는 것이 세계적인 추세이다. 교육을 받을 권리란 교육의 기회균등을 의미하는 프로그램에 그칠 수 없으며 의무교육사항이 결코 기본권과 무관한 급부행정의 영역일 수 없다. 따라서 의무교육의 실시란 국가의 법적 의무의 이행이라기보다 국가의 시혜적 급부라는 전제하에서 국회의 입법형성권의 자유에 의하여 위임입법의 범위를 확대시켜도 무방하다는 다수의견에 따를 수 없다"고 한다.

이 결정에 대하여 다수 견해가 적용한 헌법이론은 복지주의 헌법을 지향해 가고 있는 오늘날의 헌법학에서는 점점 그 힘을 잃어가고 있으며, 과거에 프로그램적 규정으로 많이 본 생존권설에 대해서도 점차

그 구속성을 강하게 인정하는 경향이 대세인데 무상의무교육을 생존
권이라 하여 그 프로그램적 성격 내지 추상적 권리성을 바탕으로 입
법재량을 강조한 것은 의문이라고 한 비판이 있다.112)

⑵ 생계보호기준 위헌확인에 관한 헌재결정
(헌재 1997.5.29. 94헌마33결정)

이 결정은 1994년 2월 22일 생활보호대상자인 노부부가 생활보호사
업지침에 따라 제공되는 생계급여의 수준이 헌법상 인간다운 생활을
할 권리를 침해하는 것으로 위헌임을 확인해 달라는 헌법소원에 대한
결정이다.113) 이것은 한국판 아사히소송(朝日訴訟)이라고 불릴 만큼
유명한 소송이다. 헌법재판소는 1997년 5월 29일 청구인들의 심판청구
를 기각하면서 다음과 같은 취지의 결정을 내렸다.

(ㄱ) 적법요건―보충성에 관한 판단에서는 "이 사건 생계보호기준은
생활보호법 제5조 제2항의 위임에 따라 보건복지부장관이 보호의 종
류별로 정한 보호의 기준으로서 일단 보호대상자들로 지정되면 그 구
분에 따른 각 보호기준에 따라 일정한 생계보호를 받게 된다는 점에
서 직접 대외적 효력을 지니며, 공무원의 생계보호기준에 따른 단순한
사실적 집행행위에 불과하므로, 위 생계보호기준은 그 지급대상자인

---

112) 鄭在晃, "敎育法 第8조의2는 違憲", 法律新聞(1991.3.25.), 15면.
113) 이 사건 청구인의 헌법소원 청구경위를 요약해 보면 다음과 같다. "청
　　구인들은 부부지간으로 모두 생활보호법상의 거택보호대상자로서 ……
　　관할보호기관인 피청구인으로부터 보호급여로서 1992년에는 1인당 월
　　46,000원을 받아 오다가, 1993년 1월 이후에는 매월 56,000원, 1994년 1
　　월 이후에는 65,000원의 생계보호를 받고 있는바, 이와 같은 보호급여
　　만으로는 청구인들의 헌법상 보장된 행복추구권을 보장하기는커녕, 인
　　간다운 생활을 할 권리마저 침해하는 것이므로 위와 같은 보호급여처
　　분이 헌법에 위반된다는 확인을 구하고자 하는 것이다."

청구인들에게 직접적인 효력을 갖는다. 그런데 이 심판의 대상은 행정기관의 구체적인 보호급여처분 그 자체가 아니라 보건복지부장관이 법령의 위임에 따라 정한 보호급여의 기준으로서 현행 행정소송법상 이를 다툴 방법이 없으므로, 이 사건은 다른 법적 구제수단이 없는 경우에 해당하여 보충성을 갖추었다고 볼 수 있다.”

㈁ 본안에 관한 판단에서는 “모든 국민은 인간다운 생활을 할 권리를 가지며 국가는 생활능력이 없는 국민을 보호할 의무가 있다는 헌법규정은 모든 국민을 기속하지만 그 기속의 의미는 적극적·형성적 활동을 하는 입법부 또는 행정부의 경우와 헌법재판에 의한 사법적 통제기능을 하는 헌법재판소에 있어 동일하지 아니하다. 즉 입법부와 행정부에 대해서는 국민소득, 국가의 재정능력과 정책 등을 고려하여 가능한 범위 안에서 최대한으로 모든 국민이 물질적인 최저생활을 넘어 인간의 존엄성에 맞는 건강하고 문화적인 생활을 누릴 수 있도록 하여야 한다는 행위지침, 즉 행위규범으로 작용하지만, 헌법재판에 있어서는 다른 국가기관, 즉 입법부나 행정부가 국민으로 하여금 인간다운 생활을 영위하도록 하기 위하여 객관적으로 필요한 최소한의 조치를 취할 의무를 다하였는지를 기준으로 국가기관의 행위의 합헌성을 심사하여야 한다는 통제규범으로 작용하는 것이다. 국가가 행하는 생계보호가 헌법이 요구하는 객관적인 최저한도의 내용을 실현하고 있는지의 여부는 결국 국가가 인간다운 생활을 보장함에 필요한 최소한도의 조치를 취하였는지의 여부에 달려 있고, 인간다운 생활이란 그 자체가 추상적이고 상대적인 개념으로서 생계보호의 구체적인 수준을 결정하는 것은 해당기관의 광범위한 재량에 달려 있다. 따라서 국가가 인간다운 생활을 보장하기 위한 헌법적 의무를 다하였는지의 여부가 사법적 심사의 대상이 된 경우에는 국가가 생계보호에 관한 입법을

전혀 하지 않았다든지 그 내용이 현저히 불합리하여 헌법상 용인될 수 있는 재량의 범위를 명백히 일탈한 경우에 한하여 헌법에 위반된다고 할 것이다. 그런데 사실조회 결과 이 건의 경우 국가가 실현해야 할 객관적 내용의 최소한도의 보장에 이르지 못하였거나 헌법상 용인될 수 있는 재량의 범위를 명백히 일탈하였다고 보기 어렵고 따라서 생계보호수준이 일반 최저생계비에 미치지 못한다고 할지라도 그 사실만으로는 곧 그것이 헌법에 위반된다거나, 행복추구권이나 인간다운 생활을 할 권리를 침해한 것이라고는 볼 수 없다고 할 것이다.”

2) 日本의 判例

일본에서 생존권과 그 제도, 특히 소득보장제도와 헌법규범과의 관계에 관하여 다룬 대표적인 소송은 아사히소송(朝日訴訟)과 호리키소송(堀木訴訟)이다.114) 아사히소송은 생활보호법상의 보호기준에 대한 것이고 호리키소송은 소득보장에 관한 기술적 제도이며, 권리성 면에서 많은 문제를 가지고 있는 사회수당(사회원호)에 관한 법제의 방향에 관한 것이었다.

(1) 아사히소송(朝日訴訟; 最高裁 昭和42(1967).5.17.)115)

① 개 요

일본의 생존권소송의 대표적인 소송은 아사히소송(朝日訴訟)인데, 30여 년이 지난 지금에도 상당히 많이 인용되고 있다. 사안의 개요는

---

114) 佐藤 進, "堀木訴訟最高裁判決의 問題點", ジュリスト 第773号(1982), p.26.
115) 最高裁 昭和42(1967).5.24 民集21卷5号 p.1046.

다음과 같다. 무의탁폐결핵 환자인 아사히는 생활보호를 받고 있었는데, 1956년 8월부터는 친형으로부터 약간의 생활비를 받게 되자, 이를 계기로 사회복지사무소장으로부터 그만큼의 액수를 공제하고 급여를 지급하는 보호변경처분을 받게 되었다. 이에 아사히는 불복신청을 하였으나 각하되고 후생대신에게 재차 불복신청(不服申立申請)을 하였으나, 역시 각하되어 후생대신이 내린 각하결정(不服申立却下決定)의 취소를 구하는 행정소송을 제기하게 된다. 그런데 1심 판결에서는 승소하였으나, 2심 판결에서는 패소하였고, 최고재판소에 상고하였으나, 도중에 사망하여 궐석재판으로 패소하고 말았다.

② 1심판결(東京地裁 昭和35(1960).10.19) 요지

일본 헌법 제25조(생존권규정)와 일본 생활보호법 제43조는 단순히 국가의 사실상의 보호행위에 의한 반사적 이익을 향수하는 데 머물지 않고 적극적으로 국가에 대하여 보호의 실시를 청구할 권리를 보장한 것이라고 하여 구체적인 권리성을 인정하면서, 보호기준의 산정은 기술적·전문적 검토를 요하는 것이기 때문에 후생대신이 정하는 기준에 의해 측정된 요보호자의 수요를 기초로 하여 간접적으로 최저한도의 생활수준의 인정을 제1차적으로 정부의 책임으로 위임하고 있다. 하지만 그것은 헌법, 생활보호법의 규정을 일탈할 수 없고, 그러한 의미에서 그것은 기속행위이다. 따라서 이것이 과연 본법에 적합한지 어떤지는 법원에서 판단돼야 한다고 판시하였다.[116]

③ 2심판결(東京高裁 昭和38(1963).11.4.)요지

권리성에 대하여, 생활보호법이 헌법 제25조의 이념에 근거하여 보

---

116) 東京地裁 昭和35(1960).10.19. 民集14卷10号 pp.1357-1360 참조.

호·수익권을 결정한 취지부터가 1심 판결과 같이 단순한 반사적 이익에 지니지 않는 것에 불과하거나 또한 훈시적인 규정도 아니라 구체적인 권리이다. 따라서 보호기준에 대해서 사법심사권은 실현된다고 하고, 이 사법심사권은 보호기관이 여러 가지 불확정적인 요소를 파악하고 이를 종합하여 정립되어야 하는 것이므로 그 설정에 관한 구체적 판단을 실질상 후생대신의 자유로운 재량에 위임하였다고 이해하여야 하고, 따라서 당부당(當不當)의 논평을 첨가할 수는 있겠지만 행정청의 판단이 법을 일탈하여 당부당의 문제를 거친 경우가 아닌 한 위법인가 아닌가의 문제로는 되지 않는다. 보호실시기관의 보호개시 또는 변경의 구체적인 보호처분은 고정적·구속적 개념이 아니며 다수의 불확정적 요소를 종합하여 파악하여야 하기 때문에 그 결정은 행정기관의 재량에 위임하는 기속재량행위이며, 따라서 행정기관의 판단이 현저히 재량을 유월한 것인가 여부에 따라 위법 여부가 결정된다고 하면서, 본건 보호기준이 위법인가에 대한 판단은 여러 가지 점을 검토하여 비교형량한 결과 위법으로 판정할 수는 없다고 판시하였다.

제1심에서와 마찬가지로 그 보호기준이 사법심사의 대상이 되는 점은 인정하였으나, '건강하고 문화적인 최저한도의 생활수준'의 인정권은 재량에 있다고 한 점이 다르다.

④ 최고재판소 판결요지(最高裁 昭和42(1967).5.24.)

다수의견은 "헌법 제25조는 모든 국민이 건강하고도 문화적인 최저한도의 생활을 영위할 수 있도록 국정을 운영하는 국가의 책무로서 선언한 것에 불과하며, 직접적으로 개개의 국민에 대해 구체적 권리를 부여한 것은 아니다. 구체적 권리는 헌법규정의 취지를 실현하기 위해 제정된 생활보호법에서 비로소 부여되는 것이다"라고 하면서 보호기준이 쟁송의 대상이 될 것인가 또 어디까지 기준의 위법·위헌성에 관하여 심사할 것인가 하는 문제에 관하여 다음과 같이 서술하고 있다. "후생대신이 정한 보호기준은 법 제8조 제2항 소정의 사항을 준수한 것일 것을 요하며, 결국에는 헌법이 정하는 건강하고 문화적인 최저한도의 생활을 유지하는 데 족한 것이어야 한다. 그러나 건강하고 문화적인 최저한도의 생활이란 추상적이고 상대적인 개념이며 그 구체적인 내용은 문화의 발달, 국가경제의 진전에 따라 향상되는 것은 말할 필요도 없으며, 다수의 불확정적인 요소를 종합 형량하여 결정할 수 있는 것이다. 따라서 무엇이 건강하고 문화적인 최저한도의 생활인가의 인정판단은 일단 후생대신의 합목적적 재량에 위임하여 두고 그 판단은 당부당의 문제로서 정부의 정치적 책임을 물을 수는 있어도 직접 위법의 문제가 발생하는 것은 아니다. 다만 현실의 생활조건을 무시하여 현저히 낮은 기준을 설정하는 등 헌법 및 생활보호법의 취지·목적에 반하여 법률에 의해 부여된 재량권의 한계를 넘는 경우나 재량권을 남용한 경우에는 위법한 행위로서 사법심사의 대상이 되는 것을 피할 수 없다"고 한다.117) 그리고 東京高裁의 판결이유와 마찬가지로 본건 기준에 대한 위법성 판단에서는 도저히 위법하다고 판정할 수 없다고 하고 있다.118)

---

117) 昭和42(1967).5.24. 民集21卷5号 p.1046.

118) 다만 이에 대하여 주목할 만한 의견으로서 奧野健一 재판관과 田中二郎 재판관의 의견이 있다. 첫째로 奧野 재판관의 보족의견 중 위와 관련된 몇 가지를 요약 소개하면 다음과 같다. 우선 보호기준이 쟁송의 대상이 되는가 하는 점에 관해서는 원래 '헌법은 위의 권리('건강하고 문화적인 최저한도의 생활을 영위할 수 있도록 시책을 강구해야 한다는 국가의 책무로서 요청하는 권리')'를 당시 정부의 시정방침에 따라 좌우시킬 수 없는 객관적인 최저한도의 생활수준이라는 점을 들어 국가에 전기 책무를 부과한 것으로 보기 때문에 생활보호법이 부여한 보

(2) **호리키소송(堀木訴訟; 昭和57(1982).7.7.)**[119]

① 개 요

堀木文子는 남편과 사별하고 두 아이를 두고 있는 맹인장애자로 자

호수급권도 "위의 적정한 보호기준에 따라 보호를 받을 권리이며" 따라서 "후생대신의 보호기준설정행위는 객관적으로 존재하는 최저한도의 생활수준의 내용을 합리적으로 탐구하여 이를 금액으로 구현하는 법의 집행행위이므로, 그 판단을 잘못하면 위법이라고 하는 재판소의 심사에 복종해야 할 것"이라고 주장한다. 그러나 본건 보호기준이 위법한가 여부의 판단에 있어서는 "적정하게 설정된 보호기준의 내용이 그 후 어떤 시점에 위의 기준선에 완전히 합치하지 않는다는 이유만으로 바로 당해 기준을 위법하다고 인정해서는" 아니 되며, "기준의 정정에 요하는 상당한 기간 내에 있어, 당해 시점에서 기준과 생활의 실체와의 괴리가 헌법과 생활보호법의 취지·목적을 현저히 일탈하는 정도의 것은 아니라고 인정하는 한, 그것은 보호기준이라고 하는 제도를 설정하는 데 그칠 수 없는 결과로서 법이 용인하는 바이므로", 본건 보호기준은 위법하지 않다. 이러한 논거는 다른 재판소나 재판관이 주장하는 않는 점으로 주목할 만하다.

다음으로 田中 재판관의 의견 중의 하나인데, 田中 재판관도 보호기준의 사법심사는 인정하며, 그 범위는 다른 재판관과 거의 같은데(보호기준은 행정기관의 재량사항이라 원칙적으로 사법심사의 대상이 되지 않는데) "현실의 생활조건을 무시하여 현저히 낮은 기준을 설정하는 것은 헌법 및 생활보호법의 취지·목적에 위배되어 법률에 따라 부여된 재량권의 한계를 유월 또는 재량권을 남용함으로써 위법한 조치로 사법심사의 대상이 된 것에 지나지 않는 것이라고 해석"하며, 그 하나의 논거로서 "생활보호법이 불복신청의 대상을 '보호의 결정 및 실시에 관한 처분'에 한정하고 있으며(일본생활보호법 제65조 제1항), 보호기준 설정행위 그 자체에 관하여는 불복신청의 대상으로 다루지 않았다는 것은 이러한 사정을 표시"하는 것이라고 하고 있다. 이러한 일반론을 전제로 원판결에서 확정한 사실관계하에 있어서는 본건의 보호기준도 보호변경결정도 바로 위헌·위법으로 하거나 또 이를 무효 내지 위법으로 논단할 수 없는 것으로 하고 있다. 最高裁 昭和42(1967).5.24. 民集21卷5号 p.1046.

119) 最高裁 昭和57(1982).7.7. 民集36卷7号 p.1235.

신이 수급받고 있던 국민연금법의 장해복지연금에 더하여 자신이 부양하는 아동의 부양에 관한 아동부양수당법에 의한 아동부양수당지급과 이를 위한 자격인정을 신청하였던바 현지사(兵庫縣知事)로부터 청구각하처분을 받고 이에 이의신청을 하였으나, 그것마저 기각되자 이의신청기각결정의 취소를 구하는 소송을 제기하였다. 제1심인 神戸地裁에서는 여러 상황과 증인, 증거에 의해 원고의 주장을 받아들여 헌법의 위헌성을 인정함으로써 원고승소판결을 내렸으며, 현지사, 법무성, 후생성 등도 공소하지 않겠다는 현의 의견을 수용한 상태였으나, 법무대신이 국회에서 제정한 법률의 위헌성을 인정하는 것은 중대한 문제라 하여 공소를 지시함으로써 공소심이 진행되었다. 제2심(大阪高裁)에서는 원고패소의 판결을 내림으로[120) 이에 상고하였으나 기각되었는데, 상고심에서는 일본헌법 제25조(생존권규정), 제14조(평등권규정), 제13조(개인존중과 공공복지규정)를 중심으로 헌법상의 논점과 함께 사회보장법과 행정의 올바른 방향에 관한 내용을 판시하였다. 이 소송은 생활보호법에 관한 아사히소송과 더불어 일본에서 생존권소송의 대표적인 소송으로 꼽히는 것이다.

② 최고재판소 판결의 요지(最高裁 昭和57(1982).7.7.)

상고심에서 제1쟁점은 장해복지연금의 수급자에게 아동부양수당의 병합을 금지하는 아동부양수당법 (개정전[121])제4조 제3항 제3호의 규

---

120) 이 판결에 대해서 당시 신문에서는 "복지 권리론에 찬물을 끼얹은 것"이라고 비판하고 또 학계에서도 이것은 생존권을 프로그램규정—입법재량으로 파악한 것이라 하여 비판을 가하였다(中村睦男, "生存權の法的性格"—特輯/堀木訴訟判決と社會保障現狀—, 法律時報 第48卷 第5号 (1976), p.8).

121) 이 조항은 1심판결 후 개정되어(노령이나 장해의 핸디캡을 가지고 아동을 양육하는 자의 어려움을 고려하여 개정함) 국민연금법에 기한 장

정이 헌법 제25조가 정하는 생존권보장에 위반되는가 하는 점이다. 제1심에서는 본건 병합금지조항이 평등권조항인 헌법 제14조에 위반한다는 취지의 판시를 하였으므로 생존권조항(제25조)에 관해서는 다루지 않았다. 제2심판결에서는 소위 제1항·제2항 이분론[122]을 채용하여 본건 병합금지조항은 헌법 제25조 제1항과는 관계없으며, 이 조항을 둔 입법부의 재량에는 남용·일탈이 인정되지 않으므로 이 조항은 헌법 제25조 제2항에 위반되지 않는다고 판시하였다.[123]

상고심에서는 일체론, 이분론 중 어느 것을 취하거나 배제한다는 언급은 전혀 없었는데 다만 기본적으로는 복지국가 이념에 기하여 국가의 책무를 선언한 것이라는 점에 관하여 "헌법 제25조의 규정은 국권의 작용에 대하여 일정한 목적을 설정하고 그 실현을 위하여 적극적으로 발동할 것을 기대하는 성질을 가지고 있다"고 하면서 "헌법 제25조가 규정한 건강하고 문화적인 최저한도의 생활이라는 개념은 법개념으로서 극히 추상적, 상대적인 개념이며 그 당시의 문화의 발달 정도, 경제적, 사회적 조건, 일반적인 국민생활의 상황 등의 상관관계와 국가의 재정사정에 따라 그 구체적인 내용이 결정되는데, 이때 다방면에 걸친 복잡다양한, 그리고 고도의 전문기술적인 고려를 거친 정

해복지연금 및 노령복지연금 이외의 공적연금급부를 받을 수 있는 때에는 아동부양수당의 수급자격을 잃는다고 규정하였다. 개정전에는 모든 공적연금급부수급자에게 수당의 지급을 인정하지 않았기 때문에 堀木은 아동부양수당의 지급이 인정되지 못한 것이다.

122) 생존권 규정인 헌법 제25조 제1항 "모든 국민은 건강하고 문화적인 최저한도의 생활을 누릴 권리를 가진다"를 사후적, 보족적, 개별적인 구빈정책 규정으로, 제2항 "국가는 모든 생활부문에서 사회복지, 사회보장 및 공중위생의 향상 및 증진에 노력하여야 한다"를 사전적 적극적 방빈정책 규정으로 이해하여 이론을 전개하였다.

123) 園部逸夫, "堀木訴訟最高裁判決の法理", ジュリスト　第773号(1982), p.33-34.

책적 판단이 필요하다"고 하였다. …… "요컨대 헌법 제25조의 규정에 기한 입법조치는 입법부의 광범위한 재량에 맡겨져 있는 것"이며, 헌법 제25조에 기한 입법조치가 "현저히 합리성을 결하여 명백히 재량의 일탈, 남용이라고 보지 않을 수 없는 경우에는 입법조치에 관한 선택결정은 법원의 심사판단의 대상이 된다. 다만 본건의 경우 본건병합금지조항이 공적연금 상호간에 통상 볼 수 있는 병합조정조항의 일종이며 그러한 한 입법부의 재량의 범위에 속하는 것이라고 판단되기 때문에 헌법 제25조의 규정을 위반하여 무효라고 하는 상고인의 주장을 배척한 원판결은 정당하다."고 판시하였다.

3) 判例에 대한 評價

중학의무교육에 관한 헌법재판소의 입장은 기본적으로는 추상적 권리설을 벗어나지 않는 것 같다. 따라서 개인이 국가에 대해 직접적으로 급여나 서비스를 사법적으로 청구할 수는 없다. 생활보호기준에 관한 위헌확인에서는 "청구인들의 권리가 국가의 생계급여 및 기타 급여와 감면조치에 의해 침해된 것으로 볼 수 없다"고 함으로써 생존권이 헌법 차원에서 일정한 구체적 내용을 가지고 있음을 인정하고 거기에 위반하는 경우 위헌임을 인정한다고 하여 구체적 권리설을 인정하는 듯하나 완전한 것 같지는 않은데, 사회보장입법이 명백히 재량을 일탈하지 않는 한 위헌이 아니라고 하는 명백설을 채용한 입법재량론을 채용함으로써 구체적 권리설의 채용을 무색하게 하고 있다.

일본의 아사히소송에서도 1심판결에서는 구체적 권리설을 취하였으나, 2심판결에서는 구체적 권리설을 인정한다고 하면서도 보호처분에 관해서는 행정기관의 자유로운 판단에 맡긴다고 하여 실질적으로 구체적 권리설을 인정하였다고 보기 어렵고, 최고재판소 판결에서는 아예 구체적 권리설에서 후퇴하여 추상적 권리설을 인정하여 보호수준의 문제는 헌법적인 문제라기보다는 위법성의 문제인 것으로 보고 있다. 생각건대 2심판결과 최고재의 판결의 판시내용은 같으나 최고재에서 이것을 추상적 권리설로 바로잡아 준 것으로 보인다.

호리키소송에서는 "헌법 제25조(생존권규정)는 국권의 작용에 대하여 일정한 목적을 설정하고 그 실현을 위하여 적극적으로 발동할 것을 기대하는 성질을 가지고 있다"고 하여 생존권의 성질에 관하여 판례 전반적으로는 재판규범성을 인정하면서도 규정의 프로그램성을 강하게 인정하고 있고, '건강하고 문화적인 최저한도의 생활'은 그 시대의 문화를 반영하는 상대적, 추상적인 개념이고, 이를 구체화하기 위해서는 국가의 재정사정과 다방면의 다양한 고도의 전문기술적 고려를 거친 정책적 판단을 하여야 하기 때문에 입법조치를 강구함에 있어서 입법부에 광범위한 재량에 맡길 수밖에 없는데 본건의 경우에는 재량권의 범위 내에 속하므로 헌법 제25조에 위반되지 않는다고 판시하였다. 이것은 생존권규정의 재판규범성을 형식적으로는 인정하면서도 실질적으로는 개념의 추상성, 재정의 문제, 전문기술적 정책적 이유 등을 들어 광범위한 입법재량을 인정함으로써 권리를 추상적인 것으로 격하시키고 있다. 이것은 사회보장이 갖는 현대적 의미나 현재의 국민의 생활실태 등을 이해하지 못하고 선례구속성의 원칙을 답습하고,[124] 단순히 법률논리만으로 합헌성을 도출했다는 비난을 면치 못하고 있다.

이상과 같이 우리나라의 판례와 일본의 판례는 아직까지 추상적 권리설을 벗어나지 못하고 있다. 사회의 발전, 일반 국민의 권리의식의 고양

---

124) 佐藤 進, "堀木訴訟最高裁判決の問題點", p.29.

등과 더불어 헌법계의 일반적 경향이 사회보장의 권리성에 점차 구속성을 부여하고 있으므로, 이러한 경향이 판례에도 반영될 것으로 본다.

3. 抽象的 權利說을 支持하는 要因에 대한 批判的 檢討

사회보장을 받을 권리의 성격에 대하여 다수의 학자들이 추상적 권리의 입장에서 그 구체성을 인정하려는 경향으로 옮겨지고 있는 것은 사실이다. 하지만 아직까지는 추상적 권리설이 다수설을 차지하고 있으며,[125] 구체적 권리설을 지향하는 제 견해도 결국에는 추상적 권리설의 큰 틀을 벗어나지는 못하고 있다고 생각된다. 여기에는 추상적 권리설을 지지하는 몇 가지 요인이 있다고 생각되는데, 이하에서는 이러한 요인을 정리하고 비판적으로 검토해 보기로 한다.

1) 權利發生의 淵源과 性質

자유권은 시민혁명을 통하여 시민이 흘린 피에 의해서 획득된 권리이다. 이러한 역사적 희생을 통하여 형성된 자유권을 권리로서 인식하게 하는 데에는 누구도 주저하지 않는다. 그러나 생존권은 권리는 자본주의가 성숙함에 따라 발생하는 사회적 병폐를 제거하려는 의도에서 나온 인위적인 기술에 해당하는 것이므로, 그것이 권리로서 바로 인식되기에 어려움이 있는 것 아닌가 한다. 또 자유권은 국가로부터의

---

125) 權寧星, 憲法學原論, p.555.

부작위를 요구하는 것이나, 사회보장을 받을 권리는 국가로부터의 적극적인 작위를 요구하는 것이다. 이러한 성질상의 차이도 자유권과 생존권의 권리로서의 인식상의 차이를 발생시키는 요인이 된다.

2) 自由權 중심의 思考―法治國家理念에 대한 집착

일부 헌법학자들은 사회권의 실현을 목적으로 하는 사회보장정책 특히 공적부조에 있어 소득재분배정책에 의한 행정기능의 확대·강화는 자유권을 과도하게 제약하는 것이며, 따라서 사회권실현으로서 생존권의 실현은 자유권의 침해를 의미하므로 사회보장수급권의 법적 권리성을 인정하는 것은 불가능하다고 지적한다.[126] 이러한 사고는 신자유주의라는 사조에 힘입어, 자유권과 생존권이 이율배반적이라는 전제 아래 기본권의 중심이 다시 자유권으로 회귀하고 있는 것을 의미한다. 이러한 자유권 중심으로의 회귀는 뒤에서 언급하는 복지국가 위기론과 관련하여 현실의 사회·경제적 상황이 사회보장을 감당하기에는 여의치 않음을 의미하기도 하지만, 이것은 자유권 중심의 기본권 체제를 고수하려는 인간의 개인주의적 성향에서 기인하는 것이며, 실상은 자유권 중심체제로의 회귀라기보다는 숨겨져 있는 자유권 중심 체제에 대한 집착이 드러나고 있는 것이라 하는 것이 오히려 정확하다. 마찬가지로 사회국가원리를 수용하지 아니하고 법치국가에 집착하거나, 법치국가와 사회국가원리를 조화시키고자 하지 않는 이상 적극적으로 생존권의 권리성을 인정하기는 어렵게 된다. 법치국가는 자유의 보장을 목표로 하고 있는 데 비해서, 사회국가는 배분 내지 배려를

---

126) 樋口陽一, "日本憲法學と福祉問題―福祉シンボルの憲法論上の役割―", 東京大學社會科學研究會編, 福祉國家4, 1984, p.11.

위한 보장을 목적으로 하고 있기 때문에, 법치국가적 사고에 집착한다면 생존권의 권리성을 직접 인정하는 양자의 융합은 이루어지지 어렵기 때문이다. 물론 오늘날은 사회적 법치국가로 자유권(법치국가이념)과 생존권(사회국가이념)을 목적과 수단으로 이해하는 등 인간의 존엄가치 실현을 위해서 양자의 융합 내지 조화가 도모되고 있긴 하지만 극단적으로는 양자의 융합이 어렵다는 시각에서 나온 것이다.

명확한 사회권규정을 갖고 있지 못한 독일[127]에서는 기본권을 자유권과 사회권으로 분류하는 전통적 기본권론에 의문을 제기하면서 독일에서 Teilhabe이론에 의해 자유권 속에서 배분참가권, 즉 사회권적 효과를 발견하고자 한 것[128][129]이나, 독일의 Ernst Forsthoff가 본기본법을 법

---

127) 본기본법 제20조 제1항과 제28조 제1항에서 연방국가와 법치국가 앞에 사회적(Sozial)이라는 용어를 사용함으로써 사회적 법치국가임을 밝히고 있기는 하나, 나찌시대에 대한 반성으로 자유권적 사회권 중심의 규정을 두고 있을 뿐, 명확한 사회권규정을 두고 있지 아니하다.

128) Eberhard Grabitz, *Freiheit und Verfassungsrecht*, 1976, S.45; 村上武則, "Teilhabe(配分參加)について", 現代行政と法の支配(杉村敏正先生還曆記念), 有斐閣, 1978, p.84(재인용).

129) 이러한 시도는 단순히 최저한도의 생존권보장을 위한 부조청구권확보와 같은 문제의식을 넘어 보다 넓은 기본권의 사회적 활성화를 목표로 하고 있었다. 구체적으로 이러한 시도를 한 학자로는 Rüfner와 Rupp 등이 있는데, Rüfner는 기본권 가운데 평등권에 기하여 Teilhaberecht를 도출하고자 하였고(Rüfner, *Formen öffentlicher Verwalung im Bereich der Wirtschaft*, 1967, S.390), Rupp는 전통적인 소극적 기본권관을 탈피하여 기본권으로부터 적극적으로 국가에 급부의무를 부여하여 국민에게 국가의 적극적 원조를 요구할 수 있는 사회적 보호청구권을 도출하였다(Rupp, "Vom Wandel der Grundrechte" AöR(1986), S.180. 여기서 이것을 Teilhaberecht라고 부르지는 않았다). 그러나 이러한 견해에 대하여 Grabitz는 규범구조나 헌법체계상 자유권을 Teilhaberecht의 근거로 삼기는 어렵다고 하고(Grabitz, a,a,O., S.46.), Böckenförde도 사회국가적인 기본권이론에 의해 지향된 기본권적 청구권의 확대와 강화는 재판상 주장하는 청구권이 개인에게서 발생하는

치국가 헌법으로 이해하였기 때문에 사회권적 성격의 Teilhaberecht를 헌법적으로 구체화시키지 못한 것 등도 같은 취지에서 이해할 수 있다.

따라서 Starck가 말한 바와 같이 사회국가원리와 같이 일반적으로 정형화되어 있는 헌법원칙을 해석할 경우에 이 원칙을 경솔하게 다른 헌법원칙, 예컨대 법치국가원리와 이율배반적으로 해석하는 것을 피해야 할 것이며, 인간의 존엄과 가치는 자유뿐만 아니라 사회적인 안전보장도 필요로 하는 것이라고 하는 양자의 조화로운 해석이 필요하며,[130] 자유권에 집착하는 사고에서 탈피하여야 한다.

3) 福祉國家危機論

2)의 자유권 중심의 사고와 연결선상에서 사회보장의 권리성을 추상화시키는 중요한 요인 중 하나가 복지국가위기론이다. 제1장에서도 언급한 바 있지만 복지국가위기론은 여러 가지의 원인이 제시되고 있

것이라고 하는 기본권 본래의 속성을 감소시키는 것이라고 비판한다(Böckenförde, "Grundrechtstheorie und Grundrechtsinterpretation", NJW(1974), S.1536). 또 Starck는 "Teilhaberecht는 상당한 재정지출을 수반하는 것이기 때문에 만약 법원이 기본권적 해석에 의한 Teilhaberecht를 도출하게 되면 법원이 국가예산에 영향을 미쳐서 필요한 금전을 조달할 수밖에 없는데, 법원이 재정에 관한 소구를 인정할 수는 없으며, 국가는 모든 예산정책을 헌법적으로 확정해야 하는데 그것은 상당히 곤란하다. 또 Teilhaberecht의 청구대상이 불명확하기 때문에 기본권이 갖는 것과 같은 엄격한 구속력을 가진 방어권을 가지고 있는 Teilhaberecht를 보장할 수 없는 것이다"라고 비판한다(Stark, "Staatliche Organization und staatliche Finanzierung als Hilfen zu Grundrechtsverwirklichungen?", in: *Bundesverfassungsgericht und Grundgesetz II*, S.524.).

130) Christian Stark, *Vom Grund des Grundgesetzes*, S.58(渡邊 中·酒井喜惠子 共譯, 西ドイツ 憲法の 基礎理念, 有信堂高文社, 1987).

다. 그 중요한 하나는 경제적 위기인 경기침체이다. 제2차대전 후 1950년대와 1960년대의 서구산업사회는 경제적 풍요를 만끽하면서 복지국가에 대한 관심을 키워왔다. 그러나 1970년대의 스테그플레이션으로 인하여 극심한 경기침체를 맞이한 서구사회는 복지국가를 경제회복의 장벽으로 이해하면서,[131] 사회민주국가에서 자유방임적 보수주의로 전환하려는 움직임을 보였다.[132][133] 이러한 복지국가의 위기는 80년대와 90년대를 거치면서 이제는 국가의 복지 영역의 확대로 재정지출이 증대되자 이에 대한 반발작용으로 인한 조세저항, 지하경제의 성장 등의 사회적 문제가 빈발하고, 따라서 사회정책에 관한 긴축이 필요하다는 주장으로 이어지고 있다. 결국 복지국가의 위기론도 개인주의적 성향에 의한 자유권 중심의 기본권체제에 대한 집착이며, 이것은 사회보장의 권리성을 추상화시키는 중요한 요인이 된다.

4) 權利意識의 부족—社會保障을 理想的, 抽象的 實體로 認識하는 경향

대부분의 사람들에게 사회보장, 복지국가 등의 개념들은 단순히 모두가 잘 사는 이상적이고 추상적인 실체로 인식되어 있다. 따라서 사

---

131) 이 시기 국가의 복지국가적 경향은 정부 역할의 증대현상을 가져오는데, 정부는 다양한 정책목표를 달성하기 위하여 노력하지만 실패하고 마는 정부의 실패는 자유방임주의로의 회귀를 자극하게 되는 것이다. Ramesh Mishra(김한주 · 최경구 역), *The Welfare State in Crisis-Social Thought and Social Change*-(복지국가위기론), 法文社, 1987, pp.45-54.

132) 물론 이러한 위기의 탈피방법으로 자유방임주의로의 복귀를 주장한 신보수주의 외에도 평등한 사회주의를 목표로 하는 좌파인 마르크스주의, 그리고 복지국가로의 지향을 주장하는 사회민주주의 입장 등이 있다.

133) Ramesh Mishra(김한주 · 최경구 역), 복지국가위기론, p.3-12.

회보장을 추구할 수 있는 권리가 진정 자신의 권리라는 점을 의식하지 못하고 있는 경우가 많다. 이것은 보다 직접적이고 절실한 사회보장의 대상인 사회적 약자들에게는 더욱 그렇다. 이렇게 사회적 약자들은 자기들의 사회적 위험을 국가에 직접 호소할 수 있다는 권리 마인드가 형성되어 있지 아니하기 때문에 국가에 대한 사회보장의 요구도 미미할 수밖에 없다. 이것은 자유권이 18세기 이래 역사적 경험을 통해 사회적 공감대(Consensus)를 이룬 기본권이라는 점과 다른 점이며, 자유권처럼 개개 국민의 마음속에 기본권으로 확실히 자리잡고 있지 못한 것이다. 특히 이러한 권리의식의 부족은 사회복지의 가장 직접적인 당사자인 생활보호대상자에게 가장 잘 나타나고 있으며, 수급가능한 급부에 대한 정보와 구체적 보호내용에 대한 지식의 부족, 소송상의 어려움, 상급심으로 갈수록 심화되는 사법의 보수성 등과 연합하여 소송을 통하여 자신의 권리를 추구할 수 있는 가능성을 극히 희박하게 하고 있다.[134]

법은 현재의 현실에 부합해야 하는 것이고, 기본권이라는 것이 결국은 국가를 이루는 당해 국민 전체의 합의에 의해서 이루어지는 것임을 감안할 때 사회보장에 대한 국민들의 지적반응이 이러하고 또 위에서 본 바와 같은 이념적, 경제적, 제도적 상황하에서는 사회보장의 권리성을 도출되기가 어려울 것이다.

5) 社會國家原理 次元에서의 構造的 認識 부족

위에서는 기본권적 관점에서만 국한하여 권리의 추상성을 지지하는 요인을 살펴보았다. 그런데 이와 같이 생존권을 (구체적)권리로서 인

---

134) 佐藤 進·又田紀久惠 編, 社會福祉の法と行財政, p.374-375.

식하기 어려운 이유가 이것을 단순히 기본권적 시각에서만 파악하려고 하는 태도 때문이라는 지적이 있다.[135] 그에 따르면 생존권을 단순히 기본권의 차원에서 파악하고자 하는 노력은 별로 실익이 없다고 하면서, 생존권의 법적인 성격은 그것을 헌법의 통일성의 시각에서 기능적, 구조적으로 파악함으로써 구체적 권리성을 인정할 수 있다고 한다. 즉 사회국가원리 차원에서 파악되는 생존권은 인간존엄성을 실현시키기 위한 최소한의 방법적 기초를 뜻하고 경제생활에 관한 기본권들의 이념적 기초를 뜻할 뿐만 아니라 국가의 경제정책과도 불가분의 함수관계에 있기 때문에 사회국가실현의 국가적 의무를 내포하는 국민의 구체적인 권리라고 한다.

6) 結 語

전술한 바와 같이 생존권이 자유권과는 달리 역사적 희생을 통하여 형성된 것도 아니고, 국가로부터 적극적인 작위급부를 요하는 것이므로 자유권의 보장에 비해서 국가의 부담이 많은 것도 사실이다. 하지만 헌법이 시민국가시대의 법치국가헌법으로 고착되어 있는 것이 아니고 부단히 발전하여 현대헌법은 생존권을 주축으로 하는 복지국가이념하에 형성되어 있으며, 사회보장행정은 급부행정을 주된 것으로 하는 현대행정 중에서도 가장 중요한 영역으로 여겨지고 있다. 따라서 기본권관도 이제는 바뀌어야 하며, 자유권에 집착된 기본권관은 버려야 할 것 같다.

---

135) 許 營, 韓國憲法論, pp.493-494.

4. 새로운 시각에서의 具體的 權利說의 法理 摸索

1) 個別的 立法을 통해 形成되는 憲法上 權利의 具體性

전술한 바와 같이 학계가 구체적 권리설로 방향성을 정하고 있긴 하나, 완전한 의미에서 또는 적극적으로 사회보장에 관한 권리를 구체적 권리로 인정하는 단계에는 이르지 못하고 있다. 권리라는 것은 그 자체로서 그에 대한 청구권을 갖는 것이며, 그것이 침해되었을 때 그에 대한 법적 구제수단이 마련되어 있지 않으면 권리라고 할 수 없다. 따라서 '권리'라고 하면 구체적 권리라는 의미가 당연히 내포되어 있는 것이며, '추상적 권리'라는 용어도 권리라고는 하나 그것이 침해되었을 때 법적으로 구제받을 수 있는 장치가 완전하지 못하기 때문에 완전한 의미에서의 권리라고 하기는 부족하다는 의미에서의 표현상의 기술에 불과한 것 같다.

어쨌든 일반적인 설명에 따르면 추상적 권리설과 구체적 권리설의 가장 큰 차이점은 추상적 권리는 헌법상의 기본권이 구체적 입법에 의해서 구체화될 때 비로소 권리화된다는 것이며, 구체적 권리는 헌법상의 기본권규정만으로 권리의 보장이 가능하며, 그것이 침해되었을 때도 재판상의 구제가 가능한 것을 말한다. 따라서 추상적 권리설을 택하더라도 개별적 입법에 의해 구체화된 내용에 대해서는 구체적인 권리화된 것을 부인할 수는 없다. 이것은 Bühler가 말한 공권성립의 요건에도 부합하는 설명이다. 또 건국 당시 국가의 재정사정이 힘들었던 상황에서는 생존권 규정이 프로그램적인 규정에 불과하였지만, 점차 기초생활보장과 같은 기본적인 사회보장의 입법이 이루어지면서 추상적 권리의 단계에 이르게 되었고, 점차 개별입법에 의해 보장되는 영역이 넓어지면서 구체적 권리로 점차 이동하고 있다. 이것은 개별적 입법에 의해 헌법상의 권리가 형성된다는 것을 의미한다.

일반적으로 헌법과 행정법의 관계를 이야기 할 때, F. Werner가 말한 "행정법은 헌법의 구체화법"이라는 명제를 잘 인용한다. 이것은 헌법은 행정법의 형성에 결정력이 있음을 의미하는 것이다. 그런데 그 반대방향으로의 결과도 가능함을 알 수 있다. 이것은 다음과 같이 설명될 수 있다. 우선 법역사적인 측면에서, 오늘날 헌법으로 분류되는 수많은 제도들도 그것이 헌법상 원칙으로 받아들여지기 전에는 원래는 특별행정법의 개별적인 영역에 속하는 것들이었음을 볼 수 있다. 또 법실제적인 측면에서도 일상의 행정이 적용되고, 또 그 행위표준의 분석을 통하여 그러한 새로운 인식이 입증된다는 점에서 행정법은 헌법의 실증 영역임을 알 수 있다.[136] 따라서 헌법과 행정법의 관계는 헌법에 의한 행정법의 일방적인 작용만이 존재하는 것이 아니라 행정법에 의해 헌법의 형성되기도 하는 상호 작용을 하고 있는 것이다. 이러한 측면에서 본다면 다양한 사회보장입법의 확대작용으로 인하여 점차 사회보장의 권리는 구체적 권리화되어 가고 있음을 알 수 있다.

2) 美國에서의 憲法上 社會保障 權利에 대한 論議와 示唆點

헌법상 생존권에 관한 직접적인 규정을 두지 않고 있는 미국에 있어 사회보장소송에서 주장된 권익이 과연 우리 헌법 제34조의 생존권

---

136) Eberhard Schmidt Aßmann, *Das allgemeine Verwaltungsrecht als Ordnungsidee*, Springer, 1998, SS.12-13.

에 필적하는 헌법상 근거를 가지고 있는 것인가를 확인해 보는 것은 상당히 의미가 있다. 왜냐하면 미연방 헌법이 18세기의 정치사상에 기반을 둔 자유주의헌법이기 때문에 20세기에 복지국가 사상이 헌법조문 가운데 포함되어 있지 않으며, 대법원이 헌법상 보호되어야 할 생존권을 인정한 선례도 없고, 그러한 배경도 없다는 점 등을 근거로, 많은 학설도 헌법 가운데서 생존권을 해석하는 데 부정적이며, 오히려 이것을 주장하는 것이 '신비적인 이론[137]'으로 불릴 정도라고 하고 있었기 때문이다. 하지만 현재는 이것을 권리로서 인식하는 다음과 같은 경향이 보이고 있기 때문에 이 점에 주목할 필요가 있다.

Reich는 1960년대 중반에 발표한 두 편의 논문에서[138] '새로운 재산'이라는 개념을 사용한 복지수급의 자격(entitlement)에 관하여 전통적인 '은혜'로 보는 견해를 배격하고 복지국가의 실상에 즉응한 '권리'로서의 성격을 부여해야 한다는 학설로 유명하다. 그의 이론은 다른 일연의 연구[139]와 함께 이후의 빈곤자구제, 복지문제에 대하여 학문적 관심을 불러일으키게 되었다. 예컨대 O'Neil은 Reich의 영향을 강하게 받은 그의 저서에서[140] 생존의 보장은 반대의견을 주장할 권리, 표현의 자유, 신교의 자유로운 행위의 보장 등과 마찬가지로 본질적인 것이며, 생존의 권리는 그러한 전통적인 자유권 가운데에 포함되

---

137) Dienes, "the Feed the Hungry, Judicial Retrenchment in Welfare Adjudication", California Law Review vol.58(1970), pp.555, 562.
138) Reich, "The New Property", Yale Law Journal vol.73(1964), pp.733; Reich, "Individual Rights and Social welfare: The Emerging Legal Issues", Yale Law Journal vol.74(1965), pp.1245.
139) J. tenBroek ed., *The Law of The Poor*, Collier Books, 1966은 그중 대표적인 것이다.
140) R. M. O'Neil, *The Price of Dependency*, E. P. Dutton & Co., Inc. 1970, esp. chap. XI.

어 있다고 하는 Sparer의 주장을 인용하면서 복지수급권이라는 헌법상의 권리의 존재를 검토하고 있다.[141] 또 불법행위법의 권위자인 Prossor의 학설을 근거로 신체장애자의 생존권을 주장하는 tenBroek의 논문도 있다.[142] 또 최저한도의 생활을 영위하는 헌법상의 권리가 있다고 하는 명제가 받아들여지는 것은 먼 장래의 일이 아니며, 이 권리는 법의 정당한 절차에 따르지 않고는 생명을 박탈할 수 없다고 하는 수정 제5조의 규정과 평등보호조항에 기초를 둔 것이라고 해석할 수 있다고 하는 Harvith의 적극적인 주장도 있다.[143]

이러한 학설의 경향이 재판소의 판결이유 속에 반영되고 있는데, 이미 Dandridge 판결에서 스튜어트 판사가 종래와는 다른 심사기준의 도입을 거부하면서도 복지수급권이 다른 경제적 권리와는 결정적으로 다른 것이라고 주장하고 있는 것도 그 예의 하나라고 할 수 있으며, 보다 적극적인 자세를 보인 예로는 브레넌 판사의 법정의견을 들 수 있다. 그는 Goldberg v. Kelly 판결[144]에서 다음과 같이 기술하고 있다.[145]

"복지는 생존이라고 하는 기본적인 요청을 충족시킴으로써 다른 사람의 경우에는 사회생활관계에 의미 있게 가담할 수 있는 기회에 빈곤자도 동일하게 도달시킬 수 있도록 하는 것이다. 동시에 복지는 만연하는 도리에 어울리지 않는 좌절감과 불안감에서 유출된다고 생각되는 사회적 불쾌감을 없애려는 배려이다. 따라서 공적부조는 단순히

---

141) *ibid.*, pp.284-287.
142) J. tenBroek, "The Right to live in the World: The Disabled in the Law of Torts", in J. tenBroek ed., *The Law of The Poor*, Collier Books, 1966, p.517.
143) Harvith, "Federal Equal Protection and Welfare Assistance", Albany Law Review vol.31 n.2(1971), pp.241-242.
144) 397 U.S. 254(1970).
145) ibid., p.265.

자선이 아니라 일반 복지를 증진시키고 우리들의 자손에게 자유로운 은혜를 보장하는 수단이 되는 것이다."

　이리하여 복지수급자의 부조제도에 대한 이해가 그 생존에 불가결한 것이라는 점에 주시하여 복지수급은 은사(gratuity)라기보다는 재산권(property)이라고 한 스튜어트 판사의 지적은[146] 이미 본 Reich의 새로운 재산론과 마찬가지의 경향을 보인다. 이와 같이 학설의 경향과 이를 반영한 것이라고 생각되는 몇 개의 판례가 있는데, 이미 서술한 바와 같이 전반적인 경향은 아직 사회복지상의 권리가 헌법에 근거를 가지고 있다고 하는 데에는 부정적이라고 할 수 있다. 또 대법원의 많은 판결이 이 권리의 장래에 관하여 누구도 적극적인 해답을 해 주지 않고 있는 것이 사실이다. 따라서 미국에서는 생존권을 헌법상의 권리로 직접적으로 인정하지는 않고 있다. 하지만 구체적인 소송에서는 그것과 관련된 다른 헌법상의 기본권 예컨대 수정 제14조의 평등원칙 내지 Due process 원칙 등의 적용을 통하여 간접적으로 생존에 관한 권익을 헌법적 권리로서 보장하고 하고 있다.[147] 이처럼 미국과 같이 헌법상 생존권적 기본권이 존재하지 않음에도 불구하고 다른 기본권의 침해를 들어 우회적인 방법으로 그 구체적 권익의 보장을 시도하고 있는 것은 생존권이 인간의 존엄과 가치를 실현하기 위해서 필요불가결한 것이기 때문이며, 헌법상 명문의 규정을 두고 있는 우리나라에서도 여기에서 일정한 시사점을 얻을 수 있을 것이다.

---

146) ibid., p.262.
147) 자세한 것은 제3장 제2절 미국의 사회보장소송과 입법재량론의 적용에서 서술하기로 한다.

3) 憲法上의 基本權과 國家事情과의 關係

생존권을 구체적 권리로서 보장하고자 할 때 가장 문제가 되는 점은 그것이 국가의 재정과 연결되어 있다는 점이며, 불완전구체적 권리설이 완전한 구체적 권리설을 택하지 못하는 이유도 이러한 문제를 비롯하여 권리실현의 방법과 절차가 적절하게 해결되지 못하고 있기 때문이다. 다시 말하면 추상적 권리설은 물론이요, 구체적 권리설의 입장에 있더라도 완전한 권리라고 주장하지 못하는 이유는 생존권이 국가의 재정적 기반 위에서 성립될 수 있기 때문이며,148) 이런 이유로 생존권의 현실화는 국가의 재정정책에 달려 있기 때문이라고 한다.149) 그러나 헌법상 규정된 권리가 그것을 구체화하는 입법의 단계에서 당해 국가의 입법재량에 의하여 또 당해 정부의 재정정책에 의하여 좌우될 수 있다면 헌법규정은 의미 없는 것이 되고, 이것은 법단계설에 입각할 때 하위규범이 상위규범을 전복시키는 것이므로,150) 本末이 顚倒이 전도된 설명이라고 할 수 있다.151)

---

148) 韓泰淵, 憲法學, p.934; 和田英夫, 憲法體系, 勁草書房, 1979, p.187. 이들에 따르면 보호대상자의 각인에 대해서 헌법 제34조가 규정한 것은 구체적으로 생활을 보장할 수 있는 재정적 기반이 부족하므로 프로그램 규정 내지 추상적 권리라고 할 수밖에 없다고 한다.

149) 중학의무교육을 받을 권리에 관한 90헌가27(1991.2.11.) 결정도 결국 이러한 입장이다.

150) 大須賀明, 生存權論, p.80.

151) 물론 사회보장에서는 국가의 재정상황을 고려하지 않을 수 없고, 인간다운 생활의 수준은 사회마다 다르며, 사회보장급여가 필요한 요보장자마다 개별적 보호(case work)가 중요시되기 때문에 사회보장의 급부를 행함에 있어 국가의 재량이 인정되는 것은 부인할 수 없다. 하지만 이에 대한 통제가 필요한데 어느 시점, 어떤 방식으로 재량을 통제하는 것이 가장 효율적인가가 중요한 과제이다.

　헌법상의 개별적 기본권이 인간존엄을 유지하기 위하여 반드시 필요한 것이라면 구체적 권리성이 인정되어야 하고, 그에 대한 국가의 재정상의 문제는 그 권리가 차지하는 헌법적 내용에 따라 배분되어야 한다고 생각된다. 따라서 인간다운 생존의 개념이 사회마다 시대마다 가변성 있는 상대적인 개념이기 때문에 헌법적 보장은 경제적 상대성에 의존하게 되며, 따라서 생존권의 실현은 입법자의 재량과 형성작용에 의존하게 된다는 설명은 적절하지 못하다. 이것은 다음과 같은 논리로도 설명될 수 있다. 예컨대 평등의 원칙이 헌법이 인정하는 근간의 기본권이지만 현실적으로 남녀평등의 문제는 전통적 정서, 이윤을 최고 시하는 기업가의 마인드 등으로 인하여 완전한 실현은 현실적으로 어려우며, 이상적 실현이 이루어지기는 쉽게 기대할 수 없다. 그렇지만 상황에 따라 평등권의 권리성을 긍정하거나 부정하지는 않는다. 이와 마찬가지로 생존권에 있어서도 현실의 상황이 헌법이 정하는 원칙과 목표에 만족하지 않더라도 그것을 따라 지향하는 자세가 되어야 할 것이지, 가변적인 사회환경의 변화에 따라 권리성이 좌우되어서는 아니 될 것이다.

　생존권의 권리실현의 문제와 국가의 재정적 문제와의 관계에 관해서는 제4장에서 상술한다. 다만 여기서 간단히 설명하면 전술한 바와 같이 먼저 예산과의 관계에서는 사회보장행정의 재량을 적극적으로 긍정하는 입장에서는 예산에 의해 사회보장의 수준이 결정될 수밖에 없다고 한다. 하지만 행정의 재량을 긍정하되, 역으로 현재의 국민의 생활수준이 예산의 범위를 확정한다는 측면으로 이것을 이해하여야 할 것이다. 또 국가의 재정과의 관계에 관하여 살펴보면 사회보장급부의 집행단계를 급부 여부결정의 단계와 급부내용결정의 단계로 나눌 때 전자에 대한 행정의 재량은 인정될 수 없을 것이다. 왜냐하면 급부 여부의 결정은 법이 정한 바에 따라 이루어져야 하기 때문이며, 만약

법이 그 요건을 명확하게 정하고 있지 않다면 명확한 것으로 고쳐야 할 것이다. 그러나 급부내용의 결정에 관해서는 행정의 재량이 인정될 수 있다고 할 것이다. 다시 말하면 생존권을 구체적인 권리로 보는 이상, 생존권을 구체화하는 사회보장입법을 제정할 때에는 보장수준에 적합하면서 당해 정부가 감당할 수 있는 정도의 보호기준을 설정해야 하며,152) 급부 여부의 결정은 법에 기속되는 행위로 이루어져야 한다. 그러나 급부내용의 결정에 있어서는 국가재정의 유한성을 고려하는 행정의 재량이 용인될 수 있으므로, 예컨대 (상대방의 동의를 통하여) 국가가 금전적 여유가 부족할 때는 대체적인 물품이나 서비스로 급부하거나, 시설입소 대신에 재택개호서비스를 실시하는 등 급부가능한 유형으로 변경할 수 있으며, 또 때로는 국가재정상황으로 인하여 급부내용의 질이나 양이 다소 줄어들 수도 있는데, 이것이 수급대상자에게 용인된다면 문제없겠지만 그렇지 않다면 소송의 대상이 될 수 있을 것이다. 이에 관한 구체적인 내용은 제4장에서 검토한다.

4) 人間다운 生活의 意味에 관한 論議

(1) 人間다운 生活의 槪念에 대한 絕對的 確定說의 採擇

생존권을 프로그램적 · 추상적인 것으로 보는 근거로는 다음과 같은 점을 들 수 있다. 첫째 인간다운 생활의 개념이 고정적, 확정적, 불가변적인 개념이 아닌 극히 추상적, 상대적인 개념이며, 둘째 그 구체적인

---

152) 이 보호기준에 관해서는 이 기준을 공개 내지는 객관화하거나 기준설정에 시민단체 등이 참가하도록 함으로써 기준설정에 관한 재량의 행사를 통제할 필요가 있음은 물론이다. 이에 관해서는 제4장에서 상술하고 있다.

내용은 문화의 발달, 국민경제의 진전에 따라 향상 발전되어야 할 것이기 때문에 다수의 불확정적 요소를 종합적으로 고려하여 결정해야 할 것이고, 셋째 그 구체적 내용은 시간과 장소에 따라 달라질 수 있고 헌법도 이를 예정하여 이를 고정화하고 있지 않기 때문이라고 한 점 등이다. 일반적으로 특정한 국가의 일정한 시기에 '건강하고 문화적인 최저수준의 생활'의 구체적인 내용은 과학적으로 산정될 수 있다고 하는 절대적 확정설과 이를 부정하는 상대적 확정설[153] 양자 모두 그 수준의 구체적 내용이 당해 국가의 역사적, 사회적 조건에 따라 결정되는 상대적인 개념이라는 점은 인정한다. 절대적 확정설은 수준을 확정함에 있어 산정자의 주관과 자의의 유입을 엄격히 배제하고 사회상황과 경제상황을 정확히 반영하는 이론적 구조가 필요하다고 주장하는 반면, 상대적 확정설은 '최저수준의 생활'을 확정하는 데에는 상당한 생활 외적인 불확정적 요소가 고려되어야 하기 때문에[154] 그 내용을 객관적으로 확정할 수는 없으며, 객관적으로 확정하기 어려운 요소를 해당기관의 재량에 맡긴다. 이리하여 생존권의 권리내용은 확정되지 않기 때문에 법적 권리성은 인정되지 않으며 따라서 프로그램규정설이 옳다고 한다. 양 설의 차이는 수준의 확정기준으로서 불확정적 정책적 요소를 도입할 것이냐의 여부에 달려 있다. 상대적 확정설은 고려해야 할 요소로서 국가의 재정, 저소득층의 생활수준, 국민감정, 국민 각 계층의 이해관계 등 헌법상 적절하지 아니한 많은 요소도 포함시키고 있다.[155]

---

153) 이러한 절대적 확정설과 상대적 확정설의 개념구분에 관해서는 大須賀明, "生存權のプログラム論と立法裁量論の問題性", 法律時報 第48卷 第2号(1976), pp.82 참조.

154) 아사히소송과 호리키소송에서의 일본 최고재판소의 입장도 그러하다.

155) 이 부분에 관한 자세한 내용은 大須賀明, "憲法上の不作爲", 早稲田法學 第44卷 第1·2号(1994), pp.175 참조.

이 중 국가의 재정만을 검토해 보면 국가의 재정, 즉 예산은 헌법에 구속되는 법규범성을 가지고 있기 때문에 예산의 배분이 최저한도의 생활수준을 결정하는 것은 아니며, 오히려 역으로 최저한도의 생활수준이 예산의 배분을 결정한다고 하여야 할 것이다. 또 상대적 확정설은 그러한 요소를 도입하는 근거로서 생존권을 구체화하는 사회입법은 반드시 예산을 필요로 하기 때문에 재정이 고려되지 않으면 안 된다는 점을 들고 있다. 그러나 절대적 확정설도 재정상황을 고려하지 않고 최저한도의 생활수준을 확정할 수 있다고 생각하지는 않는다. 다만 이설은 최저한도의 생활수준을 결정함에 있어 국가의 생산력 수준·국민의 소득수준 등을 고려하는 요소로 함으로써 객관적으로 재정상황에 부합하는 수준의 확정을 도모하고자 하는 것이다. 이에 반하여 상대적 확정설이 국가의 재정을 요소로 드는 것은 그 상황을 수준에 반영시키고자 하는 것이 아니다. 재정은 국가의 재량사항이라는 명제를 매개로 수준의 확정을 국가의 정책적인 배려의 대상에 두려고 하고 있기 때문에 수준을 확정함에 있어 이를 구속하는 '최저한도의 생활'이라는 헌법상의 절대적 기준을 배제하고 국가의 권력적인 의향을 최우선시하는 자의적인 이론과 다를 바가 없다. 상대적 확정설의 위험성은 여기에 있는 것이다. 따라서 절대적 확정설의 입장에서 복지재정의 문제를 해결하여야 한다.

⑵ '文化'的인 最低生活에 대한 具體的 權利性 認定

생존권의 성질에 관한 최근의 학설 중 주목을 받는 견해는 인간다운 생활에서 인간다움의 정도를 어디에 둘 것인가에 따라 그 권리의 성질도 달라진다고 하는 복합설이다. 전술한 바와 같이 이 견해는 인간다움의 수준을 이상적인 것에 둔다면 프로그램규정설이, 인간다운 최저수준의 생활에 둔다면 추상적 권리설이, 생물적 생존수준에 둔다면 구체적 권리설이 타당하다고 하였다. 이것은 종래의 견해보다 좀더 분석적인 태도로 현실에 가까운 학설을 도출하고자 한 것이다. 일본의 堀木訴訟控訴審에서의 大阪高裁[156]의 판결태도도 유사한 입장을 보이고 있다. 堀木訴訟控訴審에서는 일본의 생존권규정인 일본 헌법 제25조 제1항(모든 국민은 건강하고 문화적인 최저한도의 생활을 영위할 권리를 가진다)에 대해서는 救貧 규정이라 하여 권리성을 인정하고, 동조 제2항(국가는 모든 생활부문에 관하여 사회복지, 사회보장 및 공중위생의 향상과 증진에 노력하여야 한다)에 대해서는 防貧 규정이라고 하면서 프로그램성을 인정하는 데 그쳤다. 따라서 생활보호를 제외하고 공적 연금, 공중위생, 사회복지 등의 제도에 관한 것에 대해서는 국민의 권리가 형성되어 있지 아니하며, 이에 관해서는 국가의 입법재량이 성립한다는 결론을 맺고 있다. 이러한 분석적 태도는 좀더 생존권의 실현을 현실적으로 접근하고 있기 때문에 상당히 주목을 받고 있다.

그런데 좀더 권리보장의 수준을 높여 갈 필요가 있기 때문이다. 헌법이 생존권을 보장하는 것은 이것이 인간존엄을 유지시킬 수 있는 중요한 도구이기 때문이다. 그럼에도 불구하고 생존권을 말하는 인간다운 생활의 개념을 생물적 최저의 생존수준 정도로 이해하는 것은 잘못이다. 보릿고개로 하루 살기도 힘든 시대라면 모르지만 현재와 같이 경제가 발전한 사회에서는 최소한의 문화적인 생활을 누릴 정도의 인간다운 생활을 보장할 필요가 있다. 여기서 최저의 문화생활이란 매우 광범위한 개념이긴 하지만 국민의 대다수가 누리는 기본적인 문화, 예컨대 한 가구 내에 TV를 갖추고 시청을 한다든가, 1년에 한두 차례라도 저렴한 비용의 외식을 하거나 등산 등 간단한 여가활동을 하

---

[156] 大阪高裁 昭和50(1975).11.10. 行裁例集26卷10 · 11号 pp.1268.

는 등의 생활, 그리고 사회적 관계를 유지하기 위한 최소한의 활동을 하는 것이 물질적 결핍 때문에 불가능하지 않도록 하는 것을 말한다. 따라서 육체적 생존을 위한 최저생계비에 약간의 문화비가 포함된 수준이라고 보아야 한다.[157]

문화적인 최저수준의 생활에 대한 생존권의 구체적 권리성 인정 여부에 대해서는 복합설과최근에 구체적 권리설로 선회한 불완전구체적 권리설을 택하는 입장, 구체적인 권리설을 인정하면서 물질적인 최저수준의 생활을 주장하는 히영 교수익 견해[158] 등이 유사한 입장에 있다고 생각된다. 그런데 생존권이 인간으로서의 존엄가치를 유지하기 위한 것임을 상기한다면 인간다운 생활은 생물적인 최저수준이 아니라 위에서 언급한 의미에서의 문화적인 최저생활을 의미하는 것이라고 하여야 하고, 이것을 구체적인 권리로 인정하여야 한다. 이러한 수준의 인간다운 생활을 인정하면서도 권리를 추상적으로 밖에 주장하지 않는 이유는 결국 국가의 재정적 기반이 부족하기 때문이라고 한다. 하지만 국가의 복지재정을 얼마를 계상할 것인가는 국가의 재량에 달려 있는 것이고 전술한 바와 같이 우리나라의 복지재정의 비중은 OECD국가 중 최하위에 속하고 있는 점을 고려해 볼 때 복지재정의 비중을 상향시킬 필요가 있다고 생각된다. 국가의 재정상황에 의해 헌법상 권리의 성격이 좌우된다고 하는 본말이 전도된 것이 아닌가 생각된다. 따라서 국가재정의 배분은 헌법이념의 구체화의 한 내용이라고 할 수 있으며, 따라서 헌법이념이 정하는 바에 따른 배분이 이루어져야 한다고 생각된다.

---

157) 金善澤, "人間다운 生活을 할 權利의 憲法規範性", 判例研究 第9輯 (1998), 高麗大學校 法學研究院, pp.38-39.

158) 허영, 한국헌법론, p.491.

第 3 章

社會保障行政에 관한 立法裁量과 그 統制

　생존권의 추상적 권리성은 생존권에 관한 입법에 있어서 광범위한 재량을 행사할 수 있는 중요한 근거가 되고 있다. 본 장에서는 권리의 추상성과 입법재량론의 관계 및 일반론으로서 입법재량론이 과연 무엇이며, 그 한계는 어디까지인가를 살펴보고(제1절), 사회보장에 적용하여 미국과 일본에서의 사회복지소송에서 나타난 입법재량의 예를 검토해 본 후(제2절 및 제3절) 결론으로서 사회복지소송에서의 입법재량론의 적용과 통제가능성을 검토해 보고자 한다(제4절). 입법재량에 관해서는 국내의 연구는 미미한 실정159)이므로 여기서는 일본과 미국의 연구결과를 토대로 검토하기로 한다.

---

159) 입법재량론에 관한 국내의 연구결과로는 全元培, "立法裁量論의 意義와 限界", 立法調査研究 第244號(1997); 李潑來, "社會國家에 있어서의 立法裁量과 司法統制", 建國大 大學院論文集 第45輯(1997); 李潑來, "違憲審査權과 立法裁量論의 序論的 考察", 建國大 大學院論文集 第41輯(1995); 박인규, "立法裁量論에 관한 研究", 建國大 大學院論文集 第34輯(1991); 丘秉朔, "立法裁量論", 考試界(1985.11.); 安容敎. "國會議員의 選擧制度와 立法裁量의 限界", 統一問題研究(建國大 統一問題研究所) 第3輯(1982) 등이 있다.

第1節 權利의 抽象性과 立法裁量論

전술한 바와 같이 판례와 학설이 생존권에 관하여 추상적 권리설의 입장에 서는 결과 인간다운 생활의 개념은 추상적, 상대적인 것이 되고, 생존권의 구체적 실현을 위한 사회보장에 관한 법정립의 단계에서는 해당기관의 광범위한 입법재량에 맡겨져 있다고 하고 있다. 이와 같이 종래의 사회보장입법이 인간다운 생존의 권리나 평등원칙에 위배되지 않음을 주장하기 위하여 등장하는 입법재량론은 결국 고진직인 프로그램규정설160)을 완성시키는 것일 뿐만 아니라 생존권의 법적 권리성을 실질적으로 부정하는 역할을 할 위험성을 안고 있다.

구체적으로 사회보장소송에서의 입법재량론의 적용을 살펴보면, 생계보호기준에 관한 헌재결정에서 "…… 인간다운 생활이란 그 자체가 추상적이고 상대적인 개념으로서 생계보호의 구체적인 수준을 결정하는 것은 해당기관의 광범위한 재량에 달려 있다. 따라서 국가가 인간다운 생활을 보장하기 위한 헌법적 의무를 다하였는지의 여부가 사법적 심사의 대상이 된 경우에는 국가가 생계보호에 관한 입법을 전혀 하지 않았다든지 그 내용이 현저히 불합리하여 헌법상 용인될 수 있는 재량의 범위를 명백히 일탈한 경우에 한하여 헌법에 위반된다고 할 것이다…… ."라고 한 것이나, 일본의 堀木訴訟의 2심판결에서 "…… 이러한 입법정책에 속하는 사항에 관해서는 정치상의 當不當의 비판을 받는 것은 별론으로 하고, 위헌문제를 발생시킬 여지는 없다.

---

160) 생존권에 관한 추상적 권리설과 프로그램규정설이 실질적으로는 구별하기가 용이하지 아니하고 결국 권리가 추상적 내지는 프로그램적이라는 측면에서는 거의 유사하다고 할 수 있을 것이므로, 이하에서는 이러한 측면에서 양자를 같은 것으로 취급한다.

단지 예외적으로 입법부의 판단이 자의적이어서 국민의 생활수준을 후퇴시킬 것이 명백한 시책을 하고 재량권의 행사를 현저히 오인하여 재량권을 일탈하고자 한 경우라면 헌법 제25조 제2항에 위반함이 명백하여 사법심사에 따르게 된다…… ."고 한 것에서 볼 수 있는 바와 같이 입법재량론은 재량권의 현저한 남용 또는 유월이라고 하는 예외적인 경우 외에는 사법심사권을 인정하지 않는다. 그러한 예외가 사실상 존재할 가능성이 많지 않다는 점을 고려해 보면 입법재량사항에 대한 사법적 통제는 거의 부정되고 있다고 해도 좋을 것이다. 또 판례의 견해에 따르면 사회보장입법에 따른 시책은 그 급부요건, 대상, 지급액 등을 어떻게 정할 것인가는 입법정책의 문제이며, 입법부의 재량사항이라고 하는데, 그것은 헌법에서 말하는 '인간다운 생활'의 보장에 관한 절대적 기준이 있는 것이 아니며, 국가는 생활수준의 향상에 노력해야 하고, 국가의 재정을 고려하여 가능한 한 노력하면 좋다는 정도의 기속력을 가질 뿐이라는 생각에서 기인하는 것이다. 이것은 명백히 생존권의 추상성을 의미하는 것이고 결국 입법재량론은 특정한 헌법규범의 재판규범성의 부존재를 완성시키는 역할 또는 재판규범성을 부정하는 역할을 하고 있음이 명백하다.[161]

원래 입법재량론은 입법부의 의사와 판단에 대하여 사법부가 이를 존중하여 합헌의 판단을 내리는 것을 내용으로 하는 헌법소송이론이다. 생존권소송에서는 당해 사항이 입법정책의 문제이기 때문이라는 점을 직접적 이유로 하고 있지만, 그것도 기본적으로는 국민의 대표기관인 입법부에 대한 사법부의 존중의 표시인 것이다. 따라서 국회가 독점하는 입법권의 행사에 대해서 일정한 정도의 재량권은 존재하고 있음은 부인할 수 없다. 다만 문제가 되는 것은 입법에 대한 사법적

---

161) 大須賀明, "生存權のプログラム論と立法裁量論", p.87.

통제 또는 헌법에 의한 입법구속과 입법재량과의 관계이다.

독일에서는 바이마르헌법시대까지 입법자는 지상최고의 독재적 지위를 누린다는 견해가 지배적이었다. 결국 헌법규정의 해석권은 입법자에게 위임되어 있었으며, 입법에 의한 구체적 법률이 헌법의 진정한 해석이었다.[162] 결국 모든 입법은 입법자의 자치에 맡겨지는 것이며, 이를 위하여 입법자의 특정한 작위를 구하는 청구권은 본래 문제는 아니었다. 이를 뒷받침하는 견해로 법을 제정하는 국가의사는 완전히 독립한 것이며, 법규범적 작위강제는 수인할 수 없다고 하는 법실증주의의 이론과 입법자는 개인의 이익을 위해서가 아니라 공동의 이익을 위해서 활동하지만 공동의 이익으로부터 입법자의 특정한 활동을 요구할 권리를 도출할 수는 없다고 하는 견해가 있다.[163] 그러나 본기본법의 제정자는 이러한 견해를 의식적으로 방기하고 입법의 헌법에 의한 구속의 원리를 확립하여 본기본법 제1조 제3항과 제20조 제3항에서 보장하고 있다. 그 결과 입법권도 다른 2권과 마찬가지로 헌법규범의 조직(Hierarchie) 속에 포함되게 되었다.[164] 우리 헌법에서도 헌법의 최고규범성에 의해 입법권의 헌법에 대한 구속성이 보장되어 있으며, 위헌법률심사제(제111조)에 의해 이 구속원리의 실효성을 확보하기 위한 절차적 보장이 이루어지고 있다. 따라서 입법권이 헌법을 떠나서 자유롭게 재량을 행사할 수 있다고 인정되지는 않는다. 헌법에 의한 입법구속과 입법재량과의 관계를 볼 때 법률의 형성은 입법자에

---

162) Georg Jellinek, *System der subjektiven Öffentlichen Rechte*, Scientia, 1979, S.97.
163) Jakob Seiwerth, *Zur Zulässigkeit der Verfassungsbeschwerde gegenüber Grundrechtsverletzungen des Gesetzgebers durch Unterlassung*, 1976. S.100.
164) Helmut Kalkbrenner, "Verfassungsaufftrag und Verpflichtung des Gesetzgebers", DÖV(1963), S.41; J. Seiwerth, a. a. O., S.41.

게 의무 지어진 재량으로서 그 재량을 어떠한 근거와 조건에서 인정할 것인가 또 어떤 범위에서 허용될 것인가가 중요한 과제가 된다. 이 내용을 명확히 함으로써 생존권의 권리성을 보다 구체화하는 데 도움을 줄 수 있을 것이다. 이하에서는 입법재량론에 관한 구체적인 내용과 사회보장입법에서의 입법재량론의 통제에 관해서는 검토한다.

第2節 立法裁量의 適用과 統制

1. 立法裁量論의 意義

1) 立法裁量과 立法裁量論

국가의 최고법규범인 헌법은 그 규범구조적 특색으로 인하여 해석을 통한 보완의 필요성과 하위법체계에 의한 구체적 형성의 요청이 있게 된다.[165] 따라서 입법자는 어떤 사항을 법률로 규율함에 있어 여러 가지의 법적 규율가능성 중에서 가장 합목적적이라고 느껴지는 입법의 방법을 선택할 수 있는 자유 내지 재량의 여지를 가지는데 이것이 바로 입법재량이다.[166] 이것은 입법의 여부와 시기 및 내용에 관한 입법부의 판단의 자유를 의미하는 것으로서 입법정책이라고도 한다.[167]

---

165) 全元培, "立法裁量論의 意義와 限界", pp.104-105.
166) 許 營, 韓國憲法論, p.293.

입법재량의 존재근거는 입법권에 내재하고 있다. 입법권은 주권자
의 의사에 의하여 일반적·추상적 법규범을 정립하는 의회의 권능이
므로 그 의사의 구체화에 있어서는 일정한 재량의 존재가 불가피하다.
즉 국회는 입법을 행함에 있어서 국민의 의사에 부응하여 국민적 합
의를 형성하고 이를 법규범으로 정립할 경우에 그 판단 및 의사결정
에 있어 광범위한 재량을 행사할 필요가 있게 된다. 따라서 입법재량
은 주권자가 누구인가는 묻지 않는다. 예컨대 군주주권국가에서도 입
법재량은 존재한다. 하지만 재량인 이상 헌법구조의 존재를 전제로 하
므로 절대주의국가에서는 입법재량의 문제는 발생하지 않으며, 이때
입법자의 자유로운 판단은 자의가 될 뿐이다.[168]

한편 입법재량론이란 입법재량에 관한 헌법소송이론으로 헌법재판
기관이 입법부가 제정한 법률의 합헌성을 심사할 때 이러한 입법재량
에 위임된 영역에 대해서는 입법부의 정책적 판단을 존중하여 그 독
자적 판단을 자제하는 것을 의미한다. 즉 입법재량론은 입법부 자신이
어떠한 영역은 자신의 고유한 재량의 영역이라고 말하는 것이 아니라
헌법재판기관이 법률의 합헌성을 심사할 때 그 기준으로 작용하는 것
이므로,[169] 입법재량의 존재를 전제로 하여 입법재량을 사법적으로

---

167) 野中俊彦, "立法裁量論", (芦部信喜 編) 講座 憲法訴訟 第2卷, 有斐閣,
    1987, p.93.
168) 木原正雄, "立法裁量論に關する一考察", 早稻田法學會誌 第42卷(1992),
    p.138.
169) 이러한 개념정의를 하고 있는 학자로는 野中俊彦, "立法裁量論", p.93; 芦部
    信喜, "憲法裁判理論の變遷と問題點", 公法研究 第48号(1986), pp.35-38; 阿
    部照哉, "立法裁量論", 演習憲法, 有斐閣, 1985, p.205; 松井幸夫, "立法裁量
    論と憲法47條および表現の自由", 島大法學 第32卷 2号(1988), p.59 등이
    있으며, 大貫裕之, "立法裁量の考察", 憲法制定と變動の法理(菅野喜八郎
    敎授還曆記念), 1991, p.491 이하에서는 입법재량에 관한 자세한 개념분석
    을 하고 있다.

통제하는 경우에 그 밀도에 관한 이론이라고 할 수 있다.[170] 따라서 입법재량을 논함에 있어서는 입법재량론의 적용 주체가 입법부가 아니라 헌법재판기관이며, 입법권에 비중을 둘 것이 아니라 헌법기관이 행사하는 위헌심사의 기능적 측면에 주목해서 이해하여야 한다.[171] 그러나 모든 학자들이 입법재량론을 헌법소송이론으로만 이해하는 것은 아니며, 입법재량론이라고 하는 말에 이와 다른 의미를 부여하고 있는 견해도 있다. 그것은 입법재량론이 재판법리가 아니라 행정부의 자유재량의 개념과 마찬가지로 입법부의 자유재량이라고 하는 관점에서 설명하는 견해이다.[172] 이에 따르면 입법재량과 행정재량은 다만 그 대상이 다를 뿐 자유재량이라는 점에서는 같다 고 한다. 즉 "단지 용어를 달리 사용하고 있는 것[173]"이라고 이해하는 것이다. 그러나 이러한 견해는 옳지 않다. 왜냐하면 입법재량과 행정재량을 성질상 유사한 것이라고 이해하는 입장에 따르면 국회의 권한에 속하는 사항은 우선 원칙적으로 국회에 정책결정권이 부여되어 있다고 하여 이를 '광의의 입법재량'으로 하고, 헌법의 제 규정 및 제 원칙에 의해 기속받지 않는 부분을 '협의의 입법재량권'이라고 하면서, 이 중 후자에 속하는 것만 사법권에 의해 통제된다고 한다.[174] 여기에 대해서는 다음과 같은 근본적인 의문을 품지 않을 수 없다. 즉 광의에 의하거나 협의에 의하거나 입법재량사항이 확정될 수 있다는 점을 전제로 하고 있다고

---

170) 木原正雄, "立法裁量論に關する一考察", p.134.
171) 박인규, "입법재량론에 관한 연구", p.200.
172) 이러한 예로는 覺道豊治, "立法裁量と行政裁量", 公法研究 第41号(1979), p171; 長尾一紘, "立法府の自由裁量とその限界—選擧制度改正の限界の問題を中心として", Law School 第25号(1980), p.28; 藤井俊夫, 事件性と司法權の限界, 成文堂, 1992, pp.187. 등이 있다.
173) 藤井俊夫, 事件性と司法權の限界, p.200의 주2).
174) 上揭書, p.188.

생각이 되는데, 입법재량권의 내용은 소위 신들의 다툼이 되고 마는 것이 아닌가[175] 하는 비판이 지적될 정도로 입법재량사항의 확정은 논자마다 다르며 불명확하다.[176] 따라서 입법재량과 행정재량을 동일시하는 견해로부터는 탈피하여야 하며, 특히 헌법판례의 분석을 위해서는 그와 같이 파악하는 것이 유효하지 않다고 생각된다.

여기서 관심을 두고 있는 것은 입법부가 헌법의 제 규정 및 제 원칙에 의해 확실히 재량권을 부여받고 있는데, 그 재량권의 실제 행사가 헌법의 제 규정 및 제 원칙에 부합하는가, 즉 헌법적합성 판단을 통한 사법부의 입법재량에 대한 통제가능성이다. 이러한 입법재량론에 의한 통제는 현대소송에서 더욱 중요시되고 있다. 즉 사회의 발달에 따라 사회경제적 입법이 증가하고 있으며, 소송적으로도 전통적 소송이 분쟁지향적이었던 것에 비해, 현대의 소송의 특징은 정책지향형소송이 되고 있기 때문이다.[177]

---

175) 戸松秀典, 立法裁量論―憲法訴訟研究Ⅱ―, 有斐閣, 1993, p.7.

176) 예컨대 "법률의 합헌성을 심사할 때 입법부의 제1차적인 정책적 선택권을 중시하거나 혹은 국민의 직접적인 대표기관인 국회의 의사를 될 수 있는 한 존중하는 배려에서 법률의 위헌판단을 될 수 있는 한 억제하려는 태도(사법소극주의)와 처음부터 헌법상의 제약을 벗어나 있는 것이어서 국회에 의한 입법정책의 채용 혹은 선택의 당부에 관하여 재판소는 말참견을 해서는 아니 된다고 하는 원칙과는 명백히 그 내용을 달리하고 있는 것이라고 해야 할 것이다"(藤井俊夫, 事件性と司法權の限界, p.189)라고 설명하는 예가 있다. 그러나 '처음부터 헌법상의 제약의 범위 밖에 있다는 사실'은 무엇을 의미하는가에 관해서는 확정된 바가 없다면 위의 설명은 성립할 수가 없으며, 그러한 '사실'의 유무와 그것이 무엇인가에 관해서는 논자에 따라 다른 견해가 있어서 확정이 불가능할 것이다.

177) 徐元宇, 公共訴訟에 관한 研究, 法學(서울大 法學研究所) 第26卷 第1號 (1985), p.110.

2) 裁判法理로서의 立法裁量論

(1) 立法裁量論과 合理性基準

위에서 지적한 바와 같이 입법재량론은 헌법소송에서 합헌성추정을 위한 재판법리로 작용하고 있다. 그러면 입법재량론은 그 자체만으로 합헌성심사의 기준이 될 수 있는가? 다른 헌법재판법리와의 관계는 어떠한가?

우선 입법재량론 그 자체만으로 법률의 합헌성심사의 기준이 된다고 하기는 어려울 것 같다. 왜냐하면 그렇게 되기 위해서는 입법재량론에 의해 법률의 합헌성을 판단하는 경우가 다양한 판례를 통하여 유형화되고 준칙화되어 있어야 하지만, 실제로 판례의 경향을 보면 거기에 유형화, 준칙화가 이루어져 있다고 보기 어렵기 때문이다. 그러나 입법재량론을 채용하고 있는 판결을 보면 입법목적과 그 목적달성을 위한 수단에 관하여 상세한 심사를 하여 엄격한 심사기준을 적용하는 것이 아니라 오히려 입법목적이 합리적인가 아닌가를 심사하는 데 그치고 있는 것으로 보아 입법재량론은 합리성판단의 기준의 전제가 되고 있음에는 의문이 없는 것으로 보인다.[178] 다만 그 합리성 기준에도 어느

---

178) 입법재량론을 사법심사의 심사기준으로 보는 이러한 견해에 누구나 동의하는 것은 아니다. 입법재량론은 심사기준론과는 별개의 것이라고 설명하는 견해가 있는데 이 견해에 따르면 입법재량론은 기본권보장규정 자체의 입법위임, 불확정개념의 사용 혹은 권력분립상의 권한분배에 의해 입법부에 독점적으로 유보된 일정한 영역이며, 당해 영역에 관한 입법자의 판단은 사법심사와의 관계에서도 최종적인 것으로 존중되어야 한다고 한다. 따라서 이러한 입장에서 입법재량은 사법심사의 실체적ㆍ제도적 한계를 이루게 된다고 한다(野中俊彦, "立法裁量論", (芦部信喜 編) 講座 憲法訴訟 第2卷, 1987, pp.110.). 전자의 입장을 입법재량론의 심사시준설이라 하고 후자의 입장을 실체적 한계설이라 한다. 전자의

정도의 엄격성을 수반하는 합리성 기준, 즉 상당한 경우에 위헌의 결론을 도출할 여지가 있는 것과 단순한 합리성 기준, 즉 대부분의 경우 합헌의 결론에 귀착하는 것으로 나누어 볼 수 있다.[179]

(2) 立法裁量論의 適用可能性

어느 경우에 재판법리로서 입법재량론을 적용할 수 있는가에 관해서는 이를 개별적 법률의 성질과 종류에 따라 결정되어야 한다는 견해[180]와 일반적 헌법의 규징방식에 따라 규정되어야 한다는 견해[181]가 있다. 후자에 따르면 입법재량을 인정할 것인가의 여부는 헌법이 정한 요건에 의해 결정된다고 하는데, 구체적으로는 헌법의 규정방식에 따라 "헌법이 어떤 사항에 관하여 전혀 규정을 두지 않고 있는 경우", "헌법자체가 법률에 의해 어떤 사항을 정하도록 명확히 규정하고 있는 경우, 즉 법률에 위임하거나 유보하고 있는 경우", "헌법이 소위 다의적 개념 또는 불확정개념을 사용하여 어떤 사항에 관한 규정을 두고 있는 경우"의 세 가지 경우에 입법재량이 발생할 수 있다고 한다.

그런데 이 견해에 대해서는 몇 가지 문제점을 지적할 수 있다. 먼저 이와 같은 개괄적인 구분에 의한 입법재량의 적용이 과연 의미 있

입장을 취하는 대표적 학자는 戸松秀典이며, 후자의 입장을 취하는 학자로는 野中俊彦, 覺道豊治, 藤井俊夫 등이 있다. 棟居快行, "立法裁量", ジュリスト 第1037号(1994), pp.201-202 참조.

179) 戸松秀典, 立法裁量論, pp.7-8.

180) 戸松秀典, 立法裁量論, pp.9-10; 戸松秀典, "立法裁量論", 現代國家と憲法の法理(小林直樹先生還曆記念), 1983, p.197; 香城敏麿, "憲法解釋と裁量", 日本國憲法一30年の軌跡と展望, ジュリスト 第638号(1977), pp.205-207; 大須賀明, "生存權のプログラム論と立法裁量論の問題性", pp.82.

181) 覺道豊治, "憲法における自由裁量の概念", 阪大法學 第40・41号(1962), pp.91.

는 것인가 하는 점이다. 원래 입법재량이란 헌법규범의 해석방법의 하나이며, 헌법규범 자체에 나타나는 원리와 헌법상의 입법권에 의거하여 제정한 법률에서 나타나는 원리가 대립하는 경우 이를 서열화하는 과정에서 입법부의 의사를 존중하여 서열을 결정하는 판단방법[182]을 말하는 것이다. 그런데 이러한 법률에서 나타나는 원리는 당해 법률의 목적과 이를 달성하기 위한 수단에 의해 특정되는 것이므로 그 서열의 결정도 이러한 목적과 수단의 측면에서 행해져야 한다.[183] 따라서 입법부를 존중해서 하는 서열의 결정, 즉 입법재량론의 판단은 개개의 법률의 개별적 성질에 따라 결정될 수밖에 없다. 그럼에도 불구하고 위와 같이 단순히 일반적·추상적 범위에 의해 입법재량을 판단하는 것은 입법재량론의 본질을 잘못 파악한 것이다.

다음으로 이 견해에서 제시하고 있는 세 가지 유형의 헌법규정방식에 대하여 각각의 경우에 구체적으로 다음과 같은 비판을 가할 수 있다. 첫째 "헌법이 어떤 사항에 관하여 전혀 규정을 두지 않고 있는 경우"를 특별히 넓은 입법재량을 인정하는 것이라고 하면서 다만 헌법의 근본원칙과 기본정신에 모순되는 입법은 허용되지 않는다고 한다.[184] 그러나 이러한 경우, 즉 국가의 기본적 지배구조에 관한 사항을 헌법에서 규정하고 있지 아니한 경우라면 아예 헌법이 이를 인정하지 않고 있는 것이라고 해석하여야 한다고 생각된다. 왜냐하면 최고규범인 헌법에서 국가의 기본적 지배구조에 관한 중요한 사항을 두지 않고 있음에도 그것이 부정되지 않고 있다면 국가의 기본적 법질서를 확보하는 것이 어려울 것이며, 법의 지배 자체가 어려울 것이기 때문

---

182) 香城敏麿, "憲法解釋と裁量", p.205.
183) 戸松秀典, 立法裁量論, pp.9-10; 香城敏麿, "憲法解釋と裁量", p.207.
184) 覺道豊治, "憲法における自由裁量の槪念", pp.91.

이다. 따라서 이러한 사항은 반드시 헌법에 규정되어야 할 것이며, 여기에 미치지 못하는 정도의 중요성을 가진 사항에 대해서는 헌법의 기본적 원리와의 관계에서 존부가 결정되어야 하며, 여기에 비로소 입법재량의 문제가 발생한다고 생각된다.[185]

둘째는 헌법 자체가 법률에 의해 어떤 사항을 정하도록 명확히 규정하고 상세한 것은 법률에 위임하거나 유보하고 있는 경우이다. 이것은 소위 헌법위임의 문제인데, 우선 특정한 법률의 제정은 입법자의 의무이기 때문에 합목적적 고려를 거치는 입법자의 재량에는 위임되지 않는다. 다만 법률 내용의 형성에는 입법자는 수권헌법규정의 원칙 범위에서 일정한 재량의 여지가 인정될 수 있을 것이다. 그러나 이 경우도 입법재량의 한 유형이라고는 할 수 없다. 이와 유사하게 입법재량이 인정되는 경우는 헌법규정이 프로그램규정인 경우라고 할 수 있는데, 이 경우 구체적인 내용의 형성이 입법자에 의해 이루어져야 한다는 점은 입법재량과 같지만, 입법재량은 입법지침의 실현이 법적으

---

185) 또 이 견해를 주장하는 覺道豊治 교수는 "어느 경우에도 특별히 넓은 범위의 자유로운 재량을 국회에 인정할 수 있으며, 헌법문제는 많은 경우 국회가 그 자유재량의 범위를 넘은 것인가에 대한 판단에 관한 것이다"라고 지적한다. 이것은 헌법규정은 조문의 내용이 추상적이거나 명확하지 않으면 입법권을 직접 구속하지 못하며 따라서 법적 효력을 가질 수 없다고 하는 논리에서 비롯된 사고라고 생각된다. 그런데 국가 권력 중에서 행정권의 경우에는 법치행정의 원리가 지배하고 있으며, 행정권의 행사는 명확한 근거와 상세한 절차의 보장을 필요로 하기 때문에 행정권을 직접 구속할 정도의 명확하고 상세한 규범내용을 가지고 있는 헌법규범도 있다. 하지만 입법권과 사법권에 관해서는 사정이 다르다. 따라서 입법권이나 사법권에 관하여 이를 직접 구속할 정도의 명확하고 상세한 규범을 가지고 있지 않다고 해서 입법권의 재량이 인정된다고 할 수는 없으며 입법에 대한 헌법의 구속은 개별적으로 검토해 보아야 한다고 해야 할 것이다. 覺道豊治, "憲法における自由裁量の概念", p.105.

로 강제되나, 프로그램규정의 실현은 입법자의 재량에 맡겨질 수밖에 없는 점이 다르다. 그런데 생존권에 대하여 이러한 프로그램규정설을 부정하더라도 여기에 입법자의 재량이 완전히 배제되어야 한다는 것은 아니다. 즉 위헌확인소송에서 특정한 부작위의 위헌성이 인정되는 경우에도 그 판결의 효과는 바로 국회의 법개정이나 새로운 입법을 의무 짓는 것은 아니고 그 판결에 대하여 어떠한 의사표시를 구체적으로 해야 할 의무를 지는 데 그치는 것이기 때문이다.[186] 결국 헌법에 의한 입법구속이 확대되고, 입법권의 지위가 변화함으로써 입법권의 재량, 즉 입법의 주체성을 인정하는 경우에도 종래와는 다른 단계에서의 재량의 도입이 이론적으로는 구상되고 있다.[187] 중대하고 복잡한 정책결정의 문제이기 때문에 입법권의 재량에 속하고 사법심사의 대상이 되지 않는다는 사고는 예컨대 국회의 자율사항과 같은 것이라면 모르지만, 입법 일반에 관해서는 헌법에 의한 입법구속과 입법재량과의 관계를 검토하여 엄밀히 추구되어야 할 것이다.

셋째는 헌법이 소위 다의적 개념 혹은 불확정개념을 사용하여 어떤 사항에 관한 규정을 두고 있는 경우이다. 이것은 소위 일반 조항 혹은 원칙규정의 문제이다. 불확정개념은 단순히 재량지침이 아니라 법규개념으로서 국가의 재량 영역을 제한하는 법적 기능을 한다. 예컨대 기본권제한의 일반 규정인 헌법 제37조 제2항을 예로 들면 이 조항은 국가안전보장·질서유지 또는 공공복리를 위한 기본권제한의 일반 원칙을 규정하고 있는데, 여기서는 기본권제한을 예외적인 것으로 하면서도, 이를 위해서는 반드시 법률에 의할 것을 명시하고 있는 것 이외에도 기본권제한에 있어 필요최소한의 요청, 비례원칙과 위헌소송에

---

186) 大須賀明, "社會權の權利性", 法律時報 第42卷 第1号(1960), p.32.
187) 大須賀明, "生存權のプログラム論と立法裁量論の問題性", pp.88.

있어 입증책임의 소재 등 다양한 법칙들이 도출된다.[188] 또 이러한
것들은 불확정개념 또는 일반 조항으로부터 논리적으로 도출되어 확
정되는 명제로, 일반 조항이 제시하는 기본적 특징이라고 할 수 있는
법적인 구조이다. 이러한 것들은 원칙이나 불확정개념과 구체적 규정
과의 중간에 위치하는 것으로, 원칙이나 불확정개념보다는 훨씬 한정
된 구조라고 할 수 있다. 입법권의 재량은 이러한 구조 속에서 비로소
비롯되는 것이며, 원칙이나 불확정개념 그 자체가 바로 입법재량이 적
용될 수 있는 법구조가 되는 것은 아닌 것이다.

2. 立法裁量論의 適用

1) 立法裁量論 適用을 위한 類型化

입법재량은 무제한적으로 적용한다거나 일정한 준칙도 없이 적용하
게 된다면 이것은 기본권의 침해에 대한 방치라는 비판을 면하기 어
렵게 된다. 따라서 입법재량론을 적용함에 있어서도 일정한 판단구조
를 정립하여, 구체적 예측가능성을 보장함이 필요하다. 그래야만 헌법
이 인정하는 위헌심사권을 의미 있게 하여 기본권보장의 실질적 효과
를 도모할 수 있기 때문이다. 이러한 시도로써 입법재량에 대한 유형
화가 다양하게 시도되고 있다.[189]

먼저 판례상의 입법재량론의 적용례를 분석하여 공무원의 쟁의권

---

188) 有倉療吉, "公共の福祉", 法學セミナ―第53号(1960), p.14.
189) 水原正雄, "立法裁量論に關する一考察", pp.140.

등 고도의 정치적 의미를 지니는 입법정책 판단에 관한 경우, 영업에 대한 경제적 규제 등 행정정책적 재량에 관한 경우, 의원정수불균형에 관한 문제 등 극히 기술적인 재량에 관한 경우 등으로 유형화하는 견해가 있다.[190] 이 견해는 판례의 유형을 정리함으로써 입법재량론이 적용되는 정도를 가늠할 수 있는 예측가능성은 있으나, 각각의 유형의 구별이 상대적이며, 동일한 유형에 속하는 사례에서도 입법재량을 적용하는 정도가 달라질 수 있다는 문제점이 있다. 구체적으로는 첫째 유형인 고도의 정치적 의미에 해당하는 것으로 공무원의 쟁의권, 정치적 행위에 관한 영역 등을 들고 있지만 정치적 의미라는 것이 너무 포괄적이어서 이것을 하나의 유형으로 고정시키는 것은 적당하지 않다. 둘째 행정정책적인 재량의 경우에도 언제나 동일한 정도의 입법재량이 적용되는 것이 아니라, 넓게 입법재량이 적용되는 경우와 좁게 적용되는 경우의 차이가 있을 수 있으며, 이것은 위의 유형화의 목적에 반드시 부합하지 않는다는 비판이 있다.[191] 셋째 지극히 기술적인 재량에서는 의원정수불균형의 문제를 예로서 드는데, 그 논거로서 이 분야에는 어떠한 정치적인 배려도 개입할 수 없다고 하면서도 한편으로는 정치적으로 이용될 위험성이 있으므로, 어떤 의미에서는 가장 입법재량의 여지가 잘 작용하는 분야일 것이라고 하여 논리의 일관성이 없다는 지적을 피할 수 없다. 또 입법재량론이 적용되지 아니하는 영역이 무엇인지에 대해서는 정확히 밝히지 못하고 있다.

다음으로는 이중기준론을 기초로 하여 입법재량론이 넓게 적용되는 순서를 정하는 견해가 있다.[192] 이 견해는 입법재량의 유형화에 기본

---

190) 研究會座談, "憲法裁判の30年—學說と實務の關連において", 日本國憲法
　　 —30年の軌跡と展望, ジュリスト 第638号(1977), p.241.
191) 戶松秀典, 立法裁量論, p.26.
192) "シンポジウム 第1部會 憲法訴訟 討論要旨", 公法研究 第37号(1975),

권과 이에 관한 심사기준을 결부시켜서 기본권보장의 실효성을 확보하고자 한 것인데, 원래 이중기준이라는 것이 기본권제한입법을 함에 있어 정신적 자유권과 경제적 자유권에 관하여 각각 다른 심사기준을 적용해야 한다는 이론이므로 정신적 자유권과 경제적 자유권의 어느 영역에도 속하지 아니하는 권리의 경우 어느 기준에 의해 판단할 것인가, 또 경제적 자유권의 영역이면서도 정신적 자유권과 마찬가지로 인간의 존엄과 가치에 중대한 영향을 미치는 기본권의 경우 그 준별이 곤란하다고 하는 등의 이중기준론의 문제점이 그대로 남아 있다.

또 입법재량론이 적용됨으로써 기본권보장이 이부어지는 정도에 따라 입법재량론이 적용되는 경우와 그렇지 아니한 경우로 나누고, 전자를 다시 넓은 입법재량과 좁은 입법재량으로 나누어 넓은 입법재량이 적용되는 영역에는 위헌심사기준에서 단순한 합리성의 기준이, 좁은 입법재량이 적용되는 영역에서는 엄격한 합리성의 기준이, 입법재량이 배제되는 영역에서는 엄격한 심사기준이 적용된다고 한다.[193] 이 견해는 판례상의 입법재량론의 적용례를 비판적으로 분석하여 ㈀ 조약의 심사, 조세입법 등과 같은 사례는 넓은 입법재량론이 적용되는 영역, ㈁의원정수불균형, 약국의 개설에 대한 규제, 연금·사회보장급부의 동시지급 금지 등과 같은 사례는 좁은 입법재량론이 적용되는 영역, ㈂ 공무원의 정치활동의 자유, 표현의 자유를 제한하는 사례 등은 입법재량론의 적용이 배제되는 영역으로 유형화하고 있다. 그런데 이러한 유형화는 개괄적으로 확정된 것은 아니고, 각각의 경우 개별적으로 파악해야 하며, 예컨대 조세입법에 대해서도 경우에 따라서는 엄격한 합리성기준에 의해 판단되어야 할 경우도 있다고 한다.

---

pp.76.
193) 戸松秀典, 立法裁量論, pp.30-31.

입법재량론의 적용을 유형화하는 것이 어려운 작업이며, 유형화의 목적을 달성하기 위한 방식을 도출하기는 거의 불가능하다고 해도 과언이 아닐 것이다.[194] 그런데 앞의 두 견해와 같은 개괄적 구분보다는 세 번째 견해와 같은 단순한 유형화에 의한 구분이 입법재량론의 성격과 심사기준과의 관계를 밝히는 데 더욱 유효하다는 것은 사실인 것 같다. 왜냐하면 대개 개괄적으로 구분하는 경우에는 넓은 입법재량론이 적용되는 것이 경제적·사회적·정치적 내지 정책적인 기반과의 관계에서 여러 가지 요인을 고려하여 판단하지 않을 수 없다는 점을 이유로 하고 있으나, 법률의 목적을 확정 짓는 데 있어 이러한 여러 가지 요인을 고려하지 않는 경우는 거의 없기 때문에 이러한 제 요소가 넓은 입법재량론의 적용근거가 된다고 할 수는 없기 때문이다.

2) 立法裁量論 適用의 決定要因

입법재량론을 널리 적용하는 것이 기본권보장에 유리한 효과를 가져다주는 것은 아니라는 점은 말할 필요도 없다. 그러나 법률의 합헌성판단에서 입법재량론을 완전히 배제할 수는 없으며 개인의 권리와 자유의 헌법상의 보장을 실현하는 데에는 사법심사의 기능적 측면에서 헌법재판기관이 입법부의 판단을 존중하지 않을 수 없는 경우가 있다는 점을 인정하여야 한다. 따라서 입법재량론이 적용되는 정도와 그 정도를 결정짓는 요소를 파악하는 것은 상당히 중요하다. 왜냐하면 이러한 요소는 입법재량론의 한계를 결정짓는 중요한 요인이 되며, 이로써 입법재량을 통제할 수 있기 때문이다. 그러나 입법재량론의 적용상 제한과 한계의 근거는 입법재량론 자체에서 논리적으로 발생하는

---

194) 박인규, "입법재량론에 관한 연구", p.195.

것이 아니라 헌법재판기관이 사법심사과정에서 고려하는 다양한 요인
에 의거하는 것이다. 따라서 이러한 다양한 요인에는 어떤 것이 포함
될 수 있을 것인가 검토해 보는 것이 중요하다. 여기서는 이와 관련하
여 판례가 풍부하게 축적되어 있는 미국의 예를 참조해 보기로 한다.

미국의 Brest 교수는 헌법상의 가치실현과정을 중심으로 집필한 그
의 Case Book[195]에서, "미 연방대법원의 역사를 통해서 대법원뿐만
아니라 많은 판사들이 Thayer[196]의 견해를 반영하여 의견을 내놓고
있는데, 대법원이 그 견해를 모든 영역에 대해서 적용하였던 적은 한
번도 없다. 오히려 대법원은 입법부에 대하여 다른 상황에 다른 정노
의 존중을 표시하였다.[197]"고 서술하면서, 입법재량을 적용하기 위해
고려해야 할 몇 가지 요인을 다음과 같이 제시하고 있다. 이하에서는
Brest 교수의 케이스북의 논평을 참고하면서 각각의 요인을 정리해
보기로 한다.

⑴ 문제가 되고 있는 이익의 헌법상 특수성, 즉 문제가 되고 있는
　기본권의 종류이다. 이것은 United States v. Carolene Products
　Co. 판결[198]에서 스톤 판사가 첨부한 유명한 각주4)에서 제시되
　고 있다. 위 각주에서는 "법률이 …… 헌법에 의한 특정의 금지
　범위 내에 있다고 생각될 때, 합헌성의 추정이 보다 좁은 범위가
　될 수 있다"고 하면서 헌법상 기본권보장규정에 비추어 기본권
　의 성격에 따라 입법재량의 적용의 폭을 결정하는 사법심사의

---

195) Paul Brest, *Processes of Constitutional Decisionmaking-Case and
　　Materials,* Little Brown and Company, 1975, pp.981-983.
196) Thayer에 대해서는 본 장 제3절 1. 1) 美國에서의 立法裁量論 참조.
197) Paul Brest, *ibid,* p.981.
198) 304 U.S. 144(1938).

태도가 결정될 수 있다고 한다.

⑵ 민주정치의 과정의 확보이다. 이것도 위의 스톤 판사의 각주 논평에서 제시되고 있는데 "통상이라면 기대될 수 없는 입법으로서 (당연히)무효가 될 것으로 기대되는 것과 같이 정치과정을 제한하는 입법은 …… 수정 제14조에 따른 일반적 금지에 의해 대부분의 다른 형식의 입법의 경우보다 엄격한 사법판단에 위임될 것이다."라고 한 것이 그것이다. 여기서는 선거권의 제한, 정보전파의 억제, 정치적 조직에 대한 개입, 평온한 집회의 금지 등에 관한 판례를 들고 있다. 민주정치의 과정을 확보한다고 하는 헌법상의 요청은 이를 근거로 하여 입법재량론을 배제하는 하나의 요인이 될 수 있다.

⑶ 비사법적 구제의 가능성이다. 즉 사법적 구제가능성보다는 정치적인 구제가능성이 더욱 유효한 경우이다. 예컨대 지방자치단체의 조례제정권과 관련하여 그것이 국회의 입법 권한에 대한 침해가 문제된 경우에는 사법적 구제보다는 정치적 구제가 더욱 유효하며 이러한 경우에는 입법재량론의 적용이 고려될 수 있다.

⑷ 소수파의 이익이다. 이것도 Carolene Products 판결에서 각주의 마지막 단계에서 제시되고 있는데, 거기서는 '특정한 종교, 국적, 인종상의 소수파'에 대하여 만들어진 제정법은 보다 엄격한 사법심사가 요구되고 있다고 한다. 즉 "산산이 독립되어 있는 소수파에 대한 편견은 특별한 상태라고 할 수 있으며, …… 그 상태는 통상 소수파를 보호하기 위하여 의존된 정치과정의 작용을 상당히 박탈하는 것이기 때문에 …… 거기에 상응하는 한층 더 엄중한 사법심사를 요구할 수 있다"고 하고 있다. 즉 소수파의 이익을 보호하는 것이 입법재량론의 적용을 배제하는 요인으로

서 받아들여지고 있다.

⑸ 문제가 되고 있는 이익의 중요성이다. 즉 헌법상 보호되는 이익은 다른 이익보다도 중요하기 때문에 보다 엄격한 사법심사가 요구되어 입법재량이 제한될 수 있다는 것이다. 다만 헌법상 보호되는 이익들 간에 그 중요성에 대한 판단이 문제되는 경우에는 가치의 서열화가 필요한데, 현실적으로는 그러한 가치의 서열화가 유도되는 근거의 판단이 쉽지 않기 때문에 가치의 서열화가 어려울 때가 많다.

⑹ 헌법해석의 문제인가 정책상 문제인가의 차이에 의한 판단이다. 즉 합헌성의 쟁점이 헌법 입안자의 이해에 비추어 헌법의 해석에 크게 관련되어 있는 때에는 입법재량의 적용은 적절하다고 할 수 없다. 이 헌법해석이라고 하는 기능은 법관이 다른 정책결정자와 대비하여 숙달되어 있으며, 사법권이 제도상 준비가 우월하기 때문이다. 민주제의 해석과 관련하여 헌법의 이론적인 해석이 발휘되기 어렵고, 넓은 정책에 관한 문제로 판단이 이행되는 경우에는 입법재량론의 적용은 한층 더 강화될 것이다.

⑺ 관련사실을 확정하는 능력이다. 이 요인과 관련하여 합헌성의 문제가 헌법재판기관에 의한 평가에 간단히 위임될 수 없는 과학기술적, 경제적 혹은 사회과학적의 데이터를 주제로 하고 있는 경우에는 입법재량론의 적용은 정당하다고 한다. 그 예로서 최저임금법이 가져오는 경제적 의의, 사형과 같은 배제법칙의 억지효과, 학교차별의 교육상의 귀결 등을 들고 있다. 또 국가의 안전에 관한 비밀사항과 같이 관련사실이 재판기관에서는 전혀 입수될 수 없는 것이어서 원래 사법적 개입을 배제하는 경우에도 입법재량은 타당하다고 설명되고 있다.

⑻ 입법부가 일정한 기준을 형성하여 적용하는 것에 대한 사법의 적합성이다. 이 요인은 헌법상의 쟁점 중에는 거기에 관계하는 요소가 특별히 복잡하고 객관화가 불가능한 것이기 때문에 일관되고 고유한 기준을 형성하여 적용하는 것이 사법부의 능력범위를 넘게 되는 경우를 말하고 있다. 그 예로서 선거구획정을 들 수 있다.199)

⑼ 정책결정자의 불공평한 태도이다. 이 요인에 관해서는 정책결정자가 공평한 방식으로 헌법문제를 검토하였다고 볼 수 없는 경우에는 입법재량의 적용은 적절하지 않다고 한다. 그 예로서 어떤 주법이 다른 주를 불이익한 상태에 두려는 움직임이 있는 경우 또는 현직 의원이 자기 자신에 관한 정수배분안을 승인하려는 경우를 들 수 있다. 이러한 경우는 권한의 현저한 일탈, 남용이라 할 수 있으며, 입법재량론을 배제하는 것은 당연할 것이다.

⑽ 정책결정자가 쟁점에 대하여 실제로 고려한 정도이다. 이 요인에 관해서는 사실과 정책에 관련된 쟁점을 입법부가 실제로 고려하였다고 사법부가 신뢰할 만한 이유가 있는 경우에는 입법부가 판단한 것이라고 생각되는 것에 존경을 표시하는 것이 적절하다고 할 수 있지만, 법률이 그러한 고려 없이 제정된 것이라고 재판기관이 인식한 경우에는 적절하지 않다고 한다. 이것은 합헌성추정의 원칙과 입법사실론에 관련된 것이기 때문에, 달리 검토되어야 할 논점도 있겠지만, 입법재량론 적용에 관한 하나의 요인으로 하는 것에는 문제가 없을 것이다.

---

199) 우리나라에서도 선거구획정과 관련된 소송에서 입법재량의 여지를 인정하고 있으며 그 재량을 넘은 경우에 위헌의 문제가 발생한다고 판시하고 있다(1995.12.27. 95헌마224 · 239 · 285 · 373(병합) 등).

⑾ 정책결정부문의 성질이다. 이것은 어떤 기관이 내린 결정은 기
타의 기관에 의한 것에 비해서 큰 존중을 요구하여도 좋다. 예
컨대 주의 입법부―주에서 최고이며, 대의적 성격이 가장 강한
정책결정부문이다―에 의한 정책결정에 대해서는 주와 지방자치
단체의 다른 여러 기관에 대해서보다도 중한 비중을 두어야 한
다는 것이다. 또 주 입법부의 제정법보다도 연방의회에 의해 제
정된 법률에 더 비중을 두어야 하며, 그 입법의사를 더 존중해
야 하므로 결과적으로 입법재량이 넓게 인정된다는 것이다.

이상의 11개 요인 중 어느 하나가 입법재량론의 적용의 결정적인
역할을 하는 것이라고 말할 수는 없으나 이러한 다양한 요인을 배경
으로 입법부의 정책결정을 존중할 것인가의 여부를 판단하고 있음은
명백하다.

우리나라의 판례에서도 이러한 다양한 요인을 고려한 입법재량의 채
용이 헌법재판에서 잘 나타나 있는데, 예컨대 조세입법에 관해서 "입법
자는 조세법의 분야에서도 광범위한 형성의 자유를 가지며 예컨대 재
정정책적, 국민경제적, 사회정책적, 조세기술적 제반요소들에 대한 교
량을 할 수 있다[200]"고 한 것이나, 사회보장입법에 관해서 "인간다운
생활이란 그 자체가 추상적이고 상대적인 개념으로서 그 나라의 문화
의 발달, 역사적·사회적·경제적 여건에 따라 어느 정도는 달라질 수
있는 것일 뿐만 아니라, 국가가 이를 보장하기 위한 생계보호 수준을
구체적으로 결정함에 있어서는 국민 전체의 소득수준과 생활수준, 국
가의 재정규모와 정책, 국민 각 계층의 상충하는 갖가지 이해관계 등
복잡하고도 다양한 요소들을 함께 고려하여야 한다. 따라서 구체적 수

---

[200] 1995.6.29. 94헌마39 구조세감면규제법 제88조의2 위헌소원.

준을 결정하는 것은 입법부 또는 입법에 의하여 다시 위임을 받은 행정부 등 해당기관의 광범위한 재량에 맡겨져 있다고 보아야 한다[201]"고 한 판례에서 볼 수 있는 바와 같이 어떤 법률에 관하여 그 법률의 목적과 수단이 합리적인가를 심사함에 있어서는 그 법률 영역 전체에서 국가가 행할 제 시책과 관련하여 검토하여야 하며, 거기에는 다양한 요인이 고려대상이 되고 있으며, 또 그 요인도 변화하기 때문에 불확정적인 것이어서, 여기에는 재판소의 심사능력의 한계가 있고, 입법부의 판단을 존중하는 길이 선택되어도 어쩔 수 없다고 생각된다.

그러나 다양한 요인을 고려해야 하는 것을 입법재량론 적용의 근거의 유일한 것으로 파악하는 것은 옳지 않다. 이미 지적한 바와 같이 법률의 목적과 수단을 설정할 때에는 언제나 다양한 요인이 고려되고 있으며, 헌법소송에 있어 중요한 것은 그 법률의 성격이 어떤 것인가 또 그 법률에 의해 금지되고 제한되었던 헌법상의 권리와 자유를 어떻게 구제할 것인가에 관한 점이라는 것을 간과해서는 안 된다. 요컨대 입법재량론 적용의 근거로는 어떤 법률의 목적과 수단의 결정에 다양한 요인을 고려해야 한다는 점과 거기에는 헌법재판기관의 판단능력을 넘는 경우가 있다는 점을 들 수 있는데, 이러한 것들이 결정적인 근거사유가 된다는 것은 아니고, 여기에는 기본권과 여러 요인과의 가치서열의 문제가 관련되어 있다고 할 수 있다.[202]

---

201) 1997.5.29. 94헌마33 생계보호기준위헌확인.
202) 이것은 헌법소송에서 이익형량의 문제와 밀접한 관련이 있는 것이다. 이에 관한 연구로는 伊藤正己, "憲法解釋と利益衡量", 日本國憲法—30 年の軌跡と展望, ジュリスト 第638号(1977), pp.198; 浦部法穗, "利益衡量論", 公法研究 第40号(1978). pp.89; 小林直樹, 憲法判斷の原理, 日本評論社, 1977, pp.7-17 등이 있다.

3. 立法裁量論의 統制

위에서 제시하는 입법재량론의 결정요인만으로는 이 방법의 한계를 설정하는 기준이 명확하지 않기 때문에 별도의 방법으로 그 한계를 설정해 볼 필요가 있다. 이에 관해서는 첫째, 법률에 의해 제한을 받는 기본권의 가치에 입법재량한계의 근거가 있으므로, 기본권의 가치 서열화를 도모함으로써 입법재량론을 통제할 수 있고, 둘째 기본권을 제한하는 법률에 대한 사법심사의 방향 예컨대 입법사실론을 채용함으로써 입법재량의 남용을 통제할 수 있으며, 셋째 판결의 결론에 이르게 된 이유인 심사기준을 확립함으로써 입법재량을 통제할 수 있다는 견해가 있다.[203] 이에 관해서 살펴보기로 하자.

1) 基本權의 價値 序列化

헌법소송은 헌법법규에서 발생하는 원리와 법률에서 제시하는 원리가 대립할 때 등장하는 것이며, 입법재량론은 헌법재판기관이 그 대립을 서열화시켜, 입법부의 결정을 존중하는 쪽으로 서열화의 판단을 하는 방법이다.[204] 따라서 입법재량론의 적용이 적당한가를 판단하기 위해서는 우선 기본권의 가치서열을 확립할 필요가 있다.

일반적으로 판례를 검토해 볼 때 입법재량론과 관련하여 기본권의 가치서열은 다음과 같이 파악되고 있다. 첫째 이중기준(Double Standard)

---

203) 戸松秀典, 立法裁量論, pp.55-59.
204) 헌법원리와 법률의 원리가 대립하는 때에는 전자가 우선한다는 것은 말할 필요도 없다. 그러나 문제는 법률의 원리에 의해 헌법원리가 어느 정도로 제한될 수 있는가가 그 대립의 주된 내용이다.

을 기초로 기본권 보장이 성립하고 있음을 근거하여 정신적 자유와 경제적 자유와의 사이에는 전자가 후자에 우선한다는 일반 원칙이 존재한다. 둘째 정신적 자유의 보장문제에 있어서도 입법재량론이 적용되고 있는 것은 명확하므로, 양자를 형식적 기계적으로 구별해서는 안 되고, 양자가 겹쳐지는 부분이 있다는 점을 인정하여야 한다. 즉 단순한 언론·출판의 자유에 대한 규제입법에는 가장 엄격한 심사기준을 적용하는 것이 타당할 것이며, 경제적 자유에 대한 적극적 규제의 경우에는 가장 보장 정도가 약한 표현의 자유에 대한 규제입법보다도 완화된 심사기준이 타당하다고 하는 일반 원칙205)이 존재한다고 할 수 있다. 이렇게 볼 때 (a) 강한 보장의 정신적 자유, (b) 약한 보장의 정신적 자유, (c) 강한 보장의 경제적 자유, (d) 약한 보장의 경제적 자유의 순으로 서열화가 예정되어 있다고 할 수 있다.

하지만 여기서도 (c)와 (d)의 구별은 비교적 명확하지만(물론 이에 대한 비판도 있다), (a)와 (b)의 구별은 명확하지 않으며 또 (b)에 속하게 되는 권리와 자유(예컨대 공무원의 정치적 자유·선거운동의 자유)에 관해서는 강한 의문이 제기되고 있다.206) 또 헌법 제34조의 생존권에서 비롯되는 사회적 기본권에 관해서는 이 서열화에서 어디에 넣을 것인가 또 위의 다른 권리들과는 어떤 차이가 있는가를 규명하기도 쉽지 않다. 현실적으로 위의 두 가지 일반 원칙이 존재하는 것은 인정되지만 이를 구체화하고 준칙화하는 판례의 전개는 볼 수 없다. 따라서 이러한 서열화는 일반 원칙이 확립되었다고 할 수 있을 만큼의 일관성을 갖추지 못했으며, 기본권의 가치서열의 확립은 아직은 판

---

205) 芦部信喜, "職業の自由の規制(五·完)", 法學セミナー―第23卷　第12号 (1979), pp.32-33 참조.

206) 戸松秀典, 立法裁量論, p.56.

레의 전개과정에서 요구되는 과제라고 하겠다.

2) 立法事實論의 採用

원래 입법사실[207]은 미국의 행정법학자 K. Davis[208]가 제창한 이론으로 입법의 기반이 되는 사회적 사실을 말한다. 이러한 입법사실론은 헌법판단의 설득력을 증가시켜 헌법판단을 사실 면에서 보다 객관화하는 빙법[209]이며, 법률의 합헌성판단과 관련하여 학설뿐만 아니라 판례[210]에서도 상당히 중요한 요인으로 여겨지고 있다.

원래 헌법재판기관은 법률의 위헌 여부에 대한 법적 문제만 판단하고 법원에 계속 중인 당해 사건에 있어서의 사실확정과 법적용 등 고유의 사법작용에는 관여할 수 없으나, 법률의 위헌 여부에 대한 법적 문제를 판단하기 위하여 입법의 기초가 된 사실관계, 즉 입법사실을 확인하여 밝힐 수 있다. 우리나라[211]와 일본의 판례[212]를 통해서 살

---

207) 법률의 합헌성판단을 하는 재판기관은 두 가지 종류의 사실을 고려해야 하는데 그것은 사법사실과 입법사실이다. 사법사실이란 재판의 대상이 되는 구체적 사실을 말하며, 입법사실이란 입법의 기반이 되는 사회적 사실, 즉 법률의 입법목적 및 이를 달성하기 위한 규제수단의 합리성을 지지하는 사회적·경제적·문화적 일반 사실을 말한다. 芦部信喜, 憲法, 岩波書店, 1992, p.296; 安西文雄, "立法事實論", ジュリスト 第1037号(1994), p.217.

208) K. Davis, "An Approach to Problems of Evidence in the Administrative process", Harvard Law Review vol.55(1942), pp.364.

209) 時國康夫, "憲法訴訟における立法事實論の位置つき", Law School 第25号(1980), p.18.

210) 1994.4.28. 92헌가3 보훈기금법 부칙 제5조 및 한국보훈복지공단법 부칙 제4조 제2항 후단에 관한 위헌심판; 전자에 대해서는 한정위헌이 후자에 대해서는 합헌의 결정이 내려졌다.

211) 1994.4.28. 92헌가3.

펴볼 때 헌법재판에서의 입법사실론의 전개는 입법재량론의 적용에 대한 일정한 제약을 가하는 것임을 알 수 있다. 즉 입법사실론은 입법 재량론의 적용·부적용 또는 한계설정을 위하여 중요한 요소로서 작용하고 있는 것이다.

그런데 입법사실론을 재판에서 도출하여, 입법재량론의 적용을 통제하기 위해서는 기본적으로 다음과 같은 점에 유의하여야 한다. 첫째 입법사실론의 실천적인 목표는 '공공의 복리'와 같은 지극히 추상적 개념이 기본권제약의 근거가 되고, 이러한 용어가 함부로 쓰임으로써 기본권보장의 실체가 훼손될 수 있으므로 기본권제약의 근거를 사회적·경제적·문화적 사실에 입각하여 구명할 것을 요구하는 것이다. 따라서 헌법재판소에 의한 입법사실론의 전개는 기본권의 가치서열과 깊은 관련이 있으며 특히 높은 가치를 가진 기본권을 제약하는 입법에 대해서는 이러한 입법사실론의 상세한 전개가 요구된다. 둘째 입법 사실론은 합헌성추정의 원칙과 불가분의 관계에 있기 때문에[213] 입법 재량 등과 함께 합헌성추정의 원칙이 작용하는 법 영역은 어디인가, 바꾸어 말하면 합헌성추정이 작용하지 않는 법 영역과 그 헌법상의 쟁점은 무엇인가를 명백히 하여야 한다. 셋째 법률제정 시의 입법목적과 그 목적달성을 위한 수단을 지지하는 사실이 변화하여 그것이 법률의 위헌을 주장하는 근거가 되고 있는 때에는 충분히 입법사실론이 전개됨으로써 입법재량론이 배제될 수 있다. 넷째 입법사실의 전개 정

---

212) 일본 최고재판소의 1975년 약사법 위헌판결이나 하급심의 호별방문금지에 대한 위헌판결, 재택투표제도 폐지에 대한 위헌판결 등이 입법사실의 검토를 통하여 입법재량론의 적용을 배제함으로써 위헌판결을 내린 예이다.
213) 芦部信喜, "合憲性推定の原則と立法事實の司法審査", 憲法訴訟の理論, 有斐閣, 1973, 제3논문 참조.

도는 다음에서 보는 심사기준의 확립과 밀접한 관련이 있다. 즉 입법 사실의 상세한 검토가 가해지면 적어도 단순한 합리성의 기준의 적용은 배제될 수 있을 것이다.[214]

3) 審査基準의 確立

앞에서 입법재량론의 적용예를 세 가지의 유형으로 정리하였는데, 거기서 보는 바와 같이 넓은 입법재량론은 단순한 합리적 기준에, 좁은 입법재량론은 엄격한 합리성의 기준에, 또 입법재량론 부적용은 엄격한 심사기준에 결부되고 있음을 알 수 있다. 이와 같이 입법재량론의 적용이 심사기준의 내용과 표리일체를 이루고 있기 때문에 이 방법에 의한 입법재량의 통제는 헌법재판기관이 소송의 쟁점에 대해서 어떤 심사기준에 의해 처리하는가에 관한 것이라고 할 수 있다.

그런데 재판기관이 법률의 합헌성 판단에 어떤 기준을 적용하는가 하는 것은 기본권의 가치서열과 입법재량론 상호에 관련되는 것이며, 더구나 기본권의 가치서열이 명확히 이루어지지 않고는 심사기준의 확립은 있을 수 없다. 또 심사기준의 확립은 판례법형성과정을 통하여 이루어질 수밖에 없는데, 어떤 심사기준을 적용하는가, 즉 엄격한 심사기준에 의할 것인가 완화된 심사기준에 의할 것인가 하는 점은 결국 법률에 의해 제한되고 있는 자유와 권리를 어떠한 성격·의의를 가지는 것이라고 파악할 것인가에 달려 있다고 하겠다.[215] 예컨대 생존권의 경우 이것을 인간가치의 존엄을 지키기 위한 중요한 기본권이라고 이해한다면 적어도 명확성의 원칙에 따른 넓은 입법재량론의 적

---

214) 戶松秀典, 立法裁量論, p.57.
215) 戶松秀典, 立法裁量論, p.58.

용은 배제되고 엄격한 심사의 길이 열려야 할 것이다. 생존권에 입법 재량론이 채용되고 있는 것은 생존권을 인간의 존엄가치를 위한 절실 하고 구체적인 권리로 보지 않고 있기 때문이다. 따라서 생존권에 관 한 사회보장입법에 입법재량론의 적용이 완화되거나 배제되기 위해서 는 생존권의 구체적 권리성에 입각한 판례가 축적되어 그러한 심사기 준이 확립되어야 한다.

4. 立法裁量論과 社會保障訴訟

사회보장소송에서는 거기서 다루는 쟁점의 성격상 입법재량론이 논 의의 중핵을 이룰 수밖에 없다. 앞에서 이미 언급한 바와 같이 우리의 판례에서는 사회보장의 근저를 이루는 생존권을 추상적인 것으로 이 해하는 나머지 이러한 권리는 헌법상의 직접적인 권리가 아니며, 그 구체적인 내용은 입법자의 형성의 자유에 속하는 사항으로서 국회가 입법정책적으로 판단하여 법률로 구체적으로 규정할 때 비로소 헌법 상 권리가 구체화된다고 하고 있다.[216] 즉 헌법 제34조의 생존권의 구체적인 내용이 헌법의 취지를 실현하기 위해 제정된 법률에 의해 부여되고 있다고 하는 헌법재판소의 태도는 생존권의 실체적 내용이 입법부의 재량에 널리 위임되고 있는 것을 의미한다. 이러한 태도는 일본의 朝日訴訟[217]과 堀木訴訟[218]의 판례에서도 잘 나타나고 있다.

---

216) 중학의무교육을 받을 권리(교육법 제8조의2)에 관한 헌재결정(1991.2.11
    90헌가27).
217) "…… 구체적 권리로서는 헌법의 규정의 취지를 실현하기 위해 제정된 생
    활보호법에 의해 비로소 부여되고 있다고 해야 할 것이다. …… 생활보호
    법에 의한 보호수급권은 무엇이 건강하고 문화적인 최저한도의 생활인가
    의 인정판단을 그 법률에 의해 위임을 받은 후생대신의 합목적적인 재량

우리나라와 일본의 판례에서 보여준 입법재량론의 근거는 사회보장소송의 영역에서 전형적인 것이라고 할 수 있을 것이다. 그러한 헌법재판소의 경향에 대하여 많은 학설상의 비판이 가해지고 있다.

본 절에서는 미국과 일본의 사회보장소송에서의 입법재량론의 적용에 관하여 구체적으로 소개하고 현행법제의 토대 위에서 사회보장입법에 관한 입법재량론의 통제에 관한 법리를 검토해 보기로 한다. 일본은 우리나라와 거의 유사한 입법태도를 취하고 있기 때문에 일본의 사회보상소송에서의 이론적 전개는 우리나라법제에도 많은 영향을 줄 수 있으며, 또 미국의 예를 검토하는 것은 미국의 사회보장소송 영역에서의 입법재량론이 거의 소개되어 있지 않기 때문에 이를 검토함으로써 새로운 시사점을 얻을 수 있을 것이기 때문이다.

에 원칙적으로 따라야 하는 것……"(最高裁 昭和42(1967).5.24. 民集22卷5号 p.1043).

218) 헌법 제25조(우리 헌법의 제34조) 제2항에서는 동 제1항과 같은 '건강하고 문화적인 최저한도의 생활'의 보장이라고 하는 절대적 기준은 없고 국가는 '생활수준의 향상에 관하여 재정과의 관련하여 가능한 한 노력'을 하면 좋다는 정도이기 때문에 국가가 동조 동항에 기하여 구체적으로 어떠한 내용의 법률을 정립시키고 어떠한 시책을 벌이고 여기에 어떠한 성격을 부여할 것인가, 또 이에 따라 어느 정도의 생활수준의 향상을 도모할 것인가. 다시 말하면 하나의 시책과 다른 시책과의 관련성을 어떻게 볼 것인가 하는 문제에 있어 입법부의 재량에 위임시키고 있는 것이라고 하여야 한다(大阪高裁 昭和50(1975).11.10. 民集21卷5号 p.1043).

第3節 美國에서의 社會保障訴訟과
立法裁量論의 適用

1. 美國에서의 社會保障과 立法裁量 序說

1) 美國에서의 立法裁量論

미국에서도 사법소극주의의 입장에서 헌법소송에 대하여 입법재량론을 채용하는 법관과 학설을 많이 볼 수 있는데, 그것이 항상 지배적이라고 말할 수는 없다. 학설의 대표자로는 1893년에 유명한 논문을 발표한 Thayer[219]을 들 수 있다. 재판관은 입법부에 경의를 표해야 한다고 하는 그의 생각은 후에 학설뿐만 아니라 재판실무에도 상당히 영향을 주었다. 또 입법재량론을 취한 대표적 재판관으로는 Frankfurter가 있는데 그는 자신의 입법재량론에 입각한 견해를 최고재판소에서 실천한 대표적인 재판관이며, 그의 사법철학을 따르는 재판관이 적지 않다. 하지만 이러한 Frankfurter의 견해가 미국 대법원에서 다수의견을 구성하지는 못했다.[220] 특히 1950년대 후반부터 60년대의 소위 Warren

---

219) Thayer, "The Origin and Scope of American Doctrine of Contitutional law", Harvard Law Review vol.7(1893), pp.17. 이 논문은 사법소극주의에 입각하여 재판관이 입법재량론에 의해 헌법소송을 처리해야 한다고 주장하고 있는데, 오늘날에도 잘 인용되고 있다.

220) 오히려 Frankfurt는 자신의 견해를 실천하지 못하여 실의에 빠져 대법원을 떠나고 말았다. Harvard Law School의 진보적인 교수로서 평판이 높았던 그는 대법원에 들어와서 사법의 자기억제·사법소극주의의 견해를 강하게 주장하였는데, 동료재판관으로부터 그리 찬성을 얻지 못했던 것 같다. 이것은 그의 사법철학에 초점을 둔 전기(M. Urofsky,

court[221])에서는 사법적극주의의 재판관이 다수파를 구성하였으며, 판결이유에서 입법재량론이 채용되고 있는 빈도가 현저히 낮은 점은 주목할 만하다. 이에 비하여 그다음 시기인 소위 Burger court[222])에서는 Frankfurter의 사법철학이 다시 살아나서 입법재량론이 상당수 채용되고 있다. 우리나라와 일본이 모든 헌법소송 분야에 일반적으로 입법재량론을 채용하고 있는 경향을 취하고 있는 데 반해, 미 연방대법원 판례에서는 특히 사회보장입법에 관한 소송과의 관계에서는 입법재량론을 채택하면서도, 수정 제1조의 자유에 대한 제한입법을 다루는 소송에서는 거의 채용하고 있지 않고 있다. 이와 같이 입법재량의 판례법리를 명확히 구분하여 사용하고 있는 점은 주목할 만하다. 이하에서는 주로 미국에서 사회보장소송과 입법재량론이 문제되기 시작하였던 초기의 판례와 이론을 중심으로 미국의 경우를 소개하기로 한다.

Felix Frankfurter; Judicial Restraint and individual Liberties, Twayne Publisher, 1991)에서도 잘 나타나 있는데 그가 잭슨 재판관에 대하여 "Thayer의 논문은 나의 헌법에 관한 견해의 배후에 있어 나의 마음을 움직이지 않을 수 없게 만드는 모티브였다. 그 철학은 나에게는 재판관직의 알파요 오메가였다"고 말한 것은 흥미롭다.

221) Warren court는 Warren이 수석판사였던 시기의 미 연방대법원이다. 이 시기의 대법원은 '사법적극주의(judicial activism)'의 입장을 취하며, 위헌입법심사권을 활발히 행사하였다. 특히 공립학교에서 흑인·백인의 분리학습의 폐지를 비롯하여 인종 간의 평등의 실현, 정교분리의 철저, 언론·사상의 자유의 철저한 보호, 선거구획정의 불평등의 사법적 절차에 의한 시정, 형사피고인·피의자의 권리의 보호 철저 등의 측면에서 미국의 판례헌법에 큰 변혁을 가져온 시기이다. Warren Court의 판결은 미국의 정치와 사회에 커다란 영향을 미치기도 하였으며, 그 내용에 관한 찬부의 의견이 대립되었을 뿐만 아니라 대법원에 의한 위헌입법심사권의 행사에 관한 격론이 활발히 벌어지기도 하였다.

222) Warren Burger가 대법원장으로 있던 1969년에서 1986년까지를 말한다.

2) 美國에서 立法裁量論의 기반이 되는 社會保障政策의 構造

미국에서는 사회보장소송의 정의가 명확히 정립되어 있지 아니하다. 하나의 예로서 Friedman의 시도를 참고해 보기로 하자. 그는 사회보장입법이란 그 전체 혹은 일정한 부분이 다음과 같은 세 가지 측면의 내용을 가진 입법을 의미한다고 하였다.[223] 즉 ① 법률이 생존의 최저한도의 기준을 정하는 것을 내용으로 할 것, ② 법률이 (생존의)최저한도 이하에 빠져 있던 집단의 존재를 주장하는 것을 내용으로 할 것, ③ 법률이 그러한 집단의 전부 내지 일부를 최저한의 기준에 도달시키기 위하여 일정한 프로그램을 설정하는 것을 내용으로 할 것 등이 그것이다. Friedman과 마찬가지의 정의의 예를 다른 곳에서도 볼 수 있는데,[224] 거기서는 (이 개념으로) 수용하기 어려운 현상이 현실적으로 존재하고, 또 새로운 입법에 의해 그 정의를 넓게 하려는 움직임도 있어 그 말이 보여주는 의미와 범위를 정확히 말하는 것은 현실적으로 어렵다고 지적하고 있다.[225] 이하에서는 Friedman의 정의에 의존하면서 미국에서의 사회보장소송에서의 입법재량론을 설명해 보기로 한다.

미국에서 헌법소송의 역사상 사회보장문제가 연방대법원(이하 대법원이라 한다)에 등장한 것은 비교적 최근의 일이다. 자유권 등 개인적 권익의 헌법보장에 비약적 발전을 가져왔던 Warren court기에도 그

---

223) Friedman, "Social Welfare Legislation: An Introduction", Stanford Law Review vol.21(1969), pp.217, 220.
224) E. Burns. *Social Security and Public Policy4*, McGraw-Hill, 1956.
225) Martin, "Welfare Law: The Problem of Terminology", Cornell Law Review vol.60(1975), pp.792.

말기에 있었던 주목할 만한 판결226) 외에는 사회보장문제가 헌법상 보장이라고 하는 관점에서 다투어진 사건은 극히 드물었다. 일례로서 Fleming v. Nestor 사건이 있는데,227) 여기서 대법원은 입법재량론에 의해 복지수급자격의 박탈을 용인하는 판결을 내리고 있다. 이 사건은 불가리아에서 미국으로 이주한 피상고인 Nestor가 노령자보험의 수급자격을 얻었지만 뒤에 공산당원이었다는 이유로 미국으로부터 추방되고 수급자격이 박탈되었는데, 여기서 정부가 보험제도에 의해 발생한 재산권을 박딜힌 것이 수정 제5조가 보장하는 Due process에 위반되는 것이라고 하여 다투어진 사례이다. 대법원은 적법절차조항의 적용에 관한 엄격한 심사를 피하고 입법재량론을 채용한 판결을 한 것이다. 즉 쟁점이 된 사회보장법(Social security Act)의 조항이 그 법의 목적에 부합하는가 아닌가에 관한 판단은 재판소의 권한 밖에 있는 것이라고 하면서, 추방을 당한 외국 국적자에게 제공된 급여가 외국에서 소비되어 국가의 경제에 손상을 입힌 것이라고 의회가 믿고 있다면 대법원은 그 판단에 따라야 한다고 판시하였다.

이 사건에서 문제되었던 1935년의 사회보장법과 그것을 중심으로 전개되고 있는 미국의 사회보장정책의 구조가 입법재량론의 중요한 기반을 이루고 있다.228) 이 법을 기초로 미국의 사회보장정책은 연방과 주에서 각각 시행되고 있는데, 연방 차원에서는 이 법이 기본적 프로그램을 정하고 있으며, 그중에서 네 가지 범주별 계획229)을 두었던 공적부

---

226) King v. Smith, 392 U.S. 309(1968); Shapiro v. Thompson, 394 U.S. 618(1969).

227) 363 U.S. 603(1960).

228) 미국의 사회복지정책의 구조에 관해서는 Wedemeyer and Moore, "The American Welfare system", in J. tenBroek ed., *The Law of The Poor*, Collier Books, 1966, pp.2-23 참조.

229) 네 가지 범주별 공적부조계획(categorical public assistance program)이

조제도(public Assistance)가 중심적 역할을 하고 있다.[230] 이 제도는 각 주가 이것을 채용하는 것에 동의를 하면 연방정부에 의한 재정상의 원조가 부여되고 실제의 복지행정은 주가 실시하는 것으로 되어 있다. 이러한 연방 차원의 사회복지정책 이외에도 주정부가 독자적으로 마련하고 있는 일반 부조(general assistance)라고 불리는 것과 기타 특수한 목적의 복지정책이 있다. 그러나 이러한 것들은 작은 규모의 것이어서 오늘날 문제가 되는 것은 오직 연방예산에 결부되어 있는 공적부조에 관한 것이다. 그런데 주가 범주별제도의 모든 것을 채용하거나 혹은 일부만을 채용하는 것은 자유인데 중요한 것은 연방법이 마련된 기준에 따라 주정부가 부조제도를 설정하고 그를 실시하기 위한 재정적 지원을 연방정부로부터 받아야 한다는 점이다. 이러한 복지행정시스템하에서 다양하고 복잡한 문제가 발생하는 것은 당연할 것이다. 예컨대 연방정부로부터의 예산원조가 언제나 주의 복지예산의 전액을 감당해야 하는 것은 아니고 그것을 수행하기 위한 재원이 풍족한 주와 그렇지 아니한 주간에는 격차를 둘 수밖에 없으며, 이 과정에서 주의 복지정책을 감독하는 연방정부의 보건교육복지부(Health Education and Welfare Department)와의 사이에 행정수행상의 복잡한 관계가 발생할 수 있기 때문이다. 구체적인 예로는 AFDC(요부양자녀를 가진 가정에 대한 부조) 프로그램을 수행하는 경우를 들 수 있다. 이 프로그램하에서는 부조를 필요로 하는 아이들이란 무엇을 의미하는가에 관하여 각주의 기

란 노령자부조(OAA), 시력장애자에 대한 부조(AB), 신체장애자에 대한 부조(AD), 요부양 자녀를 가진 가정에 대한 부조(AFDC)를 말하는데, 그간에 몇 번의 법개정이 있어서 위의 명칭을 바꾸면서 몇 개의 조합을 이루어 별개의 부조계획을 설정하고 있다. 그 예는 Harvith, "Federal Equal Protection and Welfare Assistance", Albany Law Review vol.31. n.2(1971), pp.210을 참조할 것.

230) 1972년 법개정으로 1974년부터는 AFDC만이 범주별 부조로서 남아 있다.

준은 각각 다양하며, 현실적으로 부조를 필요로 하는 상황이라고 생각
됨에도 불구하고 여러 가지의 행정상 제약이 과해져서 AFDC 프로그
램으로부터 배제되는 경우도 있으며, 이에 대하여 보건교육복지부는
대개 주가 제정한 많은 배제기준을 용인하고 있다.231) 이와 같이 주의
복지행정 관련입법과정이나 실제 행정과정으로부터 많은 문제가 발생
하고 있지만,232) 이러한 것들은 복지행정을 실제로 담당하는 주의 행
정에 재량권의 행사를 허용하기 전에 이미 이루어진 것이라고 할 수
있다. 그림에도 불구하고 이 문제의 구제를 대법원에 청구하면 대법원
은 이러한 복잡한 문제에 대응하는 것이 용이하지 않기 때문에 우선
입법부의 재량에 위임하여 스스로 적극적으로 문제의 실체에 심사하는
것을 피하는 길을 선택하였던 것이다. 이러한 사법부의 태도는 행정부
가 일관되지 아니한 정책을 펴게 하는 중요한 요인이 되기도 하였
다.233)

---

231) 다만 특별한 예로서 Flemming Rule의 경우가 있다. '부적절한 가정'이
라고 하는 기준을 두어 부양을 필요로 하는 아이의 모친의 부도덕한
행위를 체크하여 AFDC자격을 부인하는 조건이 많은 비판을 받아 보
건교육복지부 장관 Flemming에 의해 주에 대해서 그 기준규정을 배제
하겠다는 포고가 나오게 된 적이 있다. 이 포고는 Flemming Rule이라
고 하는데 후에 연방법 속에 포괄되었다.

232) 주의 복지행정관계입법상 발생하는 문제로서 최고액제한조항, 대체부
(代替父)조항, 대기 기간조항, 차별조항에 관한 것과 주들 사이의 격차
문제가 있다. 또 복지행정과정으로부터 발생한 문제로서 심야에 복지가
정을 방문조사하는 것, 거주테스트, 자격조사, 편견 등이 있다. 실상에
관해서는 R. M. O'Neil, *The Price of Dependency*, E. P. Dutton & Co.,
Inc. 1970, esp. chap.; Reich, "Midnight Welfare Searches and the
Social Security", Yale Law Journal vol.72(1963), pp.1347을 참조할 것.

233) 예컨대 존슨 대통령은 '위대한 사회'라고 하는 슬로건하에 빈곤자에 대한
적극정책을 실시하였으며, 이 시기에는 범주별구조가운에 의료부조가 신
설되는 등 새로운 입법과 제도가 많이 신설된 반면, 닉슨 대통령은 "개인
의 생활은 개인의 책임이다"라고 하여 소극적인 복지정책을 택하였다.

3) 美國 憲法裁判에서의 立法裁量論의 論據

이러한 사회보장제도에 관한 입법, 행정상의 현실이 위에서 본 바와 같이 대법원으로 하여금 사회보장소송에서 입법재량론을 채용하게 하는 요인이 되고 있으며, 특히 대법원에 의해 확립된 법리인 Due process조항의 적용과정에서 생겨난 '이중기준의 원리'는 입법재량론의 중요한 기반을 제공하고 있다. Abraham에 따르면 미국에서 이 기준이 지지되는 이유는 다음의 네 가지로 정리될 수 있다고 한다.[234]

첫째로 블랙판사가 특히 강조한 바와 같이[235] 정신적 자유의 헌법보장에 관해서는 수정 1조의 규정방식에서 보는 바와 같이 자유권의 개별성과 명확성이 보이는 데 반해, 경제적 자유의 보장의 경우에는 Due process와 평등조항이라고 하는 아주 일반적이고 애매한 말에 의거함으로써 개별성과 명확성이 결여되어 있다.

둘째로 첫째 이유와 연결되는 것인데, 스톤판사가 지적한 바와 같이[236] (예컨대 평등권이나 Due process 원칙과 같이)자유권 중에 가장 기본적인 성격을 가지고 있는 것과 그러한 기본적인 것 위에 입각하고 있는 자유를 구별할 필요가 있다. 왜냐하면 그 기본적인 성격의 자유권이 침해를 받으면 기타의 자유는 회복되려고 하는 성질이 있기 때문이다.[237]

셋째로 두 번째 이유의 논리적 귀결로 입법부와 행정부는 자유라고

---

234) H. Abraham, *The Judiciary*(4th ed.), Allyn and Bacon, Inc., 1977, pp.56-62.
235) H. L. Black, "The Bill of Rights", N.Y.U. Law Review vol.35(1960), pp.867.
236) United States v. Carolene Products Co., 304 U.S. 144(1938)의 각주 4).
237) 따라서 경제적 자유와 같은 것들은 평등원칙 등과 같은 기본적 자유의 침해를 이유로 우회적으로 보장받을 수 있다는 의미이다.

하는 중요한 영역을 보호할 의지도 능력도 없기 때문에 사법부만이 그 능력을 가지고 있으며, 그 보호의 역할을 담당하고 있다. 그런데 복잡한 경제문제에 대한 판단에 관해서는 사법부는 전문적 지식이 없고 많은 사건을 책임지고 있으면서 그에 관한 판단을 정확히 내리기에는 시간적 여유가 없다.

넷째로 미국의 정치적 측면에서의 이유라고 할 수 있는 것인데, 평균적 경제상의 권리자나 사회이익을 추구하는 자는 정신적 자유의 영역에서 어쨌든 많은 지지지를 얻지 못하는 소수파와 비교하여 압력단체를 형성하는 등 공적 정책에 대한 고충의 구제를 위하여 입법과성에 접근하는 것이 용이하다는 것이다.

이러한 이유가 오늘날에도 타당한가에 관해서는 이를 재검토할 필요가 있다는 지적이 있다.[238] 특히 사회보장소송의 영역에서 보호하고자 하는 권익이 사회·경제 입법에 관한 재산권의 분야에 위치되고 있다고 하면 권익보호를 요구하는 주체는 대부분의 경우 소수파에 속하기 때문에 위의 네 번째 이유가 타당하다고는 할 수 없으며, 또 그 권익의 성격은 인간 생존의 근저에 관한 것이어서 첫째와 둘째의 이유와 같은 전통적인 기본권의 성격에 얽매이지 말고 사회생활의 변화에 부응하여 헌법이론을 수정할 필요가 있다고 주장한다. 이러한 현상을 가장 잘 보여주는 사건은 Dandridge v. Williams[239]이다. 여기서

---

238) Funston, "The Double Standard of Constitutional Protection in the Era of Welfare State", Policy Sciences Quarterly vol.90(1975), pp.261 등.
239) 397 U.S. 471(1970). 이것은 빈부의 차나 경제적 필요도 등과 무관하게 AFDC 수급액의 최고한도를 규정한 메릴랜드 주의 복지법이 단순히 다인가족과 소인가족을 차별하고 있는 것은 평등권 침해라 하여 쟁송이 된 사건이다. 대법원은 급부액의 최고한도규정은 사회적·경제적 성질을 가진 것이기 때문에 (그 성질상의 차이를 인정하면서도) 억제적인 평등보호의 심사라고 하는 전통적 기준 아래에서 심사될 수밖에 없

스튜어트 판사는 사회보장수급에 관한 권리의 문제가 단순히 합리성 기준에 의해 처리되는 경제·사회입법에 관한 권리의 문제와 본질적으로 다른 것임은 분명하나[240] 이를 달리 적용할 헌법적 기준을 찾아낼 수 없다고 하고 있다. 왜냐하면 그것은 사회보장의 영역의 판결에서 다른 기준을 가지고 온다면 대법원이 복지정책에 입법자로서 역할을 담당하게 되기 때문이다.

이와 같이 사회보장상의 권익에 단순히 이중기준의 원칙을 적용하는 것은 적합하지 않다는 점을 인정하면서도 결국은 그 기준을 지지하는 제3의 이유에 의하여 전통적인 범위 내에서 문제를 해결할 수밖에 없는 배경에는 전술한 바와 같이 사회보장정책에 따른 복잡하고 다양한 것들이 관련되어 있음을 알 수 있다. 하지만 이와 같이 사회보장소송을 이중기준의 범위 내에 머물도록 한다고 해서 이것이 바로 대법원이 입법재량론을 채용하게 되는 정당화이유가 될 수는 없을 것이다. 따라서 그 후의 판결에서는 이러한 태도를 벗어나려는 경향과 단순히 입법재량론을 원용하는 것을 피하는 경향이 보이고 있다.

다고 하면서, 법률상 차별은 사실의 상태가 합리적으로 그것을 정당화하고 있다고 인정되는 한 무효라고는 할 수 없다고 판시하고 있다.

240) 397 U.S. 485(1970). 이것은 합리성의 기준이 기업의 규제에 주로 관련되어 있는 점에 대해서 이 사건에서는 빈궁상태에 빠져 있는 인간의 가장 근원적인 필요성이 관련되어 있다는 점을 인정하고 있는 것이다.

2. 立法裁量을 統制하는 理論과 立法裁量論의 限界

1) 平等原則의 二元的 接近(Warren Court期)

⑴ Warren Court의 平等原則에 대한 審査方式

미국에서 사회보장소송에서 제기된 헌법상의 쟁점은 대부분의 경우 수정 제14조의 평등보호원칙을 근거로 하고 있다. 따라서 미 연방대법원이 평등보호원칙을 어떻게 적용하고 있는가를 살펴보는 것은 상당히 의미 있는 일일 것이다. 미연방대법원의 재판의 역사를 Warren Court 이전기, Warren Court기, Burger Court기로 나눌 때, Warren Court 이전의 구평등보호시대(the old equal protection years)에 있어서는 일반적으로 법원은 최소한의 사법적 관여, 즉 사법소극주의(사법자제주의)가 지배적이었으며, 법원은 차별적 분류(classification)와 입법목적 사이에 엄격한 적합성이라든가 목적과 수단 사이에 완전한 일치를 요구하지는 않았으며, 차별의 합리성에 초점을 두었다.[241]

Warren Court에 들어와서는 전통적인 사법소극주의를 벗어나 사법적 극주의를 취함으로써 신평등보호(new equal protection)와 2단계접근의 심리진행방식(two-tier-approach system)을 택함으로써 평등권보호의 새로운 전기를 마련한 점이 특색이다. 2단계접근방식이란 종래의 사법소극주의입장에서의 1단계심사기준에 또 하나의 새로운 심사기준을 확립한 것을 말한다. 말하자면 과거의 사법심사태도는 최소한의 사법심사(minimal judical scrutiny)로서 행해지며, 통치행위에 의하여 결과적으로

---

241) Gunther, *Constitutional law*(11th ed.,), 1985, p.587.

차별적 효과가 발생하더라도 그 목적과 달성수단 사이에 합리적 관계
(reasonal relationship)가 인정되면 악의적 차별(invidious discrimination)
은 아니라고 하는 태도이다. 즉 평등권규제에 있어 대략적이고 융통성이
허용되며, 입법은 '적법한 주의 목적'이라는 넓은 범위에 의하여 정당화
될 수 있다는 접근태도이다.[242] 이를 일반적으로는 합리적 차별심사기
준(reasonable classification test)라고 한다.[243] 사법적극주의를 취한
Warren Court는 또 다른 심사기준을 확립하게 되는데, 그것이 두 번째
단계의 심사방식인 엄격한 심사기준(strict or close scrutiny)이다. 이것
은 연방대법원이 평등원칙을 적용할 때 원고에 대한 통치권(입법)의 차
별조치가 ① 평등보호조항위반의 의심스러운 차별(suspect classification)
이라고 간주되는 경우[244]와 ② 그 차별조치가 원고의 기본적 권리 내지 권
익(fundamental right or interest)에 관한 것인 경우[245]의 두 가지의 범
주를 두어 이 양자의 경우에 합헌성을 추정하지 않는 엄격한 심사(strict
or close scrutiny)를 하였다. 이것은 이들 경우에 정부나 주는 해당행위가
정부나 주의 필요불가피한 이익(government's compelling interests) 및
최저수단(least drastic means)에 기인되었음을 입증하지 않으면 그 조치
는 정당화될 수 없으며, 불가피한 정당화(compelling Justification)에 의
한 엄격심사기준은 판단과정에 법관의 주관적 가치개입의 여지가 그만큼
좁게 된다는 것이다.[246]

---

242) 尹厚淨, "平等權", (韓國公法學會　編) 韓國에서의　美國憲法의　影響과
　　　教訓—美國憲法制定200周年記念論文集—, 大學出版社, 1987, pp.130.
243) Tussmann & tenBroek, "The Equal Protection of the Laws"
　　　California Law Review vol.37(1949), pp.341.
244) 이것은 suspect classification test라고 하여 주로 인종, 출생국(national
　　　origin) 및 종교를 이유로 하는 차별 분야에 적용된다.
245) 이것은 fundamental right or interest test라고 하며, 주로 형사소송, 투
　　　표권, 州間旅行權들의 분야에 적용되었다.

⑵ **Warren Court**의 **社會保障訴訟**에서의 **平等原則**의 **適用**

이와 같이 사회보장소송에서도 위에서 언급한 '평등원칙조항의 위반'이나 '의심스러운 차별' 중 어느 것에 해당하는 쟁점이 제기되면 엄격한 심사기준에 따라 헌법상의 보호가 이루어지는 것이다. 그러나 전술한 바와 같이 미국 헌법상에는 생존권적 기본권은 존재하지 않기 때문에 기본권익보장형의 엄격한 심사를 이끌어 내기 위해서는 별도의 기본권익 침해를 주장할 필요가 있다.

기본권보장의 결과로서 복지수급권을 확보한 대표적인 판례로는 Shapiro v. Thompson 판결[247]이 있다. 이것은 다른 주로부터 이주한 지 1년 이상이 되지 않으면 복지수급이 인정되지 않는다는 주법 규정의 유효성을 다툰 사건이었는데, 대법원은 이러한 복지행정수급의 요건으로서의 대기 기간은 이전의 자유라고 하는 기본적인 기본권을 침해하고 평등원칙에 위반한다고 판시하였다. 여기서는 복지수급권을 인정하기 위해 이전의 자유와 평등원칙이라는 별도의 기본권침해를 주장한 것이다.

그런데 사회보장소송에서 재량을 제약하는 이론으로서의 기본권익보장형의 엄격한 심사의 접근은 다음과 같은 한계가 있음을 알 수 있다. 즉 이를 위해서는 소송에서 종래 대법원이 인지한 어떤 기본적 권익의 침해를 주장하지 않는 때에는 새로운 기본권익의 인지를 기대하든가, 단순히 빈부의 차에 따른 차별을 문제 삼게 되는데, 이러한 방법도 언제나 유효하게 적용된 것은 아니었다. 전자(새로운 기본권익의 인지에 의한 생존권 보호)의 경우 그 기대를 저해하는 다음과 같은

---

246) G. Gunther, op. cit. p.588; Emerson, Haber & Dorsen's, *Political Civil right in the United States* vol. II (4ed.,), 1979, pp.60–63 등 참조.
247) 394 U.S. 614(1969).

판례가 있다. 즉 학교의 재정이 학교구 주민으로부터의 세수에 의존하고 있기 때문에 구역주민의 빈부의 차가 학교재정에 반영되어 교육을 받을 기본적 권리를 차별하게 된다고 하여 다툰 1963년의 San Antonio Independent Dist. v. Rodriguez 사건[248]에서 대법원은 교육권을 기본권으로 (인지)하는 것을 부정하면서 학교에 대한 재정제도를 입법재량론에 의해 인용한 바 있다. 또 후자의 빈부의 차에 따른 차별적 분류에 관해서도 Warren court기에 있어서는 전형적인 사건이 존재하지 않기도 하였지만 의심스러운 차별에 해당하더라도 대법원의 태도가 불명확했던 예가 있다. 1970년의 Dandridge v. Williams 판결[249]에서는 빈부의 차에 관한 차별적 분류가 직접의 쟁점이었는데, 대법원은 이것을 엄격한 심사의 대상범위에서 제외하는 접근방식을 분명히 보여주고 있으며, 또 거기에 이은 동종의 사건에서도 이러한 접근방식을 답습하고 있다.[250] 이리하여 적어도 사회보장소송에서는 빈부의 차에 따른 차별적 분류에 엄격한 심사를 한다고 하는 입법재량론에 대한 제약이론에는 한계가 있음이 분명해지고 있다.

이와 같이 Warren Court기에 확립된 평등보호원칙 적용의 법칙, 즉 기본적 권익에 관한 차별과 의심스러운 차별에 대해서는 엄격한 심사를 하고, 그 남는 부분에는 전통적인 최소한의 (합리성 기준의) 심사에 의한다고 하는 이원적 접근은 복지소송의 영역에서는 유효하게 적용되지 못하고 있다. 그렇다고 하여 사회보장소송에서 보호, 구제를 청구하는 자에게 헌법상의 보호가 전혀 기대될 수 없다고 해서는 아니 될 것이다. 그 이후의 판례경향을 포괄적으로 검토한 연구[251]에서

---

248) 411 U.S. 1(1973).
249) 397 U.S. 471(1970).
250) Jaferson v. Hackney, 406 U.S. 535(1972); Richardson v. Belcher, 404 U.S. 78(1971) 등.

도 지적하는 바와 같이 전체로 보면 사회보장소송은 좋은 결과를 가져오고 있다고 평가할 수 있다. 그것은 이원적 접근은 아니고 다음에 서술하는 바와 같이 새로운 심사방식과의 관계에서 말할 수 있다.

2) 實質的 合理性 審査方式(Burger Court期)

⑴ Burger Court의 平等原則에 대한 審査方式

Burger Court에서는 Warren Court의 신평등보호론괴 2단계심사기준을 기본적으로는 따르면서도 실질적으로는 거기에 따르기를 꺼리는 태도를 취했다고 할 수 있다. 즉 Burger Court는 다시 사법소극주의로 돌아왔기 때문에 ① 신평등보호의 확대를 달가워하지 않았으며, ② Warren Court의 엄격한 2단계심사방식에 대해서 불만을 가지며, ③ 새로운 심사기준을 마련하려고 했다고 할 수 있다.[252] 여기서의 새로운 심사기준이 바로 실질적 심사기준(substantial relationship test)이다. 이러한 실질적 심사기준은 1976년 Craig v. Boren[253] 판결에서 생성된 것으로 '구평등보호'의 합리적 심사기준보다는 좀더 강도가 높지만, '신평등보호'의 엄격한 심사기준보다는 완화된 기준을 제시하였다. 구체적으로 말하면, 입법에 대한 심사기준으로서 구평등보호하에서는 '합법적(legitimate)'이면 족하고, 신평등보호하에서는 '불가피(compelling)'할 것을 요하는 데 비해, 여기서는 중요(important)할 것을 요구하고, 그 수단에 관해서도 구

---

251) Davidson, "Welfare Cases and the New Majority: Constitutional Theory and Practice", Harvard Civil R-L. Law Review, vol.10(1975), pp.513.
252) Gunter, op. cit., pp.589-590; Forum, "Equal Protection and the Burger Court", Hastings Law Quarterly vol.2(1969), pp.645.
253) 429 U.S. 190(1976).

평등보호하에서는 '합리적으로 관계(rationally related)'있을 것으로 족하고, 신평등보호하에서는 '필수적(necessary)'일 것을 요하는 데 비해서, 여기서는 '실질적으로 관련된(substantially related)' 것일 것을 요한다. 따라서 구평등보호하의 합리적 심사기준과 신평등보호하의(Warren Court) 엄격한 심사기준의 중간에 해당하는 것이라는 의미에서 중간적 심사기준(intermediate standard of review)이라고도 한다.[254]

⑵ Burger Court의 社會保障訴訟에서의 平等原則의 適用

평등보호원칙에 관한 Burger court의 판결의 경향에 관하여 Gunther가 제창한 '합리적 수단의 결정기준'[255]과 Nowak가 제시한 '증명가능한 근거의 기준[256]' 등 새로운 심사기준의 모델을 연구한 몇 개의 논문이 있다. 이러한 것들은 1970년대의 판례경향을 포괄적으로 서술한 것으로서 그것의 타당성 여부는 별론으로 하고, 그 시기의 판결에서 평등보호원칙을 적용하는 경우에 대법원이 채택한 심사기준이 종래의 엄격한 기준인가, 합리성의 기준인가 하는 이원적인 접근과는 달리 단순한 합리성의 기준에 엄격도를 증가시킨 내용의 기준이라는 점에 주목하고 있다는 공통점을 가지고 있다. 이것은 법률의 목적에 관한 최소한의 심사 밖에는 이루어지지 않는 종래의 단순한 합리성의 기준과는 다른 접근방식으로 사회보장소송에서도 취해지고 있다.

---

254) 尹厚淨, "平等權", pp.132.
255) Gunter, Foreword: "In Seaech of Evolving Doctrine on a Changing Court: A Model for a Newer Equal Protection", Harvard Law Review vol.86(1972), pp.1.
256) Nowak, "Realigning the Standards of Review under the Equal Protection Guarantee-Prohibited Neutral, and Permissive Classifications", Georgetown Law Journal vol.62(1974), pp.1071.

1973년의 2개의 대표적인 판결인 U.S. Department of Agriculture v. Murry[257] 및 U.S. Department of Agriculture v. Moreno[258]에서 그 예를 볼 수 있다. 양 판결은 연방법인 Food Stamp act[259][260]의 조항에 관한 다툼에 관한 것이었다. Murry사건에서는 어떤 세대가 18세에 달한 세대원을 포함하고 있거나, 연방 소득세의 목적상 식료 Stamp자격이 없는 다른 세대원인 납세자가 부양자로 신고되는 경우에는 식료 Stamp의 자격이 없는 것으로 하고, 무자격이 된 세대는 그 해(年) 및 그 다음 해에 걸쳐 무자격이 계속된다고 규정한 조항을 문제 삼고 있었다. Moreno사건은 식료 stamp의 유자격 세대를 이루기 위해서는 세대원 전부가 상호 혈연관계를 가지도록 하고 있는 동법의 조항을 쟁점으로 하고 있었다. 대법원은 양 조항 모두에서 Food stamp법의 목적과의 관계에서 합리성을 찾을 수 없어 위헌이라고 판시하였다. 문제가 된 조항은 연방법이 그렇기 때문에 수정 제5조의 Due process 조항을 근거로 하여 위헌이라고 주장되고 있는데, 대법원의 논지는 수정 제14조의 평등보호원칙을 적용하는 경우와 마찬가지로, 동일한 상황에 있는 자를 특별히 다른 범주에서 차별적으로 분류하고 있는 법률조문에 관하여 고찰을 하고 있다. 그 판결논지의 특징을 Coven과 Fersh는 다음과 같이 정리하고 있다.[261]

첫째, 사회보장수급의 평등보호를 다투는 경우 그 권리성을 논할 필요는 없고, 어떤 이익이 다른 사람에게는 부여되는 것이 일정한 개

---

257) 413 U.S. 508(1973).
258) 413 U.S. 528(1973).
259) 7 U.S. C. §2012(e) (1970).
260) Food Stamp는 연방정부가 저소득층에게 배부하는 식량배급표를 말한다.
261) Coven and Fersh, "Equal Protection, Social Welfare Litigation, the Burger Court", Notre Dame Law vol.51(1976), pp.873.

개인에게는 배척된다고 하는 입법상의 자의성을 지적하는 것으로 충분하다. 둘째, 그 자의적인 차별은 법의 목적과 관련하여 합리적인 것인가에 대한 합리성의 판단을 받는다. 셋째, 차별이 헌법상 자의적이라고 하는 경우 개인의 중요한 이익이 문제되지 않을 수 없는데, 사회보장소송에서는 소송의 당사자 자신의 개인적 이익뿐만 아니라 그에 의해 대표되는 일정한 집단과의 관계에서 문제되는 이익이다. 이러한 의미에서 헌법상의 기본권이라고는 할 수 없지만 그 이익에 대항하여 주장되는 국가와 주의 이익 혹은 그것을 촉진하기 위해 설정된 수단에 신중한 심사가 가해져야 한다. 넷째, 사회보장입법 속에 두고 있는 규제가 그 입법의 중심적 목적 내지 그 입법 전체의 정책에서 보아 의미 있는 것인가가 문제된다. 다섯째, 따라서 그 규제가 사회보장입법 전체의 정책상, 최소한 합리적이더라도 불명확한 방식으로 행해지는 경우에는 대법원은 합리적이지 않다고 판단할 수 있다. 여섯째, 입법목적을 달성하기 위한 수단이 평등보호조항에 의해 보호되는 이익을 위협하는 것인 경우에는 대법원은 다른 선택 가능한 방법이 있다는 점을 지적하여 이를 불명확한 규제수단으로 선포한다.

Coven과 Fersh의 연구 주제는 Burger Court의 사회보장소송을 분석한 다음 평등보호원칙적용과정에서 종래의 이원적 접근이 아닌 일원적 접근을 취하고 있다고 지적하는 것이었다. 구체적으로 그들은 또 이원적 접근의 기초 위에서는 당연히 빈부를 기초로 한 차별적 분류를 문제 삼고 있는 데 대하여, 이 일원적 접근에서는 사회보장입법이 단순히 빈곤자 집단 간의 가족 수에 의한 구별에 기초하여 규제를 두고 있는 것은 문제라고 지적하면서, 규제상의 이익과 규제를 받는 개인의 이익과의 관계에서 후자의 중요도가 증대되는 만큼 심사의 엄격도를 높이게 되었다고 결론을 맺고 있다. 아마도 그들의 이러한 설명은 Dandridge 판결262)을 포함하여 Burger Court의 사회보장소송 전체를 하나의 법칙하에서 설명한 시도로 주목받을 만한 점이다.

그런데 사회보장입법에서 개인의 중요한 이익을 규제하는 정도가 강해지면 강해질수록 대법원은 입법재량론을 채용하지 않고 심사의 엄격도를 더할 것이라는 설명은 안이한 입법재량론의 적용을 제약하기 위한 다소의 이점이 인정된다. 그러나 거기에는 다음과 같은 의문점도 있어서 충분한 설득력은 없다.

우선 개인의 중요한 이익이란 무엇을 지칭하는가가 문제가 된다. 사회보장소송에서 주장되는 개인의 이익은 그의 생존과의 관계되는 것이므로 그러한 의미에서는 중요도는 강하다고 생각된다. 그런데 그 개인의 이익의 중요도는 보통 그것을 규제하는 측의 이익과 대비하여 비교형량하게 되는데, 이러한 비교형량의 방법은 일반적으로 일정한 판단에 도달하기 위한 이론적 핵심이라고 할 만한 것이 존재하지 않는 경우가 많고, 형량의 대상이 되는 사실관계의 판정이 곤란할 수 있으며, 현실적으로는 입법부의 판단에 과도한 비중을 두는 경향이 있다는 난점이 있어 결국 개인의 이익을 보호하기 위한 예측가능성은 존재하지 않을 수 있다. 또 대법원이 채택한 접근방식은 합리성기준에 엄격도를 더한 것이므로 단순한 합리성의 기준과는 다르다고 하면서도 기본적으로는 합리성의 기준에 의거하고 있기 때문에 입법재량론을 도입할 여지가 상시 존재하며, 따라서 입법재량을 제약하기 위한 일정한 법칙을 확립하기는 어렵지 않은가 생각된다. 이와 같이 Burger Court기의 사회보장소송판결 중에는 결과로서 사회보장수급자에게 좋은 결론을 가져온 것도 있지만 그것이 재량을 제약하는 일정한 법이론으로서 확립되기에는 한계가 있었다고 생각된다.

---

262) 397 U.S. 471(1970).

3) Due process 條項의 適用

그런데 사회보장소송판결 중에 평등보호원칙의 적용과 병행하여 Due process 조항을 적용하여 처리한 예가 있다. 이 중 주목해야 할 것은 Dandridge 판결[263]보다 2주 전에 나온 Goldberg v. Kelley 판결이다.[264] 그것은 복지수급자에게 사전의 고지 또는 항변의 기회를 주지 아니하고 복지급부의 정지가 가능하도록 한 주법의 규정을 다툰 사건인데, 대법원은 그러한 복지급부정지절차를 수정 제14조의 Due process 조항위반이라고 판결한 것이다. 브레넌 판사의 법정의견은 그 위헌판결의 논거를 복지급부가 사람의 생존에 불가결한 것이라는 점에 두어 엄격한 심사를 한 것이다.[265]

다음으로 대법원은 일련의 사건에서[266] '반증을 허락하지 않는 추정(irrebuttable presumption 또는 conclusive presumption)'이라는 용어를 사용하는 Due process 조항에 의한 법리를 전개시켜, 그에 따른 법률상의 일정한 차별적 분류에 대하여 헌법상의 새로운 요건을 과하

---

263) 397 U.S. 471(1970).

264) 397 U.S. 254(1970).

265) 이 논거에 의한 엄격한 심사방식은 물론 Dandridge 판결(사회보장소송은 다른 사회·경제입법과는 달리 합리성 심사를 적용하여서는 아니 되나, 다른 적용 가능한 헌법기준을 찾을 수 없다고 한 판결)에서는 사용되기에 적당한 것이 아니었다. 따라서 양 판결은 논리적 일관성이 없다는 비판이 가해지고 있다. Reinstein, "The Welfare cases: Fundamental Rights, the Poor, and the Burden of Proof in Constitutional Litigation", Temple Law Quarterly vol.44(1970), pp.46.

266) Bell v. Burson, 402 U.S. 535(1971); Stanly v. Illinois, 405 U.S. 645(1972); Vlandis v. Kline, 412 U.S. 441(1973); U.S. Department of Agriculture v. Murry, 413 U.S. 508(1973); Cleaveland Board of Education v. LaFleur, 414 U.S. 632(1974) 등.

였다. 예컨대 임신한 교사에 대하여 출산 전 수개월간의 무급 휴직을
명하는 교육위원회의 규칙을 다툰 Cleaveland Board of Education v.
LaFleur 사건[267])에서 대법원은 교사의 출산에 의한 수업의 중단을 방
지한다는 교육위원회의 정당화사유를 배격하고, 달리 취할 수단이 있
다는 점을 들어 위의 규칙이 Due process에 반한다고 판시하였다. 스
튜어트 판사는 법정의견에서 당해 규칙은 대개 임신한 교사 모두에
대하여 임신이 확정된 시기 이후에는 육체적인 노동이 불가능하다는
'반증을 허락하지 않는 추정'을 과한 것이 된다고 지적하였다. 이 법리
는 사회보장소송의 판결 속에서도 사용되고 있어 주목된다. 즉 전술한
Murry 판결에서 Food Stamp Act의 당해 조항이 거기에 해당하는 세
대는 빈곤자가 아니라는 '반증이 허락되지 않는 추정'에 기초하고 있
다는 점을 지적하고, 사실에 반하는 경우도 인정될 수 있는 그러한 추
정에 기하여 Stamp의 수급자격을 박탈하는 것은 Due process에 반하
여 위헌이라고 판시하였다.

Murry 판결의 결과를 볼 때 Due process 조항에 의한 '반증을 허락
하지 않는 추정'의 기준은 사회보장소송에서 유효한 역할을 하고 있는
가? 이것을 적극적으로 평가를 하고 있는 견해[268])에 따르면 이 기준
은 사회보장입법이 평등조항의 허술한 논거에 의해 무효가 되는 것을
피하고, 사회복지상의 어려운 문제에 대한 다양한 해결법을 실험시킬
여지를 입법자에게 부여하게 되며, 결국에는 개인의 이익이 자의적인
입법목적에 의해 침해되는 것을 방지하고 다른 한편 입법자의 의사에
도 경의를 표시할 수 있게 된다고 한다. 또 도덕관념이 변화하고 있는

---

267) 414 U.S. 632(1974).
268) Note, "irrebuttable presumptions as an Alternative to Strict Scrutiny:
    From Rodoriguez to LaFleur", Georgetown Law Journal. vol.62(1974),
    pp.1173, 1200.

현대사회에서는 대법원이 그 도덕관념의 적극적 판정역을 맡아야 한다고 한 Tribe[269]도 대법원의 이러한 심사방식을 평가하여 사회보장소송에서도 그것이 유효한 심사기준이 된다고 하였다.

그런데 이 기준에 관해서도 다음과 같은 비판도 가능하다.[270] 우선 이 '반증을 허락하지 않는 추정'의 기준의 개념이 명확하지 않다는 점이다. 대법원은 이 기준이 무엇을 의미하는가를 명확히 제시하지 못할 뿐 아니라 이 기준이 적용되는 사례를 통한 정당화의 근거 내지 그 적용범주도 명확히 하고 있지 못하다. 다음으로 평등보호원칙에 의해 처리되는 사안과 이 Due process에 의한 기준의 적용예와의 사이에 구별이 명확하지 않다. 이러한 점에서 본다면 오히려 이 기준이 적용되는 사안은 법률이 규정한 차별적 분류에 관하여 평등보호원칙 아래에서 고찰해야 할 것이다. Moreno판결은 평등보호 아래, Murry판결은 Due process하에서 판결되고 있는데, 실제로는 그 양자 모두 문제의 본질상 결국은 평등보호원칙위반을 묻는 것이었기 때문이다.

3. 結 語

이상과 같이 미국 연방대법원의 판례를 개관한 바에 따르면 여기서도 입법재량론이 빈번히 적용되고 있는 경향이 보이고 있다. 하지만 전술한 바와 같이 이것은 강조되어서는 아니 되며 오히려 이러한 경

---

269) Tribe, "From Environmental Foundations to Constitutional Structures: Learning from Nature's Future", Yale Law Journal vol.84(1975), pp.545.

270) Note, "irrebuttable presumption Doctrine in the Supreme Court", 87 Harvard Law Review vol.87(1974), pp.1534.

향을 인식함으로써 이 이론에 제약을 과하는 법리를 구축할 필요가 있다고 생각된다.

사회보장소송에서는 재판부가 입법재량론을 채용하는 비율이 높고 그 입법재량론을 제약하는 체계적인 이론을 구축하는 것도 용이하지 않다. 이러한 사정은 우리나라에도 마찬가지라고 생각된다. 하지만 이것을 가지고 사법권의 한계를 강조한다거나 권력분립론에 근거한 입법재량론을 이야기하는 것은 문제의 소재를 정확히 파악하지 못하고 있는 것이 아닌가 생각된다. 문제는 입법부의 정책판단을 사법부가 존중해야 하는 경우와 사법부가 입법부의 판단을 배제하고 스스로 판단을 내림으로써 권리와 이익을 구제해야 하는 경우를 확인하는 것이다. 이 점에 관하여 미 연방대법원은 언제나 입법부의 판단을 존중하는 입장을 취하는 것이 아니어서 일관된 법칙을 확인할 수는 없지만[271] 적어도 평등보호의 원칙, Due Process 등의 원칙을 원용함으로써 사안마다 복지수급자의 권익을 보호하는 판결을 내리고 있다. 이러한 접근방식은 우리나라에서도 받아들일 수 있는 것이며,[272] 헌법 제34조 자체에

---

271) 사회보장소송에서 입법재량론의 채용과 그 통제가 일관성 있게 설명되지 못하고 있는 이유는 입법재량의 채용이 사회보장행정에 수반되는 기술성, 복잡성 등과 관련하여 헌법재판기관이 불간섭의 태도를 취하려는 경향을 보이고 있는데, 사회적 상황에 따라 재판관의 성향에 따라 다소 개입하기도 하는 등 개입의 정도가 불규칙적이기 때문이다.

272) 우리나라에서도 평등원칙위반을 구하는 사회보장소송이 있었으나, 모두 기각되었다. 예컨대 국가 등의 양로시설 등에 입소하는 국가유공자에게 부가연금, 생활조정수당 등의 지급을 정지하도록 한 국가유공자등예우및지원에관한법률 제20조 제2항에 대하여 국가 등의 양로시설에 입소한 국가유공자를 합리적인 이유 없이 차별하여 평등권에 위배된다거나 위 규정으로 인하여 상이 정도나 생활 정도에 따른 차이 없이 양로시설에 입소한 국가유공자에게 일률적인 기본연금만을 지급하게 됨으로써 평등의 원칙에 위배되는지 여부에 대한 위헌심판에서 이를 합헌으로 결정 내렸다. 2000.6.1. 98헌마216(국가유공자등예우및지원에관한법

서 생존권의 구체적 권리성을 찾으려는 시도보다는 한층 더 현실성이 강한 것이라고 생각된다. 여기에는 재판기관의 정책적 고려라는 것도 긴밀하게 관련이 되어 있는데, 특히 사회보장소송을 재판하는 재판관이 사회보장소송에 대해서 어떤 생각을 가지고 있는가가 입법재량론의 동향을 좌우하는 중요한 요인이 된다. 또 어떤 소송에서 적극적인 판결이 입법, 행정의 신속·민감한 반응과 결부되어 있다는 점도 고려하지 않을 수 없다. 사법을 둘러싼 현실의 정치과정의 상황은 헌법소송 일반에 관하여 항상 고려되어야 하지만 사회보장소송에서 입법재량론을 고려할 때에는 그것은 한층 강하게 관련되어 있다고 생각된다.

第4節 日本에서의 社會保障訴訟과 立法裁量論의 適用

전술한 바와 같이 일본의 堀木訴訟은 朝日訴訟과 함께 일본의 사회보장입법에 관한 대표적인 소송이며, 특히 이 중 최근의 소송인 堀木訴訟은 일본의 학자들이 사회보장소송을 논할 때 중요한 판단의 근거자료로 삼고 있기 때문에[273] 일본의 사회보장소송의 경향을 판단하는

률 제20조 제2항 등 위헌확인).

273) 芦部信喜, "生存權の憲法訴訟と立法裁量—堀木訴訟上告審判決について", 法學敎室 第24号(1982) pp.95; 大須賀明, "生存權と平等原則—堀木訴訟最高裁判決を契機として", 法學セミナ―第26卷 第10号(1982), pp.8; 小川政亮, "人權としての社會保障と最高裁選擇—堀木訴訟最高裁判決", 勞動法律旬報 第1052号(1982), pp.6; 戸松秀典, "生存權の性格と司法審査(堀木訴訟)", (樋口陽一 編)憲法の基本判例, 有斐閣, 1985, pp.122. 등.

중요한 자료가 되고 있다. 따라서 여기서는 堀木訴訟을 분석함으로써 일본의 사회보장소송의 전반에 대한 경향을 파악해 보기로 한다.

1. 日本에서의 堀木訴訟 判決의 意義

1) 堀木訴訟判決에 대한 評價와 課題

堀木訴訟의 사실관계는 전술하였으므로 생략하기로 한다.274) 堀木訴訟에서 다루어진 두 가지의 중요한 쟁점은 ① 아동부양수당법 제4조 제3항 제3호(昭和48(1973)년 법률 제93호에 의해 개정되기 전의 규정)에 따라 국민연금법에 의한 장해복지연금수급자에 대해서는 아동부양수당의 병합을 금지하는 것은 헌법 제25조(생존권규정)에 위반되는가 ②이 규정하에서는 全盲의 시력장해자인 상고인과 같은 처지에 있는 자에 대하여 장해복지연금과 아동부양수당과의 병합을 금지하는 것은 헌법 제14조(평등권규정)에 위반되는가 하는 점이었다. 이에 대하여 최고재판소는 넓은 입법재량론을 원용하여 두 가지의 쟁점 모두에 대하여 합헌이라고 한 원심판결을 지지하는 결론을 내렸다. 여기서는 상고이유, 구두변론에서 전개된 상세한 주장에 대해서는 거의 답하지 않고 단순한 일반론 수준의 이유를 부기하였을 뿐이었으며, 단 하나의 보충의견이나 반대의견도 없이 14명의 재판관 전원일치의 판결을 내렸다. 이것은 사회보장소송의 고전인 朝日訴訟에서와는 또 다른 양상을 보인

---

274) 제2장 제3절 2. 2) (2)호리키소송 참조. 아울러 이 소송의 보다 구체적인 경위에 대해서는 藤原精吾, "堀木訴訟の經緯", 法律時報 第54卷 第7号(1982), pp.59 참조.

것으로서 朝日訴訟에서 한 재판관의 보충의견과 4명의 재판관의 반대의견이 부가된 점과 비교해 보면 堀木訴訟의 판결은 최고재판소가 생존권에 대하여 참으로 냉담한 태도를 보인 판결이라고 할 수 있다.

어쨌든 이 두 가지 쟁점을 중심으로 사회보장제도의 전 체계에 관한 다양한 논의와 학설의 전개가 있었는데, 학계의 일반적인 평가는 이 두 가지 쟁점과 관련하여, 첫째 한정된 범위이지만 기본적으로는 헌법 제25조의 재판규범성을 최고재판소가 용인하였으며, 둘째 사회보장입법의 합헌성을 다툼에 있어 헌법 제14조의 평등원칙에 위반 여부를 쟁점으로서 제시하였다는 점 등이 본 판결의 긍정적인 면이라고 하면서도 이 모두에 최고재판소가 입법재량론을 적용하여 상고인에 대한 구제를 거부하였다는 점에 비판을 가하고 있다. 특히 비판이 되고 있는 점은, 위헌이든 합헌이든 결론을 차치하고 판결의 이유는 명백히 제시되는 것이 진정한 사법심사제의 태도라고 할 수 있는데, 그것이 명확하지 않다는 점이다.275) 이것은 넓은 입법재량론을 적용하고 있기 때문이다.

2) 堀木訴訟의 先例로서의 영향

또 堀木訴訟은 일본에서의 대표적인 사회보장소송으로서 선례로서의 그 후의 판례에 강한 영향을 주어 주목되고 있다. 우선 堀木訴訟의

---

275) 이 판례는 판결이유에 대한 정치한 이론의 전개가 없어 법리분석의 대상판례로는 적당하지 않다고 할 수 있으나, 이러한 점도 고찰이 대상이 될뿐더러 어떤 내용이 합헌이든, 위헌이든 간에 결론에 도달하게 된 이유를 충분히 제시하는 것은 사법심사제의 기능 작용의 확립을 위하여 필요불가결한 것이라는 점에서 이러한 관점에서 고찰을 시도해 보는 것은 의미가 있다.

판결이 있던 해 12월에 동 판결을 선례로서 인용하여 처리한 두 개의 소송이 있다. 그 하나는 일본 국민연금법(昭和41(1966)년 법률 제67호에 의해 개정되기 전의 것) 제69조의2 제6항, 제65조 제1항, 제3항, 제6항에 의해 일반 공적 연금수급자가 노령복지연금의 병합지급을 제한받았던 점 등을 다툰 소위 岡田訴訟[276]이며, 다른 하나는 국민연금법 제20조의 병합금지규정에 의해 장해복지연금수급자가 노령복지연금의 지급을 받지 못하는 점을 다툰 소위 森井訴訟[277]이다. 이 두 소송에서 일본 최고재판소는 "일반적으로 사회보장법제상 동일인에게 동일한 성격의 둘 이상의 공적연금이 지급될 수 있는 소위 複數事故에 있어서 그 각각의 사고 자체로서는 지급원인인 稼得能力의 상실 또는 저하를 가져오는 것일지라도 사고가 둘 이상 중복되어 있기 때문에 가득능력의 상실 또는 저하의 정도가 반드시 사고의 수에 비례하여 증가한다고 할 수는 없다는 점은 명백하다. 이와 같은 경우에 사회보장급부의 전반적 공평을 도모하기 위하여 공적연금 상호간에 있어 병합조정을 할 것인가의 여부는 입법부의 재량의 범위에 속하는 사항이라고 보아야 하며, 병합조정조항이 곧 헌법 제25조 위반에 결부되는 것은 아니라고 해석하는 것은 이미 당 재판소의 판례로 되어 있다(最高裁 昭和57(1982).7.7. 昭和51(1976)行ツ第30号 民集36卷7号 p.1235)"는 요지의 판결을 내리고 있다.

이 두 판결에서는 堀木訴訟에서 나온 넓은 입법재량론이 유사한 소송에 의심의 여지도 없이 확정된 법리로 적용되어 위헌주장을 배척하는 강한 준칙으로 작용하고 있음을 알 수 있는데, 여기서는 '구체적인 실태분석도 없이' 사회보장제도의 원칙에 관한 개괄적인 파악수준에서

---

276) 最二小 昭和57(1982).12.17. 訟務月報19卷6号 p.1074.
277) 最二小 昭和57(1982).12.17. 訟務月報19卷6号, p.1121.

심사를 마치고 있다.

그 후에도 堀木訴訟의 재판법리는 강한 영향력을 발휘하게 되는데, 이것을 보여준 예로는 외국인에 대한 복지급부의 거부를 위헌이라고 다툰 소위 塩見訴訟에 대한 1989년의 최고재판소 판례[278]가 있다. 여기서 최고재판소는 헌법 제25조 제1항, 제2항의 의미와 상호 관계에 관하여 다음과 같이 판시하고 있다. "동조에서 말하는 '건강하고 문화적인 최저생활'이라는 것은 극히 추상적·상대적인 개념이며 그 구체적 내용은 시대에 따른 문화발달의 정도, 경제적·사회적 조건, 일반적인 국민생활의 상황 등과의 상관관계에서 판단되어야 하며, 동조의 규정의 취지를 현실의 입법으로서 구체화함에 있어서는 국가의 재정사정을 무시할 수 없으며 또 다방면에 걸친 복잡다양한 고찰을 거쳐 정책적 판단을 할 필요가 있기 때문에 동조의 규정의 취지에 따라 구체적으로 어떠한 입법조치를 강구할 것인가의 선택결정은 입법부의 광범한 재량에 맡겨져 있으며, 그것이 현저히 합리성을 결하여 명백히 재량의 일탈·남용이라고 보지 않을 수 없는 경우를 제외하고는 재판소가 심사하기에 적당하지 아니한 사안이라고 해야 하는 것은 당 재판소대법정판결(昭和23(1948).9.29. 昭和23年れ第205号 刑集2卷10号 p.1235; 昭和57(1982).7.7. 昭和51(1976)年行ツ第30号 民集36卷7号 p.1235)이 판시한 바이다."

이와 같이 보면 堀木訴訟은 선례로서 그 후 사회보장소송에서 막강한 영향력을 행사하여 마치 헌법 제25조 위반의 주장을 배척하기 위한 정해진 공식처럼 적용되고 있음을 알 수 있다. 그러나 여기서 주목해야 할 점은 이러한 판결이 지금에 와서는 최고재판소의 판례집에서도 찾아볼 수 없다고 하는 것이다. 이것은 堀木訴訟의 재판법리가 정

---

278) 最一小 平成元(1988).2.7. 訟務月報35卷6号, p.1029.

해진 공식처럼 적용되긴 하였지만 판례법으로서 어떠한 법리적 진전도 보지 못하였기 때문이다. 여기서 넓은 입법재량론이 적용된 堀木訴訟의 불합리성을 찾아볼 수 있다.

2. 日本 憲法 第25條와 넓은 立法裁量論의 適用

1) 日本 憲法 第25條(生存權規定)[279]의 性格에 대한 判示態度

堀木訴訟의 제1 쟁점, 즉 아동부양수당법 제4조 제3항 제3호(1973년 법률 93호에 의해 개정되기 전의 것)에 따라 국민연금법에 의한 장해복지연금수급자에 대해서 아동부양수당의 병합지급을 금지하는 것은 헌법 제25조에 위반하는가를 판단함에 있어서는 헌법 제25조의 성격을 어떻게 파악하는가가 중요한 문제인데, 이에 관하여 최고재판소는 그로부터 34년 전의 소위 食糧管理法위반사건의 선례[280]를 인용할 뿐 다양하게 전개된 학설상의 논의는 전혀 고려하지 아니하는 단순한 견해를 보였을 뿐이다. 즉 "헌법 제25조 제1항은 소위 복지국가의 이념에 기하여 모든 국민이 건강하고 문화적인 최저한도의 생활을 영위하도록 국정을 운영할 것을 국가의 책무로 선언한 것이며, 동조

---

279) 일본 헌법 제25조(국민의 생존권, 국가의 사회보장적 의무) ① 모든 국민은 건강하고 문화적인 최저한도의 생활을 영위할 권리를 가진다. ② 국가는 모든 생활부문 면에서 사회복지, 사회보장 및 공중위생의 향상과 증진에 노력하여야 한다.

280) 最大判 昭和23(1948).9.29. 刑集2卷10号, pp.1235.

제2항은 마찬가지로 복지국가의 이념에 기하여 사회적 입법 및 사회적 시설의 창조·확충에 노력을 기하여야 할 국가의 책무를 선언하고 있는 것이므로, 동조 제1항은 국가가 개개 국민에 대하여 구체적·현실적으로 위와 같은 의무를 지고 있음을 규정한 것이 아니고, 동조 제2항에 의해 국가의 책무로 하고 있는 사회적 입법 및 사회적 시설의 창조·확충에 의해 개개 국민의 구체적·현실적 생활권이 설정·충실된다고 해석해야 한다"는 선례의 판시를 요약하면서 결국 헌법 제25조의 규정은 "국권의 작용에 대하여 일정한 목적을 설정하고 그 실현을 위하여 적극적인 발동을 기대하는 성질을 갖는 것"으로 결론을 맺고 있다. 이러한 생존권규정의 프로그램적 성격에 따라 넓은 입법재량론을 채용하고 있는데, 그 판시내용의 중요한 내용을 다음과 같이 정리할 수 있다.

우선 헌법 제25조의 성격에 관하여 프로그램규정성을 인정함으로써281) 종래부터 논의되어 온 프로그램규정설, 추상적 권리설, 구체적 권리설의 논쟁을 판례상 매듭지었다는 점이다. 그런데 이 판시내용의 면면을 살펴 다른 관점에서 파악해 보면 이것은 넓은 입법재량론을 허용하는 규정이라고 판단하고 있음을 알 수 있다.

일본 헌법 제25조와 관련하여 다음으로 지적할 점은 원심인 大阪高裁判決282)에서 제시된 헌법 제25조 제1항과 제2항의 준별론에 관한 것이다. 원심판결에서는 동조 제1항과 제2항을 분리해석하여 전항은 救貧施策을, 후항은 防貧施策을 나타낸 것이라고 판단하면서, 救貧에

---

281) 엄밀히 말해서 진정한 의미의 프로그램규정설을 택했다고는 볼 수 없다. 프로그램규정설의 입장에 서는 경우 생존권규정의 재판규범성을 인정할 수 없으나, 이 판례에서는 형식적으로만 생존권규정의 재판규범성을 인정하고 있다.

282) 大阪高裁 昭和50(1975).11.10. 行裁例集26卷10·11号 pp.1268.

대해서는 국가의 적극적인 책무가 인정되는 데 반해 防貧에 대해서는 광범위한 입법재량이 인정된다는 하였다. 그런데 본건의 쟁점인 두 개의 제도와 그에 관한 급부를 제2항인 防貧에 소속시키고, 그 제도에 따른 급부에 관한 병합금지를 입법재량으로 인정함으로써 합헌성을 긍정한 것이다. 이 준별론은 본건 쟁점의 중요한 내용을 이루고 있을 뿐 아니라 다른 사건의 하급심283)에서도 상당히 채용되고 있는 이론인데, 학설상 엄한 비판을 받아 다소 설득력을 잃고 있는 이론이었기 때문에 최고재판소가 이를 어떻게 설시할 것인가는 상당히 주목되는 내용이었다. 이 판결에서는 위에서 인용한 바와 같이 제1항과 제2항을 일체로 해석하여 간단히(구체적인 분석 없이) 준별론을 부정하고 있다. 왜 좀더 구체적으로 준별론을 부정하지 않는지 의문이다.

끝으로 지적할 것은 최고재판소의 헌법 제25조의 성격론에 관한 판시태도이다. 선례로 삼은 食糧管理法위반사건(1948)에 관한 소송이 34년 전의 소송이므로 그 당시와 현재는 법률의 정비 정도, 사회적 상황 등이 현저히 변모했음에도 불구하고 어느 정도의 상세한 논술의 전개도 없이 판시의 근거로 삼음으로써 지극히 소극적이고 냉담한 태도를 보인 점284)에 대해서는 상당한 실망을 불러일으켰다.

---

283) 예컨대 소위 松木訴訟에 관한 판결(大阪高裁 昭和51(1976).12.17. 行裁例集27卷11·12号, pp.1836)과 소위 塩見訴訟에 관한 판결(大阪地裁 昭和55(1980).10.29. 行裁例集31卷10号, pp.2274), 소위 宮訴訟에 관한 판결(東京高裁 昭和56(1981).4.22. 行裁例集32卷4号, pp.593) 등이 이에 해당된다.

284) 전원일치의 의견을 무리하게 정리한 결과 간략하게 하지 않을 수 없었을 것이라는 추측도 가능하지만 어쨌든 공통의 결론을 이룬 실마리는 넓은 입법재량론의 채용이라는 점은 부인할 수 없다.

2) 넓은 立法裁量論

최고재판소는 헌법 제25조의 성격을 이와 같이 파악한 다음 "헌법 제25조 규정의 취지에 답하여 구체적으로 어떠한 입법조치를 강구할 것인가의 선택결정은 입법부의 넓은 재량에 위임되어 있으며 그것이 현저히 합리성을 결하여 명백히 재량의 일탈·남용이라고 보지 않을 수 없는 경우를 제외하고는 재판소가 심사판단을 하기에 적당하지 아니한 사항이라고 하지 않을 수 없다"고 판시하고 있다. 이것은 헌법 제25조에 관한 법률의 합헌성심사에 관해서 명백성원칙을 적용한 넓은 입법재량론이 적용되고 있음을 명시한 것이다. 이에 따르면 재판소는 입법부의 정책결정을 대부분 존중하고 스스로 판단을 하지 않게 된다. 다만 현저한 불합리성, 재량권의 일탈·남용이 보여지는 경우에는 재판소의 심사·판단이 미칠 수 있는 여지가 남아 있는데 이것은 헌법 제25조의 문제에 사법심사권의 행사가 완전히 방기되는 것은 아님은 표현한 것에 지나지 않는다.

그런데 넓은 입법재량론을 채용하는 근거에 관하여 최고재판소는 추상적·상대적 개념인 '건강하고 문화적인 최저한도의 생활'을 위한 구체적인 내용을 구성하기 위해서는 그 시대의 문화발달의 정도, 경제적·사회적 조건, 일반적인 국민생활의 상황 등의 상관관계에 따라 판단을 내릴 필요가 있으며, 또 국가의 재정사정도 포함한 다방면에 걸친 복잡다양한, 고도의 전문기술적인 고려와 그에 기한 정책판단을 할 필요가 있다고 하고 있다. 즉 헌법 제25조의 취지를 구체적으로 실현하기 위해서는 위의 제반사정을 고려해야 하며 그에 대한 판단은 재판소의 능력범위 밖에 있다는 것이다. 또 소송에서는 재판소에 대해서 희망하는 복지제도를 제시할 것을 요구하는 것이 아니라 적용된 복지제도를 위헌이라고 판단해 줄 것을 요구하는 데 지나지 않는 것이지만 그 판단을 함에 있어서는 희망한 복지제도를 염두에 두지 않고서는 판단하기 어려울 것이다. 그러나 이것은 어디까지나 일반론에 지나지 않는다. 물론 이러한 일반론에 따르는 한 본 판결의 쟁점인 併合禁止規定(판결문에서는 併給調定條項)에 대한 판단은 정당하다고 할 수 있을 것이지만 문제는 (맹인이면서 극빈자인)본건의 상고인이 처한 개별·구체적인 경우와 관련해서 그러한 일반론을 관철할 수 있겠는가 하는 점이다. 최고재판소가 이러한 점에 대한 구체적인 고려 없이 사건을 처리하게 된다면 중대한 문제라고 하지 않을 수 없다. 이것은 실질적 불평등을 이루는 것으로 헌법상 평등원칙에 중대한 위반이 된다.

　다음으로 넓은 입법재량론으로 나타난 최고재판소의 정책적 배려가 문제되지 않을 수 없는데, 즉 최고재판소는 이 방법을 택함으로써 사회보장소송의 영역에서는 불간섭의 태도를 취하게 되었다고 할 수 있다. 이것은 소송의 영역에서의 사법심사권의 방기와 거의 동일한 것이다. 현재 계속 중인 소송뿐 아니라 앞으로 제기될 소송에 대한 영향을 고려하여 문제의 중요한 해결을 정치적 결정과정에 맡기는 재판기관의 이러한 태도가 일응 유효한 수법이라고 할 수 있을지는 모르나, 개인의 권리와 이익구제가 재판기관의 가장 중요한 책무라는 측면에서 보면 의문이라고 하지 않을 수 없다. 완전한 불간섭이 아니라 그러한 정책적 배려를 고려하면서 재판소 본연의 역할을 완수하도록 하는 조정기능이 재판법리 속에서 요구되고 있다. 넓은 입법재량론이라는 헌법재판의 법리에서는 그러한 기능을 기대하기가 어렵다.[285]

　끝으로 본 판결에 의한 헌법 제25조의 판단은 다른 동종의 소송에 강한 영향을 미치고 있으며 따라서 적어도 헌법 제25조 위반의 주장

---

285) 戸松秀典, 立法裁量論, p.104.

에 대해서는 최고재판소가 정면으로 대응하기가 어려웠던 것 같다. 따라서 넓은 입법재량론이라는 높고 두터운 벽을 타개하기 위해서는 이것과 다른 관점에서의 법리구축이 필요하다. 예컨대 헌법상 평등원칙 위반의 법리에서 이를 고찰해 보는 것도 그 하나의 방법이다.

3. 日本 憲法 第14條와 立法裁量論

1) 憲法上 平等權規定 違反의 問題

堀木訴訟에서 또 하나의 쟁점은 병합지급금지규정이 헌법 제14조의 평등원칙에 반하는가 하는 점이었다. 최고재판소는 이에 관하여 "헌법 제25조의 요청에 따라 제정된 법령에서 수급자의 범위, 지급요건, 지급금액 등에 관한 어떤 합리적이 이유 없는 부당한 차별적 취급을 하거나 혹은 개인의 존엄을 훼손하는 내용의 규정을 두고 있는 때에는 특별히 소론지적의 헌법 제14조 및 제13조(인간존엄과 공공의 복지규정)[286] 위반의 문제가 발생하는 것은 부인할 수 없다"고 하여 그것이 독립한 쟁점이 되고 있음을 인정하고 있다. 다만 그에 이어 "하지만 본건병합금지조정조항의 적용에 의해 상고인과 같은 장해복지연금을 받을 수 있는 지위에 있는 자와 그러한 지위에 있지 아니한 자 간에

---

286) 일본 헌법 13조는 모든 국민은 개인으로서 존중된다. 생명, 자유 및 행복추구에 대한 국민의 권리에 관해서는 공공의 복지에 반하지 않는 한 입법 기타 국정에 관하여 최대한 존중될 필요가 있다고 규정하고 있으며, 동조위반에 대해서는 판례상 거의 문제가 되지 않으므로, 여기서는 이에 관한 고찰은 달리 하지 않는다.

아동부양수당의 지급에 관한 차별이 발생한다 하더라도 이미 설시한 바에 더하여 원판결이 지적한 여러 가지 점 특히 신체장해자, 모자에 대한 제시설 및 생활보호제도의 존재 등에 비추어 종합적으로 판단하면 이 차별이 어떤 합리적 이유도 없는 부당한 것이라고 할 수 없다고 한 원심의 판단은 정당하다고 시인해야 할 것이다"고 결론을 내리고 있다. 이 판시 부분은 헌법 제25조 위반의 경우보다 더 간략한 것이기 때문에 평석을 하더라도 특별히 근거 삼을 것이 없지만, 다음과 같은 점을 지적할 수 있겠다.

우선 헌법 제14조 위반을 독립한 쟁점으로 인정하고 있으면서도 그 심사에 있어서는 제25조 위반에 관한 판단과 결부하여 지나치게 간단히 판단하고 있다는 점에 문제가 있다. 이미 본 바와 같이 헌법 제25조가 개개의 사건에서 개인의 권리의 구제를 위하여 판단한다는 재판규범의 성격을 실질적으로 거의 가지고 있지 않으며, 입법자에 대하여 실현해야 할 이념을 선언하고 있는 것일 뿐이라고 한 최고재판소의 견해에 따른다면 헌법 제25조는 개인의 권리와 이익의 보호를 주된 것으로 강조하는 헌법 제14조의 구체적인 실현을 위해서는 이미 심사 판단의 지표가 될 수 없을 것이다.[287] 즉 권리성을 갖추지 못한 제25조(생존권규정)의 요청을 위하여 제14조(평등권규정)를 적용시키는 것은 재판규범으로서의 성격상 서로 다른 차원의 것을 결합시켜 논한 오류라는 비난을 면할 수 없다. 이러한 최고재판소의 오류는 헌법 제25조의 생존권에 법적 권리성을 인정하고 그 권리의 차별적 취급을 논하는 입장을 특별한 검토 없이 받아들였기 때문인 것 같다. 최고재판소는 이미 본 바와 같이 헌법 제25조에 관한 권리성의 입장을 배척하고 있기 때문에 다른 논리를 취하여야 했을 것이다.

---

287) 戸松秀典, 立法裁量論, p.105-106.

또 최고재판소의 판결은 '원판결(大阪高裁)이 지적한 점'에 크게 의존하고 있는 점에서 보면 이러한 헌법규정(제25조와 제14조)의 성격에 따른 관계분석에서 출발하는 것이 아니라 복지급부를 받을 지위에 있는 자의 차별에 관해서는 단순히 합리적인 차별인가 아닌가를 묻는 방법을 취하고 있다. 이것은 넓은 입법재량론에 의해 판단하면 족하다고 인식한 점을 시사하는 것이라고 이해할 수 있을 것이다. 여기서 원심인 大阪高裁가 어떻게 설시하고 있는가 살펴볼 필요가 있다.

2) 堀木訴訟의 原審判決에 대한 檢討

원심인 大阪高裁判決은 당해 병합지급금지조항에 의한 차별적 취급이 합리적인가 아닌가를 정당하게 판단하기 위해서는 국가의 사회보장 시책의 전 체계를 고려하여 종합적으로 고찰해야 한다고 하는 쟁점에 대한 기본적 접근방법을 보였다. 이러한 원심의 판결에 따르는 한 최고재판소는 헌법 제25조의 경우와 마찬가지로 입법부의 판단을 널리 존중하지 않을 수 없고 따라서 넓은 입법재량론에 의해 처리하지 않을 수 없었을 것이다. 사실 동 판결은 피상고인(국가) 측이 보여준 병합지급금지의 입법적 근거에 따라 고찰하여 "이상으로부터 입법부는 재원의 공평하고도 효율적인 활용을 위하여 복수의 사고 중 가장 중대한 사고(본건의 경우는 폐질)에 대한 급부만을 하는 것에 대한 병합지급을 금지한다거나 또 그러한 조정을 하는 것에는 합리적인 이유가 있다고 하는 견해에 의거한 것이라는 것이 인정된다"고 결론 맺고 있다. 이에 대해서 상고인 측은 이러한 방법에 비판을 가하면서 넓은 입법재량론이 아닌 엄격한 합리성기준에 따라 판단해야 할 것을 주장하고 있다. 여기서 문제는 본건과 같은 소송에서 헌법 제14조 위반을 주장하는 경우 넓은 입법재량론에 의할 것인가 좁은 입법재량론에 의할 것인가, 즉 단순한 합리성 기준에 의할 것인가 엄격한 합리성 기준에 의할 것인가의 결정표지(Merkmal)는 어디에서 구해야 할 것인가에 있다.

그런데 일본 판례상의 법리를 살펴보면 이러한 요구에 부응한 재판법리가 아직 구축되어 있지 않다고 할 수 있다. 즉 보통 헌법 제14조 위반주장의 소송에 대해서 재판소는 쟁점이 되고 있는 차별이 합리적인가 아닌가를 묻는데, 그 합리성 판단이 의거해야 할 기준은 명확히 밝히고 있시 아니하디. 거우 존속과 그렇지 아니한 자의 차별적 분류288) 등의 경우에만 위헌의 결론이 도출되고 있는 예를 볼 수 있는데, 그러한 경우가 판례법상의 준칙을 이룰 만한 수준에는 이르지 못하고 있다. 그런데 본건의 상고인 측은 미국의 판례상 확립된 심사기준의 예를 들면서 일본에서 헌법 제14조 적용의 경우에 원용해야 할 심사기준을 제시하고 엄격한 합리성의 기준에 의해 심사해야 할 것이라고 하였지만 본 판결에서는 받아들여지지 않고 종래와 같은 태도로 원심을 지지하는 결론을 내렸다.

4. 結 語

堀木訴訟의 최고재판소 판결은 앞에서 지적한 바와 같이 간략하고 냉담한 것이었다. 1970년 7월 1일 神戸地方裁判所에 소송이 제기된 이

---

288) 형법상 존속살해에 관한 법정형이 사형과 무기징역으로만 되어 있는 것은 보통살인의 법정형에 비하여 현저히 불합리한 차별적 취급이라는 점을 인정하여 이를 무효화한 판례(最大判 昭和48(1973).4.4. 刑集27卷3号 p.265 참조). 이에 관해서는 후술한다.

래 12년이란 긴 시간과 많은 비용과 노력을 들였음에도 재판관 14인 모두가 그러한 판결을 내렸다는 점에 대해서는 엄중한 비판을 받아야 할 것이다. 堀木訴訟에서 지적되는 점을 요약해 보면[289] 다음과 같다.

우선 이 판결에서는 결론에 설득될 수 있는 충분한 이유의 제시가 없었다. 물론 재판에서 보다 중요한 것은 결론이지 이유가 아니라고 할 수는 있지만 이유가 충분하지 아니한 재판은 그 재판의 의의를 완전히 상실할 수 있으며, 본 판결이 합헌의 결론을 내렸다고 하더라도 충분한 이유가 제시되어 설득력을 갖추었다고 한다면 이후 사회보장소송의 발전에 큰 역할을 하게 되었을 것이다. 다음으로 본 판결이 헌법 제25조 위반의 소송에 대해서 넓은 입법재량론을 취하고 있는 것에 대해서는 그것을 기초로 한 보다 구체적인 논의가 앞으로 전개될 필요가 있다. 즉 넓은 입법재량론의 의미와 그에 의해 재판소의 심사·판단의 영역이 대단히 협소해진다는 점은 중요한 고찰의 대상이 될 것이다. 또 헌법 제14조의 적용에 관해서는 본건과 같은 사회보장입법의 경우뿐만 아니라 널리 다른 법 영역에서의 차별적 취급에 대해서도 심사기준이 확립될 필요가 있다. 특히 본건과 같은 소송의 영역에서 헌법 제25조 위반의 주장에는 크게 제약이 가해지고 있는 반면 헌법 제14조 위반의 주장에는 아직 논의 발전의 여지가 남아 있다는 점을 감안하면 앞으로는 헌법 제14조에 관한 법리 형성을 위한 충분한 논의가 필요하다고 된다. 헌법 제14조를 적용함으로써 넓은 입법재량론의 적용이 배제되고 엄격한 합리성기준에 의해 판단할 수 있기 때문이다.

끝으로 이러한 재판법리의 분석에 그치지 아니하고 이것을 둘러싼 요인, 즉 최고재판소 재판관의 구성, 다른 영역에서의 헌법판례, 소송수행의 올바른 방향, 입법사실의 고려, 판결의 정책형성기능 등을 포함하

---

289) 戸松秀典, 立法裁量論, p.114-115 참조.

여 고찰함으로써 헌법소송에 관한 논의를 한층 더 깊게 할 필요가 있다.

第5節 社會保障訴訟에서의 立法裁量論과 統制

이미 본 바와 같이 사회보장소송에서는 넓은 입법재량론을 채용하고 있는 것이 중요한 특징이므로, 사회보장실현을 위한 소송상의 구체적인 고찰은 넓은 입법재량론에 초점을 맞추지 않을 수 없다. 따라서 여기서는 구체적으로 사회보장소송에서의 넓은 입법재량론 적용과 그 문제점을 정리해 보고, 입법재량론이 언제나 수반하는 '명백성의 원칙', 즉 '현저히 합리성을 결하여 명백히 재량을 일탈·남용하였다고 볼 수 있는 경우'란 과연 어떠한 경우를 말하는 것인가를 밝힘으로써 사회보장소송에서 넓은 입법재량론적용의 불합리성을 지적하도록 한다. 또 사회보장입법에서의 입법재량론이 필요불가결한 것이라면 이러한 상황과 생존권의 보장이라는 측면을 조정할 수 있는 법리, 즉 좁은 입법재량론의 적용을 위한 시도로서 생존권규정만이 아닌 다른 헌법원리와의 교착을 통한 생존권보장의 방법으로서 사회보장소송에 대한 평등원칙의 적용을 통하여 진정한 사회보장권 실현을 모색하기 위한 법리적 검토를 해 보고자 한다.

1. 社會保障訴訟에서 넓은 立法裁量論의 適用과 問題點

1) 우리나라 社會保障訴訟에서 넓은 立法裁量論의 適用

전술한 바와 같이 우리나라 헌법재판소의 입장은 헌법 제34조의 생존권규정에 대하여 추상적 권리설로 일관하고 있다. "인간다운 생활을 할 권리로부터는 구체적인 권리가 발생케 한다고 볼 수는 없으며, 이러한 구체적 권리는 국가가 재정형편 등 여러 가지 상황을 종합적으로 감안하여 법률을 통하여 구체화될 때에 비로소 인정되는 법률적 권리290)"라고 하거나, "헌법 제34조 제1항 소정의 인간다운 생활을 할 권리가 최소한의 물질적인 생활의 유지에 필요한 급부 이상을 요구할 수 있는 구체적인 권리를 직접 발생케 한다고는 볼 수 없고 이러한 구체적 권리는 국가가 재정형편 등 여러 가지 상황들을 종합적으로 감안하여 법률을 통하여 구체화할 때에 비로소 인정되는 법률적 차원의 권리291)"라고 한 것에서 명백히 생존권을 추상적인 것으로 보고 있다.

헌법재판소는 헌법 제34조의 성격을 위와 같이 추상적 권리로 파악한 다음 헌법 제34조의 규정의 취지에 따라 구체적으로 어떠한 입법조치를 할 것인가의 선택결정은 입법부의 광범위한 재량에 맡겨져 있으며,292) 그것이 현저히 합리성을 결한 것이어서 명백히 재량의 일탈

---

290) 1995.7.21. 93헌마14(舊국가유공자예우등에관한법률 제9조 본문 위헌제청).
291) 1998.2.27. 97헌가10, 97헌바42, 97헌마354(병합)(舊국가유공자예우등에관한법률 제9조 위헌제청 등).
292) "…… '인간다운 생활'이란 그 자체가 추상적이고 상대적인 개념으로서 그 나라의 문화의 발달, 역사적·사회적·경제적 여건에 따라 어느 정도는 달라질 수 있는 것일 뿐만 아니라, 국가가 이를 보장하기 위한 생

·남용이라고 보지 않을 수 없는 경우를 제외하고는[293] 헌법재판소가 심사판단을 하기에 적당하지 아니한 사안이라는 입장을 취하고 있다. 이것은 헌법 제34조에 관한 법률의 합헌성심사에 관하여 명백성의 원칙을 적용한 입법재량론을 채용한 것을 명시한 것이다. 이 방식에 따르면 재판소는 입법부의 정책결정을 대부분의 경우 존중하고 스스로 판단을 하도록 하는 것이다. 다만 현저한 불합리성, 재량권의 일탈·남용이 보여지는 경우에는 재판소의 심사·판단이 미칠 여지를 보여주고 있는데, 이것은 헌법 제34조의 문제에 사법심사권의 행사가 완전히 방기되는 것은 아님을 나타내는 표현에 불과한 것이다.

그런데 이러한 입법재량론의 원용은 단순히 헌법상 생존권의 법적 성격을 추상적인 것이라고 단순히 확인한 데 그친 것이 아니라 헌법상 생존권에 관한 소송에 적용되어야 할 재판원리를 보여준 것이다. 헌법소송에 관한 논의는 사건의 개별구체성과 관계없이 논하게 되면 관념적·추상적인 것이 되고 말기 때문에 이러한 폐단에 빠지지 않기 위해서는 재판기관에 대하여 어떠한 법리, 고찰방법, 심사기준에 의해

계보호 수준을 구체적으로 결정함에 있어서는 국민 전체의 소득수준과 생활수준, 국가의 재정규모와 정책, 국민 각 계층의 상충하는 갖가지 이해관계 등 복잡하고도 다양한 요소들을 함께 고려하여야 한다. 따라서 생계보호의 구체적 수준을 결정하는 것은 입법부 또는 입법에 의하여 다시 위임을 받은 행정부 등 해당기관의 광범위한 재량에 맡겨져 있다고 보아야 한다. ……" 1997.5.29. 94헌마33(1994년 생계보호기준 위헌확인).

293) "…… 국가가 인간다운 생활을 보장하기 위한 헌법적 의무를 다하였는지의 여부가 사법적 심사의 대상이 된 경우에는, 국가가 생계보호에 관한 입법을 전혀 하지 아니하였다든가 그 내용이 현저히 불합리하여 헌법상 용인될 수 있는 재량의 범위를 명백히 일탈한 경우에 한하여 헌법에 위반된다고 할 수 있다. ……" 1997.5.29. 94헌마33(1994년 생계보호기준 위헌확인).

사건을 해결했는지에 관하여 명백히 할 것을 요구할 수 있다. 사실 입법재량론의 원용은 이러한 요청에 부응한 것이라 할 수 있다. 그런데 문제는 과연 이러한 광범위한 입법재량론의 방법이 적정한 것인가 하는 점이다.

사견으로는 헌법상 생존권에 관한 소송에서는 원칙적으로 입법재량론이 적용되지 않을 수 없다는 점은 인정하지만 그것은 광범위한 입법재량론이 아니라 좁은 입법재량론[294]이어야 한다고 생각된다. 사실은 이러한 좁은 입법재량론의 적용은 우리나라의 헌법재판소 판례에서도 예정되고 있다고 보아야 한다. 즉 현재의 제도와 상황이 여기에 도달하지 않고 있을 뿐이지 앞으로 좁은 재량으로 나아가야 할 바임을 밝히고 있는 판례도 적지 않다. 그 예로 군인연금법 제21조 제5항 제2호에 대한 위헌제청[295]에서 헌법재판소는 "…… 연금지급정지조치는 현재의 제도와 상황하에서는 입법자의 형성재량의 범위 내에 속하는 것으로 정당하다 할 것이나, ……"라고 표현하여 입법자의 광범위한 형성재량이 언제나 인정될 것이 아니라 '현재의 제도와 상황하'에서라고 전제하고 있으므로(이러한 결정의 태도는 별론으로 하고), 이것은 장차 좁은 재량으로 나아갈 것 것임을 예정하고 있는 것이라 하겠다.

좁은 입법재량론에 관해서는 다음 항목에서 검토하게 되는데, 어쨌든 이러한 고찰방법은 헌법소송의 분석에 상당히 유효하다고 할 수 있다. 왜냐하면 이 방법에 따르게 되면 생존권규정이 프로그램규정인가, 추상적 권리인가, 구체적 권리인가의 판단에 관계없이 생존권보장

---

294) 좁은 입법재량론이라 함은 전술한 바와 같이 엄격한 합리성기준과 결부되어 있는 입법재량을 의미한다. 따라서 입법재량의 인정에는 소극적이며, 그 합헌성판단을 함에 있어 엄격도를 더욱 가중시켜 신중한 판단을 하는 것이다.

295) 1994.6.30. 92헌가9.

을 위한 소송적 접근이 가능하기 때문이다. 이와 같은 관점에서 생존권의 성격에 관한 논의보다는 입법재량론을 어느 정도로 채용하는가 하는 관점에서 헌법상 생존권의 법적 성격을 파악하는 것이 중요하다는 지적이 있다.[296] 상당히 일리 있는 지적이라고 생각된다. 왜냐하면 사실 구체적 권리설을 취하는 것이 인간의 생존권보호에 적합하나, 구체적 권리설에 충실할 경우 사회보장이 갖는 정부정책적 요인을 감안할 때 소송상 해결해야 할 문제가 많이 남아 있으며, 프로그램규정설이나 추상적 권리설에 띠르는 경우는 학자마다 그 구체적인 범위를 달리하고, 구체적 소송의 문제에 적용할 때에도 명료하게 설명하지 못하는 부분이 많기 때문이다.

2) 權限의 현저한 逸脫·濫用의 의미

전술한 바와 같이 넓은 입법재량론을 어떻게 극복할 것인가 하는 것은 사회보장소송에 남아 있는 중요한 과제이다. 이 과제를 해결하기 위하여 가장 먼저 해야 할 것은 넓은 입법재량론에 결부되어 있는 명백성의 원칙을 해명하는 것이다. 즉 헌법 제34조의 생존권의 구체적 실현은 널리 입법부의 재량에 위임되어 있으며, 그 입법재량의 행사가 현저히 합리성을 결하여 명백히 재량을 일탈·남용했다고 보지 않을 수 없는 경우를 제외하고는 사법심사의 대상이 되지 않는다고 하므로, 여기서 현저히 합리성을 결한 입법재량의 행사, 즉 명백히 재량을 일탈·남용한 입법재량의 행사는 과연 어떤 경우인지 탐구해 볼 필요가 있다.

이를 위해서는 우선 헌법소송판례 가운데서 '권한의 현저한 일탈·

---

296) 戸松秀典, 立法裁量論. p.104 주)11 참조.

남용'에 해당하는 경우를 찾아보고 이것과 관련하여 사회보장소송의 경우를 예측하는 방법을 생각해 볼 수 있다. 그러나 '권한의 현저한 일탈·남용'에 해당한다고 한 판례, 즉 그러한 경우에 해당하여 위헌이라고 결론을 내린 헌법재판소 판례는 위임입법의 경우를 제외하고는 현실적으로 거의 없다. 그와 같이 위헌이라는 결론을 이끌어 내는 경우에는 헌법재판기관은 입법부에 넓은 재량을 인정하지 않았다고 분석할 수도 있기 때문이다. 다만 '권한의 현저한 일탈·남용'과 '현저히 합리성을 결한 것'은 서로 구별이 되지 않으므로[297] 양자를 모두 포함하여 고찰하여야 할 것이다. 이하에서는 우리나라의 판례와 연구는 많지 않으므로 일본의 판례와 연구결과를 토대로 검토하기로 한다.

'현저히 불합리한 입법재량의 행사'에 관한 선례의 하나로서 1973년의 尊屬殺重罰規定違憲判決[298]이 있다. 여기서는 존속살인의 법정형이 사형 또는 무기징역만으로 규정된 일본형법 제200조가 그 입법목적달성을 위해 필요한 범위를 넘은 것이며, 보통살인의 법정형(일본형법 제199조)에 비하여 현저히 불합리한 차별적 취급이라는 점을 인정하여 헌법 제14조 제1항(평등권조항)에 위반되어 무효라고 결론짓고 있다. 여기서 최고재판소는 어떤 형벌을 규정할 것인가, 즉 그 규정에는 어떤 형벌이 적당한가에 대한 결정은 입법부의 재량에 속하는 것이며, 거기에 재량의 범위를 현저히 일탈하고 있다고 인정되는 경우에만 사법심사권을 행사하여 위헌판단을 내릴 수 있다는 견해를 확립시키고 있다.

또 1987년 삼림법상 공유림분할규정에 관한 판결의 경우도 이에 해당하는 판례이다. 이 판례에서 최고재판소는 삼림법 제186조가 공유림

---

297) 논리구조상 '현저히 합리성을 결한 것'은 '권한의 현저한 일탈·남용'의 내용적 요소가 된다.

298) 最大判 昭和48(1973).4.4. 刑集27卷3号 p.265.

에 관하여 지분가액이 1/2 이하인 공유자에게는 민법 제256조 제1항 소정의 분할청구권을 인정하지 않고 있는 것은 삼림법 제186조의 입법목적과 관련하여 합리성도 필요성도 긍정될 수 없는 것이 명백하기 때문에 이 점에 관한 입법부의 판단은 합리적 재량의 범위를 넘은 것이라 하지 않을 수 없다고 판시하였다. 그런데 동종의 사례에서 그 후에는 이와 같은 판례의 전개를 볼 수 없기 때문에 이것이 헌법상 재산권 침해규정의 경우를 준칙화하고 있다고 보기는 어려울 것이다.

이와 같이 '입법권한의 현저한 일탈·남용'은 그 위법의 정도가 현저히 높은 것이라고 판단된 것이라고 말할 수 있지만 그러한 사례로부터 일정한 준칙을 도출하여 사회보장소송에 적용하기는 어려울 것이다. 준칙을 형성할 정도로 그 예가 축적되어 있지도 않으며, 이러한 것은 각각의 사안마다 다르고 사법적 보호를 구하는 권리의 성격도 각기 다르기 때문이다.

또 최고재판소가 '권한의 현저한 일탈·남용'에 해당하지 않는다고 용인하는 것은 그렇게 판단하는 것 외에 달리 판단할 결정적인 증거가 되는 것을 발견할 수 없었기 때문이므로, 입법재량의 남용을 주장하기 위해서는 최고재판소가 그러한 특별한 경우라고 설득될 만큼 소송 당사자가 입증하면 될 것이다. 일본의 1989년의 소위 總評셀러리맨稅金訴訟[299]에서, 최고재판소는 헌법 제25조 위반의 주장에 대해서 입법부의 재량의 일탈·남용이라고 보지 않을 수 없는 이유를 구체적으로 주장하고 있지 않기 때문에 청구를 인용할 수 없다고 판시하고 있다. 이것은 입법부의 재량의 일탈·남용이라고 보지 않을 수 없는 이유를 구체적으로 주장하는 경우에는 최고재판소가 그것을 용인할 수 있다는 것을 의미하는 것이라고 할 수 있다. 그러나 이러한 입증은 그리 용이

---

299) 最三小 平成元年(1989)2.7. 訟務月報35卷6号 p.1029.

하지 않으며 입증을 한다고 해도 그것만으로 재량의 일탈·남용의 인용을 받을 수 있는 것은 아니라고 생각된다. 일본의 堀木訴訟의 경우에도 상고인은 이 부분에 대하여 충분한 입증을 시도했으며, 객관적으로 그 입증은 충분하다고 학계의 인정을 받고 있음에도 불구하고 일본 최고재판소는 그러한 판단을 내리지 않았기 때문이다. 이렇게 보면 '권한의 현저한 일탈·남용'의 내용은 상대적인 것이라 할 수 있으며, 이것을 근거로 위법인가 합헌인가를 판단한다는 것은 결국 재판을 담당하는 재판관의 가치관에 크게 의존하게 된다고 할 수 있다. 이러한 재판관의 가치관은 침해된 권리의 구제에 관심을 둘 것인가 아니면 제도의 형식적 원칙을 중시할 것인가에 달려 있는 것이다. 지금까지의 사회보장소송에서는 주로 후자에 초점을 두어 판단하여 온 것이 사실이다. 따라서 사회보장소송에서도 구제의 필요성에 관한 실태에 주시하였더라면 '권한의 현저한 일탈·남용'이라고 하는 판단을 충분히 도출할 수 있었을 것이라 생각된다. 이러한 판단을 도출하기 위해서는 우선 넓은 입법재량론이 갖는 기능을 이해하는 것이 중요하다.

3) 넓은 立法裁量論의 기능

⑴ 不干涉의 기능

사회보장소송에서 넓은 입법재량론의 기능은 사법권이 생존권의 실현에 관하여 불간섭한다는 것, 즉 생존권실현을 위한 논의를 재판에서 배제시키는 기능을 한다. 여기서 이러한 기능을 발휘하도록 선택한 헌법재판기관의 정책적 고려가 과연 적절한 것인가 생각해 볼 필요가 있다. 왜냐하면 이러한 경우 사법권이 맡은 재판의 역할에 관하여 강한 의문을 가지지 않을 수 없기 때문이다. 헌법소송의 재판은 당해 소송에서 쟁송이 해결되어 당해 소송의 당사자에게 법적 구제를 주는 기능을 가지고 있지만 실제로는 그것이 거의 이루어지지 못하고 있다. 특히 사회보장소송을 제기하는 자와 같은 사회적 약자[300)를 구제하는 재판기관의 역할이 희박하거나 부재하게 되는 것은 법제도적으로도 용인될 수 없는 것이라고 해야 할 것이다.[301) 또 헌법재판이 갖는 특별한 기능, 즉 장래를 향한 지침을 제시한다는 점에 대해서도 주목해 볼 필요가 있다. 물론 생존권의 실현에 따를 기술성, 복잡성, 재정조정 문제 등을 이유로 사법권은 입법권보다 열등하기 때문에 사회보장정책의 결정과 실시를 정치부문에 위임하는 측면이 강하다는 점은 부인할 수 없으나, 헌법재판이 갖는 파급적 효과 내지 장래에 대한 지침적 효과를 감안한다면 이러한 불간섭의 태도는 적절치 아니하다.

(2) 政策의 主導權을 立法府에 委任하는 기능

또 넓은 입법재량론의 또 하나의 기능은 사회보장정책에 관한 주도

---

300) 사회보장의 대상자를 사회적 약자라고 하는 것은 잘못된 표현이라는 지적도 있다(渡辺洋三, "社會保障と人權", 法律時報 第54卷 第7号 (1982), p.18). 하지만 정치과정에서의 발언력이 약하다는 점에서는 사회적 약자라는 점을 인정할 수 있을 것이다.

301) 앞에서 본 바와 같이 '권한의 현저한 일탈·남용'라고 하는 극히 한정되어 거의 사법적 개입의 여지가 없는 것에서 실마리를 찾을 것이 아니라 헌법 제25조(생존권규정)의 해석으로부터 사법심사권행사의 범위를 확정하는 것도 생각해 볼 수 있다. 예컨대 中村睦男 교수가 말한 바와 같이, 헌법 제25조의 위헌심사권에 관하여 인간으로서의 '최저한도의 생활'의 보장과 보다 쾌적한 생활의 보장 간에 입법부의 재량의 폭의 넓고 좁음을 인정하여 전자에 대해서는 엄격한 기준을 채용하는 것이 타당하다고 해석하는 방법(中村睦男, "生存權の法的性格", 法律時報 第48卷 第5号(1976), pp.14)은 상당히 매력적인 견해라 하겠다.

권을 입법부에 위임하는 기능이다. 이 기능에 관해서도 의문을 가질 수 있는데, 그것은 사회보장정책의 결정과 실시에 있어 국가기관 부문 간의 능력의 문제와 관련이 있다. 사회보장소송에서 문제되는 것은 당해 소송과의 관계에서 구제의 필요가 있는가의 여부를 판단할 수 있는 능력이며 입법부의 능력과는 차원이 다른 것이라고 해야 할 것이다. 즉 사회보장소송에서 판단되는 것은 당해 소송과의 관계에서 적용되는 사회보장입법의 규정이 헌법의 생존권보장의 취지에 부합하는가 여부에 관한 것이다. 또 이와 관련하여 헌법재판기관에 요구되는 판단능력은 다른 영역의 헌법소송에서와 다를 바가 없다고 해야 할 것이다. 문제는 헌법재판기관에 그러한 능력이 있는데, 당해 문제된 입법을 위헌·무효라고 하게 될 때의 파급효과와 관련하여 존재한다. 헌법재판기관에 의한 사회보장입법의 합헌성 판단과 관련해서는 그 결과에 따라 기대되는 입법을 고려하지 않을 수 없다. 사회보장정책의 기본에 관한 쟁송 내지는 전체에 관한 쟁송이 아니더라도 개개의 사회보장입법은 사회보장정책 전체의 가운데에 위치하기 때문에 그 일부를 위헌무효라고 하더라도 그것은 사회복지정책의 전체에 영향을 미치게 되기 때문이다. 일본의 경우 朝日訴訟과 堀木訴訟의 제1심판결 후 당해 입법을 개정하여 판결에 대한 대응을 하였음에도 불구하고 국가는 소송의 계속에 집착하여 사법의 개입을 배제하도록 노력하였던 것도 이러한 연유이다.[302]

또 사회보장소송은 헌법 제34조의 생존권보장과 현실의 사회보장입법과의 갭을 위법한 권리침해로 다투는 것이 대부분인데, 이것은 생존

---

[302] 이 점과 관련하여 堀木訴訟에서 園部재판관은 사회보장급부입법의 일부에 관하여 위헌무효라고 판단하는 것의 구체적 효과를 어떻게 이해할 것인가가 남겨진 과제의 하나라고 지적한 바 있다. 園部逸夫, "堀木訴訟最高裁判決の法理", ジュリスト 第773号(1982), pp.34.

권에 잘 어울리는 보장을 판결을 통해서 획득하고자 하는 점에서는 재판을 통한 입법요구라고 하는 측면이 강하다. 그런데 헌법재판기관에서는 이러한 입법요구라고 하는 작용을 내포하는 것을 이유로 특히 소극적으로, 즉 원칙적으로 입법재량의 논리에 따라 스스로 판단을 내리는 것이 보통이다.[303] 따라서 헌법재판기관이 갖는 헌법질서형성기능 내지는 기본권보장기능의 역할을 완수하지 못하게 되고 만다. 생존권은 적극적인 국가행위 특히 입법에 의해 현실화되는 특징을 가지고 있기 때문에 그 구체적인 입법의 법적 평가를 최종적으로 결정해야 할 재판소의 임무는 결코 경시되어서는 아니 될 것이라는 자각을 헌법재판기관이 가져야 할 것이다.

이와 같이 넓은 입법재량론의 기능을 분석해 보면 사회보장정책과 생존권의 실현에 관한 기본적 고찰이 필요함을 느끼게 된다.

4) 社會保障政策과 生存權의 實現

사회보장소송에서는 사법적 보호 내지 구제를 구하는 개인에게보다는 국가의 사회보장정책에 더욱 비중을 두고 있음은 전술한 바와 같이 명백하다. 따라서 이러한 재판의 태도에 주목할 필요가 있다. 물론 정치과정에서 생존권의 실현에 대한 충분한 시책이 있거나 그럼으로써 보호의 요구가 충족될 수 있다면 사법권이 그 영역에 불간섭하더라도 헌법질서 형성상 문제될 것은 없을 것이다.

그런데 이미 지적한 바와 같이 국가의 사회보장정책은 국가의 경제력의 변동과 정권담당자의 복지에 대한 이념의 변용 등에 수반하여 변

---

303) 荒木誠之, "堀木訴訟最高裁判所判決と今後の社會保障立法·行政", ジュリスト 第773号(1982), pp.25.

화를 이루고 있다.304) 즉 헌법이 보장하는 생존권을 어떻게 실현할 것인가 하는 문제는 그러한 변화의 과정에서 마음대로 바뀌어져 왔다고 해도 과언이 아니다. 이러한 상황하에서는 생존권의 기본관념이 정치부문에서 정책결정과 그 실시 과정을 통해서 형성된다거나 생존권에 들어 있는 헌법상의 가치가 구축된다거나 하는 발전성을 찾아볼 수 없다. 이러한 양상을 배경으로, 생존권의 실현을 구하는 분쟁이 소송으로 제기되더라도 헌법상 가치의 확인과 형성에 책임을 지는 재판기관에서는 이러한 사회보장정책의 실정에 특히 주목할 수밖에 없었을 것이다.

결국 생존권 실현이라고 하는 것은 사회보장정책의 변동 속에서 자의적으로 바뀌어져 왔으며 이 때문에 생존권이념의 형성과 이 권리의 사법적 보호 · 구제를 위한 법이론도 성숙한 단계에 이르지 못했다고 보는 것이 좋을 것이다.

여기서 미국의 사회보장소송의 동향과 비교해 볼 필요가 있다. 그것은 여기서 논하는 넓은 입법재량론은 미국에서의 논의와 무관하지 않기 때문이다. 우선 앞에서 분석한 바와 같이 1970년대와 1980년대를 통하여 미국에서는 사회보장소송 및 그에 대한 판례의 법리는 특별한 발전을 보이지 않고 있음을 알 수 있다. 미국 헌법에서는 생존권에 관한 규정이 없으며, 복지수급권에 대한 헌법상의 보호는 평등원칙과 Due process원칙에 의해 사법과정에서 이루어지고 있음을 보았다. 여기서 관심을 두어야 할 것은 왜 미국에서 복지수급권의 사법적 보호에 관한 법리가 발전하지 않고 있는가 하는 점이다. 이 문제는 미국의 사회복지정책의 방향과 밀접한 관련이 있다. 여기서 이에 관하여 간단히 요약해 보기로 한다.305)

---

304) 小川政亮, "堀木訴訟の今日的意義", 法律時報 第54卷 第7号(1982), p.8-10.
305) 이에 관해서는 Simon, "Rights and Redistribution in the Welfare

우선 1960년대에 눈부시게 발전한 사회보장수급권의 사법상의 보호 동향에 응하여 사회보장수급권의 확보와 그 발전을 위한 시민적 운동이 전개되었는데, 그것은 1970년대 초에 끝나 단기적으로 종식되고 말았다. 그것은 사회보장수급을 필요로 하는 사회층의 요구가 그것을 필요로 하지 않는 층으로부터 지원을 받지 못했기 때문이다. 또 그것은 정치과정에서 정책결정에 급부의 필요가 반영되지 못하여 실현되지 못하는 점도 있지만 사회보장수급권에 관한 법이론이 형성·확립되어 있지 않다는네도 원인이 있다. 이에 대하여 정책결정자 측에서 보면 1970년대로부터 계속된 공화당정권은 1981년의 레이건정권이 재정난을 이유로 대폭 사회보장비의 삭감을 제안한 것과 같이(결국 의회에서 승인되지는 않았지만) 사회보장을 정체 내지 후퇴시키는 정책을 쓰고 있다.

이와 같이 미국에서도 사회보장수급권은 국가의 사회보장정책에 의해 마음대로 번복되고 있으며, 이것은 우리나라의 경우도 마찬가지 상황으로 볼 수 있다. 그러나 우리나라는 미국과는 달리 헌법상 생존권을 명문으로 보장하고 있고, 또 복지국가를 개인의 경제적 보호를 사회적으로 인정하고 있는 경제사회라고 정의한다면, 우리나라에서는 생존권리의 실현은 진정한 권리로 고려되어야 한다. 따라서 생존권보장 규정 그 자체만의 해석으로는 생존권 실현이 현실적으로 불가능하다면 다른 기본권보장의 법리와 교착을 통한 분석을 시도함으로써 생존권보장을 위한 해결의 실마리를 찾아야 할 것이다. 이러한 시도가 미국에서와 같은 생존권에 대한 평등원칙의 원용이다.

---

system", Stanford Law Review vol.38(1986), pp.1431 참조.

2. 社會保障訴訟에서의 平等原則의 適用

1) 平等原則에 의한 救濟可能性

결국 생존권실현을 위하여 사회보장소송에서 남긴 과제는 평등원칙의 법리를 생존권소송에 어떻게 적용시킬 것인가 하는 점이다. 이미 본 바와 같이 일본의 堀木訴訟 판결에서는 일본 헌법 제25조의 규정의 요청에 따라 제정된 사회보장법령에서 수급자의 범위, 지급요건, 지급금액 등에 관하여 부당한 차별적 취급을 하거나 개인의 존엄을 훼손하도록 정하는 때에는 헌법상 평등원칙 위반의 문제가 발생한다는 점은 긍정하면서도 동 소송에서는 차별이 합리적 이유 없는 부당한 것이라고는 할 수 없다고 하는 판시를 함으로써 쟁점에 깊이 들어가 검토하지 아니하고 상고인의 주장을 배척하였다. 따라서 이러한 헌법상 평등원칙 위반의 쟁점에 관해서는 검토할 여지가 많다. 이에 관해서 우리나라의 판례와 연구는 거의 없으므로 일본의 판례와 연구결과를 소재로 하여 검토해 보기로 한다.

우선 堀木訴訟 이후의 일본최고재판소의 동향을 살펴볼 필요가 있다. 이후 사회보장소송에서 헌법상 평등원칙 위반에 관한 문제가 논의되었던 판결로는 堀木訴訟판결과 같은 해 12월에 판결한 岡田訴訟과 森井訴訟이 있다. 우선 岡田訴訟에서는 增加非公死扶助料의 수급에 의한 노령복지연금의 병합지급 제한과 戰爭公務扶助料 등의 수급에 의한 노령복지연금의 병합지급 제한 간에 발생한 차별에 관하여 "원심이 적법하게 확정한 사실관계를 토대로 본건 병합지급금지조항을 적용함으로써, 상고인과 같은 增加非公死扶助料를 지급받을 수 있는 지위에 있는 자와 戰爭公務扶助料를 지급받을 수 있는 자 간에 노령복지연금의 수급에 관하여 차별이 발생하고 있더라도 戰爭公務扶助料의 법적 성질에 비추어 현저히 불합리한 차별이라고 할 수 없다고 한 원심의 판단은 정당하다고 시인할 수 있다"고 하고 있다.[306] 또 같은 시기의 森井訴訟 판결에서도 장해복지연금과 노령복지연금과의 병합지급제한에 관하여 "국민연금법 제10조는 단순히 장해복지연금수급권자에 그치지 아니하고 다른 모든 연금법에 의한 연금수급권자에 관하여 연금의 병합지급을 금지하는 것이며 또 원심이 적법하다고 확정한 사실관계는 이 조항을 적용함으로써 상고인과 같이 장해복지연금을 수급할 지위에 있는 자와 전쟁공무에 의해 공적연금을 지급받을 수 있는 지위에 있는 자 간에 노령복지연금의 수급에 관하여 취급의 차별이 발생할지라도 전쟁공무에 의한 공적연금의 성질에 비추어 볼 때 이러한 차이가 사실의 성질에 따른 합리적인 이유에 의한 것이므로 입법부에 허용된 재량의 범위 내에 있으며, 따라서 원심의 판단은 정당하다고 할 수 있다"고 하고 있다.[307]

이 두 소송에서 공통된 것은 생존권규정 위반에 관한 판단의 경우와 마찬가지로 사회보장제도의 원칙에 관한 심사를 하는 데 그치고 있다. 즉 이 판결에서 최고재판소는 노령복지연금 수급자에 대한 제한에 관하여 다른 동일한 수급자와의 사이에 차별이 발생하는 것에 대해서 '戰爭公務扶助料의 법적 성질에 비추어' 또는 '전쟁공무에 의한 공적 연금의 법적 성격에 비추어'라고 하는 관점에서 결국 법제도의 원칙에만 주목할 뿐 수급액의 차이와 수급자의 생활실태에까지는 구체적으로 들어가서 심사하지 않고 있다. 그렇다면 이러한 심사자세에 의한다면 헌법상 평등원칙의 법리를 도입하더라도 생존권소송에 구제

---

306) 最二小判 昭和57(1982).12.17. 訟務月報29卷6号, p.1074.
307) 最二小判 昭和57(1982).12.17. 訟務月報29卷6号, p.1121.

의 길을 열 수 없다고 할 수밖에 없을 것이다.

따라서 이러한 심사자세를 극복하기 위해서는 헌법상 평등원칙의 법리에 관해서는 넓은 입법재량론, 즉 단순한 합리성의 기준에 의해 심사할 것이 아니라, 엄격도를 높인 심사방식을 택하여 생존권소송의 구제를 도모하여야 한다. 다만 이러한 입장에 설 때 재판법리는 어떻게 구성되어야 할 것인가의 문제가 남는다. 이하에서는 이에 관하여 설명한다.

2) 生存權規定과 平等原則의 교착

지금까지 본 바와 같이 사회보장소송에서 헌법 제34조, 즉 생존권규정의 위반만을 주장한다면 헌법재판기관은 필연적으로 헌법 제34조의 인간다운 생활, 즉 건강하고 문화적인 최저수준의 생활에 관하여 판단하지 않을 수 없게 되고, 이것은 국가의 사회보장정책을 검토하는 것이기 때문에 국가의 정책과 정면으로 대결할 수밖에 없다. 이와 같은 경우 헌법재판기관은 이 대결을 피하기 위한 판단을 하지 않을 수 없게 되고 따라서 사회보장실현을 위한 사회보장소송에서 생존권규정의 위반에만 집착하여 소송을 추구한다면 재판부의 판단과 평행선을 갈 수밖에 없다. 따라서 국가의 사회보장정책과의 정면 대결을 피하여 재판기관의 사법심사를 유연하게 하면서 사회보장을 실현하기 위한 소송상의 방법으로 모색된 것이 바로 생존권규정과 평등원칙을 교착시키는 것이다.[308] 즉 이것은 입법부의 재량을 승인하면서 생존권은 인간존엄의 보장을 위하여 상당히 중요하기 때문에 그 보장의 공평이

---

308) 이러한 관점에서 여러 판결의 내용을 분석하고 있는 것으로는 다음과 같은 것이 있다. 久保田穰, "併給制限違憲訴訟の分析", 法律時報 第54卷 第7号(1982), pp.28.

라고 하는 실질적 평등의 측면을 부각시켜 헌법상 평등원칙 위반의 여부를 심사하는 방법이다.

물론 이러한 방법에 대하여 사회보장소송의 성격에 비추어 볼 때 의문이라는 견해도 있다. 예컨대 사회보장소송은 기본적으로 생존권위반이 문제이며 중심적 논점은 생존권의 위헌심사기준을 어떻게 볼 것인가 하는 문제에 귀착되는 것[309]이라고 하면서, 생존권규정을 전제로 차별적 취급이 이루어지고 있는가를 심사하는 것보다는 차별적 취급의 합리성 심사에 생존권규성이 이떠한 영향을 주고 있다는 관점에서 문제를 파악하는 것이 더 합리적이기 때문에 이러한 판단하에서 생존권규정의 평등원칙에 대한 효과를 이론구성하는 것이 낫다는 견해[310]가 그것이다. 그러나 여기서 고찰의 목적은 생존권의 보호·구제의 청구를 정면으로 요구할 때 헌법재판기관이 입법재량에 의한 합헌적 판단을 내릴 것이며, 이러한 헌법재판기관에 의한 두터운 장벽을 넘는 것은 현실적으로 불가능하다는 현상파악을 전제로 이를 타개할 길을 모색하는 것이다. 따라서 이러한 정면으로의 대결방법보다는 우회적 대결방법을 논의의 대상으로 하는 것이 나을 것 같다.

생각건대 평등원칙 적용의 문제를 판단할 때 단순하게는 입법상의 차별, 즉 사회보장입법의 경우, 사회보장의 수급대상이 되는 자와 그렇지 않은 자 간의 차별문제를 생각하지만, 이러한 수준의 차별은 이미 국가의 사회보장정책과 같은 맥락을 이루고 있기 때문에 전술한 바와 같이 위헌적 판단을 통하여 구제를 받기란 쉽지 아니하다. 따라서 여기서의 평등원칙의 적용은 이러한 입법상의 차별적 분류(classification)를

---

309) 中村睦男, "法の下の平等と合理的差別", 公法研究 第45号(1983), p.45.
310) 鳥居喜代和, "年金訴訟における憲法判斷枠組の位相—平等條項と生存權の交着", 札幌商科大學論集(法律編) 第33号(1982), p.32.

문제 삼는 것이 아니라 사회보장의 급부를 받는 자들 사이에서 각각의 생활상태를 비교해 볼 때 개별적 생활 수요(needs)를 보조하는 다른 급부를 지급하는 문제와 관련해서 차별적 취급이 다루어져야 할 것이다. 예컨대 일본의 堀木訴訟의 경우, 원고인 堀木은 전맹인 과부로 모자세대를 이루고 있기 때문에 장해복지연금만을 받으며, 아동복지수당은 법에 의해 수혜하지 못하고 있다. 같은 법규정의 적용을 받는 경우로 남편이 장해가 있어 장해복지연금을 수혜하는 가족이 있다면, 이 경우에는 남편의 장해복지연금 이외에 건강한 부인에 의한 자녀의 양육이 가능하다. 이렇게 본다면 양자는 그 생활적 수요가 현저히 다름에도 불구하고 동일하게 취급받음으로써 실질적인 불평등을 이루고 있다. 또 마찬가지의 측면에서 평등원칙을 적용한 판례로 일본의 牧野訴訟[311]이 있다. 이 판례는 노령자부부에 대하여 노령복지연금의 수급을 제한하는 규정에 대한 위헌성을 다툰 것으로 다음과 같이 판시하고 있다. "노령자의 생활실태에 비추어 보면 부부 모두가 노령자인 경우에 생활의 공통부분에 대해서는 비용의 절감이 가능하기 때문에 지급액이 상기와 같이 최저생활비의 거의 반액에 지나지 않으며, 전기 노령복지연금제도의 이상에서 보면 지나치게 저액인 현 단계에서 부부 노령자를 단신의 노령자와 차별하여 부부 노령자에게 지급하는 노령복지연금 중 금 3000엔(월 250엔)의 지급을 정지하는 것과 같은 것은 국가재정의 형편에서 무리하게 노령자의 생활실태에 눈을 감추는 것이라는 비난을 면할 수 없다고 해야 하며 도저히 차별해야 할 합리적인 이유가 있다고는 할 수 없다." 이 판례에서는 노령복지연금의 수급자의 실태를 파악하여 수급권자가 동일하게 취급받지 못하는 것, 즉 급부의 방식에 차별이 인정되며, 거기에 합리적인 근거가 인정되지 않는다고 하고 있

---

311) 東京地判 昭和43(1968).7.15. 行裁例集23卷8·9号, p.711.

는데, 여기서는 부부수급제한 제도가 일반적으로 헌법상 평등원칙에 위반이라고 판시한 것이 아니라, 지나치게 저액인 현 단계에 한정해서만 그렇다고 판시한 것이라고 이해해야 할 것이다. 이러한 의미에서 평등원칙을 적용하는 생존권소송의 판결은 엄격한 합리성 기준에 따라 개별적(case by case)으로 판단해야 한다고 생각된다. 이렇게 함으로써 사법권이 정치부문에 대하여 있어야 할 입법을 요구하거나 정부의 사회보장정책과 정면으로 대결하는 효과를 완화 내지 회피하면서 쟁송대상인 생존권의 확보를 도모할 수 있기 때문이다. 따라서 이와 같이 해석하지 아니하고, 입법의 대상자들 간의 구체적 생활상황분석을 통한 차별적 취급의 합리성에 관하여 판단함이 없이 생존권 침해의 정도만을 고려한다거나,[312] 단순히 지급액이 지나치게 저액이었기 때문에 생존권을 침해한다는 식의 견해[313]는 헌법상 생존권규정의 해석에만 집착한 것으로 적당하지 않다.

3. 立法裁量論 適用의 統制

이상의 내용을 정리해 볼 때 사회보장입법에서 입법부의 광범위한 입법재량을 통제하는 기술은 단순한 합헌성심사에 의해 입법재량을 인정할 것이 아니라 엄격한 합헌성심사를 통한 입법재량의 수용이라고 하는 좁은 입법재량론의 채용과 평등원칙을 생존권규정에 교착시켜 엄격한 합리성기준에 따라 위헌성 여부를 심사하는 방법 정도로

---

312) 中村睦男 · 永井憲一, 生存權 · 敎育權, 法律文化社, 1989, p.99.
313) 浦部法穗, "牧野訴訟判決에 對する評釋", 自治研究 第46卷 第7号(1969), p.190.

요약할 수 있겠다.

1) 좁은 立法裁量論의 採用

전술한 바와 같이 입법재량론이란 법률의 합헌성판단을 구하는 경우 헌법재판기관이 그 법률을 제정할 때 행한 입법부의 정책판단, 결정을 존중하여 독자적인 판단을 하도록 삼가는 재판의 방법을 말한다. 이러한 방식은 주로 사법소극주의, 사법의 자기억제를 주장하는 학자들에 의해 주장되었는데[314] 모든 헌법판단에 채용되어 있는 것은 아니다. 즉 헌법상의 쟁점의 차이, 사건의 성격 등에 따라 입법재량론이 채용되기도 하고, 배제되기도 하며, 이를 채용하더라도 그 정도는 서로 다르다. 입법재량론을 채용하게 되는 데에는 다양한 요인이 작용하게 되는데 미국의 Brest는 다음과 같은 요인을 지적한 바 있다. (1) 문제가 되고 있는 이익의 헌법상의 특수성, (2) 민주정치의 과정을 완성하기 위한 것, (3) 비사법적 구제의 가능성, (4) 소수파의 이익, (5) 문제가 되고 있는 이익의 중요성, (6) 헌법해석의 문제인가 정책문제인가의 차이, (7) 관련사실을 확정하는 능력, (8) 일정한 기준을 형성하여 적용하는 것에 대한 사법의 적합성, (9) 정책결정자의 불공평, (10) 정책결정자가 쟁점에 대하여 실제로 한 고려의 정도, (11) 정책결정부문의 성질 등이 그것이다. 이 중 우리나라의 사회보장소송에서 입법재량론을 채용할 때 주로 감안하는 요인은 (6), (7), (8), (10)의 요인이며, (3), (4), (5)의 요인은 주로 고려되지 않는 점을 볼 수 있다. 여기서 문제가 발생

---

314) 미국의 경우 전술한 바와 같이 Thayer의 입장이 대표적이다. Thayer, "The Origin and Scope of American Doctrine of Contitutional law", Harvard Law Review vol.7(1893), pp.17.

하는 것이 아닌가 한다. 이에 관해서는 후술한다.

입법재량론은 사법부가 입법부의 정책결정을 존중하는 것이면서도 전술한 바와 같이 헌법상의 쟁점 모두에 미치는 것이 아니며 사법에 의한 판단을 방기하는 것을 의미하는 것도 아니다. 이것은 미국 연방 대법원 대법관 중 가장 강력하게 사법억제론을 주장했던 랭퀴스트 판사에 의해서도 강조되었던 점이다. 그는 연방의 선발징병법에 의해 남성에게만 징병등록의무가 지어지고 있는 점을 다툰 소송에서 입법재량론을 원용하여 평등보호원칙에 위반하지 않으므로 합헌이라는 법정의견을 내면서도[315] 연방의회의 정책결정을 법원이 존중하는 것은 결코 헌법상의 쟁점에 대하여 사법심사권의 행사를 방기하는 것은 아니라고 주장하고 있다.[316] 따라서 그는 판결이유 속에서 위 법률의 쟁점에 대해서 입법부가 어떻게 판단하여 결정한 것인가를 확인한 다음 대법원이 이를 존중하는 이유를 부기하고 있다. 이것을 우리나라의 사회보장소송에 대한 헌법재판소의 태도와 대비해 보면 우리나라 헌법재판소는 "상충하는 갖가지 이해관계 등 다양한 고려를 하여야 하므로 …… 입법재량을 인정하고 …… 그 재량에 명백히 일탈하지 않는 한 위헌이라고 할 수 없으며, 이 사안의 경우 이에 해당되지 않는다"[317]고 하여 단순한 심판에 거치고 있기 때문에 랭퀴스트 판사가 경계하는 사법적 판단 방기의 경우와 같은 내용이라는 인상을 받게 된다. 따라서 이러한 재판태도보다는 적극적으로 '입법과정에 비추어 보아', '다른 제 규정과 비교한 결과 등을 구체적으로 참조하여' 판단을 내려야 할 것이다.

---

315) Rostker v. Goldberg, 453 U.S. 57(1981).
316) Ibid., p.67, 70.
317) 1997.5.29. 94헌마33 생계보호기준위헌확인.

또 오늘날의 헌법소송의 유형은 순수한 개인의 권리보장을 구하는 경우(권리보장형헌법소송)뿐만 아니라 올바른 헌법질서의 실현을 목표로 하는 경우(헌법보장형헌법소송)가 있는데 후자의 경우에는 그에 대해서 헌법재판소의 판결이 다른 동종의 소송에 막대한 영향을 미칠 뿐만 아니라 제기되어 있는 헌법상의 쟁점에 대한 사법판단 자체가 정책형성기능을 한다는 점을 감안하면 권리보장형헌법소송과는 다른 정책적 고려를 할 수밖에 없을 것이다. 여기에 입법재량론원용의 여지가 발생하지만 거기에는 충분한 이유가 제시되어야만 설득력을 얻게 됨은 말할 필요도 없다. 그렇지 않으면 헌법재판소에 과해진 헌법보장의 역할이 결실을 거둘 수 없게 될 것이다. 결국 충분한 이유 없는 넓은 입법재량론은 사법의 적절한 역할 수행을 방해할 수밖에 없다.

이와 같이 입법재량론의 의미를 이해하면 사회보장소송과 같은 개인의 이익 구제의 측면이 소송상 중요한 요소를 차지하는 경우에는, 즉 Brest가 제시한 요인 중 (3), (4), (5)에 관한 고려가 필요한 경우에는, 단순한 합리성 기준으로 심판할 것이 아니라 좁은 입법재량론을 원용하여 보다 엄격도를 높인 합리성기준으로 심판해야 한다.

2) 平等權 規定과 실질적 合理性의 基準

생존권규정 이외에 사회보장소송에서 많은 부분을 차지하고 있는 것이 평등권규정의 적용이다. 우리나라의 경우 사회보장소송이 제기된 예가 드물기 때문에 사회보장소송에서 평등권규정이 적용된 예도 많지는 않은데, 앞서 소개한 미국의 Shapiro v. Thompson 판결[318] San Antonio Independent Dist. v. Rodriguez 판결[319] 등은 미국의 Warren

---

318) 394 U.S. 614(1969).

Court기에 확립된 평등보호원칙이 적용된 판례이며, 일본의 堀木訴訟도 장해복지연금을 받는 자는 아동부양수당을 받을 수 없다는 규정에 대한 평등권 위반 여부가 생존권규정의 성격에 대한 판단과 더불어 중요한 쟁점사항이었다.

이러한 평등권 위반 여부에 대한 판단을 할 때 법률이 설정한 차별이 합리적인가 아닌가를 단순히 심사할 것이 아니라, 즉 평등권규정을 적용함에 있어서도 넓은 입법재량론에 의해서 판단할 것이 아니라 위에서 언급한 다양한 요건(특히 Brest가 말한 (3), (4), (5))을 고려하여 법률의 목적과 목적달성을 위한 수단으로서 그것이 합리적인가 아닌가를 심사하는 방법을 택하여야 한다. 이것이 바로 평등권규정이 적용되는 실질적 합리성기준이다.

원래 실질적 합리성 기준(substantially rationality test)이란 전술한 바와 같이 미국의 헌법판례에서 등장한 이론으로 1971년 Reed v. Reed 판결[320]에서 처음 제시되어 5년 후인 1976년 Craig v. Boren 판결[321]에서 확립된 수정 헌법 제14조의 평등조항적용의 심사기준을 가리키는 것인데, 이것을 요약하면 법률이 설정한 차별적 분류(classification)는 그 목적에 관해서는 '중요한' 정부목적에 유용한 것이라고 하여야 하며, 수단에 있어서도 목적달성에 '실질적'으로 관련 있는 것이 아니면 안된다고 하는 심사방식이다. 이것은 전술한 바와 같이 차별의 목적에 관해서는 '중요할(important)' 것을 요구하고, 그 수단에 관해서는 실질적으로 관련될(substantially related) 것을 요구한다는 점에서 중간적 심사기준(intermediate standard of review)이라고도 한다.[322]

---

319) 411 U.S. 1(1973).
320) 404 U.S. 71(1971).
321) 429 U.S. 190(1976).
322) 尹厚淨, "平等權", pp.132.

　또 Brest가 말한 고려사항에는 포함되지 않지만, 실질적 합리성 심사를 할 때 고려해야 하는 다양한 요소 중 가장 중요한 것은 법의 목적에 따른 심사방식이다. 왜냐하면 법에서 정하는 차별은 일정한 법목적의 테두리에서 정해지는 것이며, 그 차별이 타당한 것인지의 여부는 별론으로 하더라도 일단 일정한 법목적에 대한 고려도 없이 차별을 설정할 수는 없기 때문이다. 따라서 그러한 차별이 합리적인지 행정상의 편의 등을 위한 자의적인 것인지는 그러한 법상의 차별이 법목적과 실질적으로 어떻게 관련되어 있는가에 대한 심사가 필요하다. 우리나라의 舊국가유공자예우등에관한법률(현재 국가유공자의예우및지원에관한법률) 제9조의 위헌제청 사례[323]에서 헌법재판소는 국가유공자 유족연금의 보상을 받을 권리는 이를 등록신청을 한 날이 속한 달로부터 발생한다고 함으로써 등록 전의 보상금은 지급할 수 없다고 하는 동법 제9조의 규정이 ① 국가예산의 확보와 보상수준을 결정하기 위하여, ② 등록을 지체하여 오랜 세월이 지나면 전공상 기타 사유로 발병한 경우와 구별이 어려워지며, ③ 6·25사변이 끝난 지 오래여서 전몰군경유족 및 전공상자의 대부분이 소정의 등록절차를 밟아 급여를 받고 있으며, ④ 예우대상자가 대폭 증가함에 따라 소급지급이 국가재정 형편상 어렵게 된 점 등을 고려할 때 그 나름대로의 합리성을 갖춘 것이며, 객관적으로 정의와 형평에 반한다거나 자의적인 것이라고 할 수는 없으므로 평등의 원칙에 반한다고 할 수 없다고 판시한 바 있다. 이 판례에 관해서는 舊국가유공자예우등에관한법률 제9조에 의한 차별이 이 법의 목적과 실질적으로 관련 있는 것인가, 즉 이 법의 목적을 위하여 필요한 차별인가를 생각해 볼 필요가 있다. 생각건대 이 법이 추구하는 목적이 국가를 위하여 공헌하거나 희생한 국가

---

323) 1998. 2. 27. 97헌가10, 97헌바42, 97헌마354(병합).

유공자와 그 유족에 대한 응분의 예우와 국가유공자에 준하는 군경
등에 대한 지원을 행함으로써 이들의 생활안정과 복지향상을 도모하
고 국민의 애국정신함양에 이바지하는 것임[324]을 고려한다면 오히려
연금 등 유족보상청구권은 군인이 사망함으로써 당연히 발생하는 것
이고 등록은 사망사실을 확인하기 위한 편의적 확인행위에 불과하며
이것에 의해 권리가 진행되지 않을 수는 없다고 해야 할 것이다. 따라
서 등록 이전이라도 사망이 확인되었으면, 그때로부터 보상금이 지급
되어야 한다고 해야 할 것이며 등록 여부에 의한 차별은 이 법의 목
적에 부합하는 것이 아닌 합리적이지 못한 차별이라고 해야 할 것이
다. 이와 같이 법에 의한 차별이 합리적인 것인지 판단하기 위해서는
그것이 그 법이 추구하는 목적과 실질적으로 관련 있는 것인가에 대
한 판단이 이루어져야 함에도 불구하고 이 판례에서는 법의 목적과
관련하여 심사하고 있지 아니하다. 이러한 심사방식은 다른 여러 가지
정책적 요소를 심사함에 있어서보다 선행되어 이루어져야 한다.

---

324) 국가유공자의예우및지원에관한법률 제1조

第 **4** 章

社會保障行政에 관한 行政裁量과 그 統制

전장에서 살펴본 법정립단계에서의 입법재량이 법집행단계에서의
행정재량으로 필연적으로 이어지는 것은 아니다. 이미 설명한 바와 같
이 입법재량은 법정립기능의 한 작용이고, 행정재량은 법집행기능의
한 작용이기 때문에 양자는 서로 그 성질을 달리하는 것이며, 또 서로
다른 차원의 문제라고 할 수 있기 때문이다. 물론 법원에 의한 사법적
판단을 하게 될 때에는 입법에서의 광범위한 재량은 행정에도 다소간
영향을 주지 않을 수밖에 없을 것이라는 점은 사실이다. 이러한 입법
재량과 행정재량의 관계에 관한 논의는 차치하고 여기서 중요한 것은
사회보장행정에서 발생하는 재량의 유형이 일반적 행정의 재량과 어
떻게 다른 것인지, 그에 따른 재량의 통제는 어떻게 이루어지고 있고
또 어떻게 이루어져야 하는지에 관한 것이다.

사회보장행정에서 광범위한 재량이 인정되는 이유에 관하여 J.
Handler는 입법의 불명확성, 행정기관의 관료주의, 전문직의 이데올로
기와 사회보장의 특성, 요보장자의 의존성 등을 들고 있다.[325] 즉 체
계적으로는 사회보장행정이 수행되는 방식이 다양하고 서로 다른 역
사적인 연혁을 갖는 제도들이 병존하고 있기 때문에 법규의 정합성이
결여되어 있으며, 현실적으로는 요보장자들의 타율적 성격, 권리의식

---

325) J. Handler, *Protecting the Social Service Client,* Academic Press, Inc.,
    1979, pp.8–24.

의 부족, 행정기관의 사회보장의 권리성에 대한 불인식, 무감각 등의
제 요인이 사회보장행정의 광범위한 재량여지를 발생하게 하고, 경우
에 따라서는 급부의 정도와 수준이 거의 행정에 위임되어 행정결정이
입법에 준하는 경우도 있다.[326] 이러한 성질 때문에 사회보장급부결
정에 있어 급부 주체는 어느 정도의 권한을 부여받고 있으나, 수급자
는 어떤 권리를 주장할 수 있는지 불명확한 경우가 많다.[327]

따라서 사회보장행정에서 발생하는 광범위한 재량에 대한 적절한
통제가 없이는 수급자들의 사회보장수급권은 적절히 보장될 수 없음
은 명백하다. 따라서 그 적절한 통제의 기술이 필요한데, 이를 위해서
는 우선 그 전제로서 사회보장행정이 다른 일반 급부행정작용과 비교
하여 갖는 특질적 차이를 검토함으로써 급부행정의 일반 원리가 그대
로 적용될 수 없음을 이해할 필요가 있다(제1절). 다음으로는 사회보
장행정의 헌법적 근거인 생존권, 즉 인간다운 생활이란 과연 어떤 수
준의 생활인가? 이를 결정함에 있어서의 행정의 재량은 어떤 모습으
로 존재하며 그것은 어떻게 통제되어야 하는가를 살펴본다. 또 구체적
인 사회보장급부행정에 들어가서 급부 여부의 요건의 법정화되어 있
기 때문에 급부 여부의 결정은 다소 기속적이라고 할 수 있으나, 급부
내용의 결정에는 사회·경제 기타 복지 내외적 요인으로 인하여 재량
의 여지를 부인할 수 없기 때문에 이를 통제하기 위한 법적 기술에
대해서 검토해 보기로 한다(제2절). 또 사회보장급부는 생활보호급여
와 같은 전형적인 급부 이외에 일정한 시설에 입소하거나, 지도와 상
담 및 교육, 알선을 통하여 요보호자의 자활을 지원하는 등 다양한 행

---

326) 李憲錫, "社會保障行政法上 行政裁量에 관한 小考", p.634.
327) 成田賴明, "行政法の側面からみた社會保障法(下)", ジュリスト 第302号
　　　(1964), p.24.

위형식을 취함으로써 사회보장급부의 내용은 처분적 성질의 것으로만 이루어지는 것이 아니라 계약, 사실행위 등과 같이 다양한 형식으로도 이루어지게 되는데, 이 경우에 있어 행정을 통제하기 위한 보다 적절한 법기술에 관해서 검토해 본다(제3절). 끝으로 권리로서의 생존권은 신청에 의해 이루어지는 것이 원칙이기 때문에 다른 행정의 영역과 마찬가지로 사회보장행정에서도 이를 위한 절차적 적절성을 완비할 필요가 있는데, 절차적 규정의 미비로 인한 행정의 재량과 그에 대한 통제 대책으로서 정비되어야 할 절차적 규정의 내용에 관해서 정리해 보기로 한다(제4절).

第1節 社會保障行政法의 特質

주지하는 바와 같이 현대행정의 중심은 급부행정이며, 이 중 사회보장행정에서의 급부는 다소 일반 국민의 자유권(특히 재산권)을 다소 제한할 수밖에 없으므로, 사회보장을 받을 권리를 최대한 보장하면서 행정의 효과적 운영을 담보해야 하는 두 가지의 모순적인 과제를 해결하는 것은 현대행정의 최대과제라고 여겨지고 있다. 그런데 사회보장행정은 국가의 책임에 의해 운용되는 일정한 급부체계이므로, 급부실현에 이르는 전 과정이 국가 등 공행정 주체의 강력한 개입에 의해 매개되고, 국가 등 공행정 주체가 일정한 행정목적, 즉 사회보장행정목적을 달성하기 위한 수단으로서 요보호자에 대한 직접 또는 간접의 급부활동을 전제로 한다는 점에서 일반적인 급부행정활동과는 다

른 일정한 특수성이 발견될 수 있다.[328] 이러한 특수성은 주로 침해
행정적 성질에서 기인하는 것이다. 사회보장행정이 급부행정의 한 부
분이라는 점에는 누구나 인정하지만 단순히 급부행정에 포함시키기에
는 무리가 있다고 하는 이유도 여기에 있다. 어쨌든 이러한 특수성으
로 인하여 사회보장행정에 대한 통제에 있어서도 그 유형과 방법은
일반 행정의 그것과 다소 달라질 수밖에 없다. 먼저 사회보장행정은
일반적 급부행정과 비교하여 어떠한 특징적 성질을 가지고 있는가를
파악하는 것은 사회보장행정에서의 재량을 통제하기 위한 방법을 모
색하는 데 중요한 전세가 된다.

1. 社會保障行政의 處分的 性格

전통적으로 법치국가원리에 의한 행정작용은 크게 침해행정과 급부
행정으로 구분되고, 처분이라는 말도 침해행정에만 부합하는 것으로
이해되어 왔다. 이것은 침해행정이 행정행위의 형식으로 이루어지고,
또 행정행위가 처분과 거의 동일한 의미로 쓰이고 있는 것에서도 알
수 있다. 반면 일반적 급부행정에서는 그 급부가 대량적으로 이루어지
는 경우가 대부분이어서 이들이 평등하게 처리될 것은 급부행정의 중
요한 요건이었기 때문에 행정계약이라는 행위형식이 많이 사용되었던
것이다. 그러나 이와 같이 행정의 작용을 침해행정과 급부행정의 양분
으로 이원화하는 도식[329]은 이제는 다소 그 의미를 잃고 있는 것이
사실이다. 왜냐하면 급부행정의 영역에서도 행정행위의 결정이라는 행

---

328) 荒木誠之, 社會保障法, 靑林書院新社, 1983, p.63.
329) 大橋洋一, 行政法學의 構造的變革, 有斐閣, 1996, p.181.

위형식을 통해 급부가 이루어지고 있고 특히 사회보장수급대상자 결정이라는 행정작용은 처분으로서의 성격이 강하기 때문에 전통적인 행정작용의 도식적 구분은 그 변경이 불가피해졌다고도 할 수 있다.330) 또 예컨대 사회보험의 경우에는 강제가입, 보험료납부의무, 그 밖의 각종 신고 혹은 보고의무, 일정한 지시에 따를 의무, 질문에 응답할 의무 등 여러 가지 협조의무가 예정되어 있으며,331) 이러한 의무에 위반되는 경우 과태료 등의 형태로 행정법적인 혹은 급여제한 및 급여금지와 같은 사회보장행정법에 특유한 제재가 뒤따르기 때문이다. 그러면 다같이 급부작용인데도 사회보장행정에서는 유독 처분성이 강하게 인정되고 있는 이유는 무엇인가?

그것은 사회보장의 급부에 있어서는 대량적, 평등적 급부보다는 개별적·구체적 급부(care work)의 원칙이 적용되기 때문이다. 사회보장이란 결국 사회적 기능이 결여된 자에게 그 결여된 부분을 국가가 충족시켜 주는 작용으로 귀결되는 것이므로, 요보장자의 개별적 특성을 감안하지 않을 수 없으며, 이러한 특징은 필요즉응의 원칙이라 하여 사회보장행정(특히 공적부조행정)에서 중요한 원칙을 이루고 있다.

또 사회보장은 전기, 수도, 가스 등과 같은 단순한 물질적 급부와는 달리 일정한 대상자에게만 급부가 이루어질 수 있는데 이 경우에는 그 대상자에게 일정한 의무, 즉 조사에 응할 의무, 지시에 따를 의무, 일정한 보호시설에 입소한 경우에는 그 시설이 정한 규칙에 따를 의무 등이 발생하기도 한다. 따라서 단순한 급부작용만이 있는 것이 아니라 급부대상자로 하여금 일정한 내용을 규제할 수 있는 규제행정적

---

330) 橫山信二, "社會權の實現と行政法學", p.327 註)24 참조; 平岡 久, 行政立法と行政基準, 有斐閣, 1996, p.51; 大橋洋一, 行政法學の構造的變革, 有斐閣, 1996, p.181 참조.
331) 全光錫, 韓國社會保障法論, pp.57 및 같은 책 제4장 제5절 II. 2. 참조.

인 성격을 갖는 것이다. 이렇게 볼 때 사회보장행정법은 단순히 급부행정법의 원리가 적용되는 것이 아니라 경찰법·규제법의 원리도 병행하여 적용된다고 하겠다.[332]

2. 社會的 資源의 再分配와 受給權者 保護

다음으로는 일반 급부행정은 급여제공 주체의 입장에서 주체와 대상 간의 급여 전달과정을 중심적으로 규율하나, 사회보장행정법은 사회적 자원의 할당의 원칙[333]과 수급권자를 보호하는 측면이 강하다.[334] 먼저 사회보장행정에서의 급부는 공권력을 매개로 하는 '사회적 재화의 재분배'로써의 성격이 강하기 때문에 여기서 발생하는 권리 침해적 성격도 단순한 급부작용에서는 볼 수 없는 점이다. 즉 소득재분배는 유산자의 재산권의 침해를 통하여 무산자의 부족한 경제적 보충을 하고자 하는 것이므로 재산권의 침해 내지는 제한을 수반하지 않을 수 없으며, 좀더 구체적으로는 예컨대 보호시설의 입소와 관련하여 일정한 입소기준을 설정하게 되는 경우 이것은 기준에 합치하는 자와 비교하여 그에 미달하는 자(특히 그 경계에 있는 자)에게는 침해적으로 작용하게 되는 성질이 있다. 또 대상자의 권리에 대한 보호규범으로서의 성격이 강하다는 점도 다른 일반 급부행정의 영역과는 다른 특색이다.

---

332) W. Rüfner, "Die Rechtsform der sozialen Sicherung und das allgemeiner Verwaltungsrecht", VVDStRL(1980), S.204.

333) 又坂常人, "社會保障受給權と行政裁量の關係について若干の考察", 地方自治 第58卷 第10号(1985), pp.142.

334) 윤찬영, 사회복지법제 I, p.88.

3. 不可變力

   다음으로 사회보장행정은 사회보장급부에 대한 일정한 대상자 결정이 있고 나면, 행정은 그에 대한 급부의무가 발생하고, 그 급부의 대상자로 선정된 자에게는 그에 관한 일정한 권리를 부여하게 되는 형성적 기능을 하게 된다. 이러한 수익적 법률관계의 형성작용으로 일단 사회보장의 수급대상으로 결정되면 다음에는 그 취소가 어렵게 되는 확정력 내지 불가변력이 강하게 작용하게 되는데,[335] 이것도 급부작용으로서의 성질이 아니라, 행정행위로서의 성격에서 기인하는 것이다. 이러한 불가변력으로 인하여 사회보장행정 영역에서의 행정행위는 다른 일반 급부작용에 비하여 법에 대한 기속력이 보다 강하게 된다고 할 수 있다.

4. 他律性에 의한 國家의 指導

   급부작용은 규제작용과는 달리 국가에 의한 일방적인 작용, 즉 타율에 완전히 의존하기보다는 자율적 기능이 상당히 중요시되고, 또 양자 간의 조화를 통해 올바른 방향으로 나아갈 수 있는 것이다.[336] 민간단체 등에 의한 사회보장의 실현노력이 일견 성과를 이루는 반면 아직 대다수의 국민들로부터는 생존권 보장에 대한 자율적 의식이 미

---

335) 李相光, 전게서, pp.103-104.

336) 사회보장에서 두 가지 중요한 입법기준이 되는 규제와 자율의 조화에 대해서는 李虎龍, "社會福祉事業助成을 위한 法理論的 基礎", 본 第14輯(漢陽大 法科大學 學會誌), 1998, pp.142-143, 참조.

성숙하며, 특히 일반적으로 식자계층에서 벗어나 있다고 볼 수 있는 빈민 저소득층의 경우 생존권에 대한 권리의식은 더욱 미약하다. 반면 다른 급부행정의 분야보다 정책적 요인이 강하게 작용하게 되며, 이러한 정책337)에는 정치적 다수 세력인 중산층에 대한 배려를 고려하지 않을 수 없기 때문에 선진국의 반열에 들어서면서도 국가재정의 증대에 비례하여 사회보장적 지원이 이루어지기 어려운 상황 때문에 실질적으로 사회보장행정은 다른 급부행정의 영역보다 국가에 의한 타율적 지도가 강하게 작용하게 된다. 이러한 타율성을 강하게 인정하게 되면 사회보장을 받을 권리를 사법부에 의해 실현되는 헌법상의 권리로 파악하기보다는 오히려 그 실현은 기본적으로 정치적 프로세스에 위임되어 있다338)고 할 수 있게 되므로, 상당히 위험하나 그러한 성질이 있음은 부인할 수 없다.

5. 合目的性으로 인한 給付水準의 限定

사회보장급여에는 대체로 그 지급요건으로 사회적 위험이나 요보호상태의 원인 또는 반대급여의 지불을 전제로 하는 인과적 사회급여와 어떠한 원인이나 반대급여의 지불을 요건으로 하지 않는 합목적적 사회급여가 있다.339) 여기서 합목적성이란 사회적 위험 또는 요보호상태

---

337) 물론 사회보장이 언제나 사회적 경제적 제 조건에 의해 일방적으로 방향이 제시되는 것이 아니라, 적극적으로 사회적, 경제적 조건을 적극적·능동적으로 형성하기도 하는데, 현실적으로 이러한 기능은 미미하고 주로 사회적, 경제적 조건에 수동적, 소극적으로 적응해 갈 뿐이다.
338) 松井茂記, "福祉國家의憲法學", ジュリスト 第1022号(1993), pp.69.
339) 李憲錫, 社會保障行政에 관한 公法的 研究, p.72.

가 존재할 때 그러한 사회적 위험이나 요보호상태를 일으킨 원인 또는 반대급여의 지불 여부를 불문하고 오직 그 사회적 위험 또는 요보호상태 그 자체의 발생만을 가지고 사회급여를 지급하는 것을 의미한다.[340] 이러한 합목적성으로 인하여 손해의 완전한 배상을 추구하는 손해배상제도와는 달리 그 급여가 인간다운 생활을 보장한다고 할 수 있는 최저한도의 수준에 해당하는 합목적적 수준의 보상에 머물게 된다.[341]

이러한 사회보장행정의 합목적성은 사회보장행정이 사회적, 경제적, 법적 제약하에서 운용되고 있으며 이것들은 사회보장행정의 실천상 한계를 이루고 있는 것이라고 생각된다. 왜냐하면 사회보장은 무조건 높은 수준에 도달하면 좋은 것이 아니라 일정한 수준에 이르면 그 후부터는 개인의 재산권의 자유와 국가경제에 오히려 불합리하게 불이익을 주는 결과를 초래할 수도 있으므로, 사회보장의 충족을 통한 이익과 이를 초과할 때의 불이익을 비교형량할 필요가 있기 때문이다.[342][343]

6. 結 語

이와 같이 보면 사회보장행정은 급부행정의 영역에 속하는 것이면서도 규제적 성격이 강하여 그 법적 기속력의 정도도 규제행정보다는 약하고 급부행정보다는 강한 중간적 위치에 있다. 이와 같이 사회보장행

---

340) 籠山 京, 公的扶助論, 先生館, 1982, p.63.
341) 荒木誠之, 社會保障法讀本, 有斐閣, 1983, pp.169-164.
342) 이와 관한 설명에 대해서는 荒木誠之, 社會保障法讀本, pp.250-251, 참조.
343) 이와 같이 사회보장이 한계점에 도달하게 되는 것을 적정사회보장의 한계점 또는 사회보장의 포화점이라고 부르기도 한다. 李相光, 社會法, p.278.

정은 행정행위로서의 처분적 성질과 급부작용으로서의 성질을 함께 가지기 때문에 재량행사의 여지가 많다고 할 수 있다. 또 이것은 사회보장행정이 사회적, 경제적, 문화적인 정책적 영향하에서 이루어질 수밖에 없고, 수급자의 권리의식도 미약하다는 현실을 고려하면 여기서 그 재량의 폭이 넓지 않을 수 없다. 구체적인 예로 국민기초생활보장법에 의한 기초생활보장대상자(구생활보호법에 의한 생활보호대상자)의 결정과 그 급여수준의 결정은 보건복지부장관의 재량에 위임되어 있는데, 이것은 바꾸어 말하면 국민기초생활보장법에 의한 생활보장은 종국적으로 행성 주체의 작용에 의해 보호기 수행됨을 의미하는 것이다. 이것은 극단적으로 말하면 현실의 생존의 권리를 보장하는 것이 아니고, 보건복지부장관의 관념의 세계에서 싹튼 생존의 권리성이 보장될 뿐이라고도 말할 수 있다.[344] 이와 같이 보면 만약 이 현실과 관념이 일치하면 문제가 없지만 그렇지 않고 관념이 결정적인 요소가 될 때에는 현실의 생존의 권리는 확보될 수 없다는 결론에 이르게 된다.

이와 같이 사회보장행정은 가장 중요한 그 권리의 확정에서부터 행정기관의 재량이 개입하게 되는데, 이것은 사회보장이 과거처럼 권리가 아니라 국가에 의해 시혜적인 차원에서 이루어지는 것이라는 사고와 국가의 급부결정에 의해 반사적으로 얻게 되는 이익이라고 하는 등의 사고에 결부되어 재량의 여지를 더욱 넓게 인정하려는 경향이 있었으며, 좀처럼 그 재량에 대한 실무계의 통제가 어려웠던 것이 사실이다. 따라서 좀더 구체적으로 사회보장행정의 급부작용의 내용을 고찰하여, 거기에서 각각의 개별적 작용에 대한 통제를 검토해 볼 필요가 있다고 생각된다.

---

344) 下山瑛二, "サゥィス行政における權利と決定", 公法の理論(中)(田中二郎先生古稀記念), 有斐閣, 1976, p.640-641.

第2節 社會保障給付의 決定과 裁量統制

사회보장을 받을 권리의 실현을 논하는 경우 그 헌법적 근거로서의 생존권의 재판규범성의 범위 및 정도를 명백히 하는 것은 중요한 전제가 된다. 이러한 생존권의 재판적 보장에 관해서는 그 구체적 내용의 형성에 관한 입법부의 판단을 존중하지 않을 수 없기 때문에 입법재량을 전제로 하여 그 범위의 일탈을 판단하는 기준을 명백히 하는 것이 중요한 과제가 되는데, 현실적으로 그러한 입법재량을 부정하는 것은 불가능하므로 다른 헌법적 원리인 헌법상 평등원칙에 의한 입법재량의 통제가 보다 유효한 방법이 됨은 이미 전술하였다. 사회보장의 법제도는 생존권의 재판규범성이 현실적으로 존재하는 것이므로 본 절에서의 다루는 사회보장행정에서의 급부의 결정과 그 통제에 관해서도 이러한 생존권의 재판규범성을 둘러싼 헌법상의 이론상황을 근거로 하여 논리를 전개하기로 한다. 이하에서는 우선 사회보장의 가장 근본적인 문제라고 할 수 있는 인간다운 생활이란 과연 어느 수준의 생활을 의미하는가의 결정에 있어서의 행정의 재량에 대한 논의를 다루고, 다음으로는 구체적으로 사회보장의 급부결정단계에 있어서 기능하는 행정의 재량에 대하여 앞으로 사회보장의 나아갈 방향인 개호서비스제도를 중심으로 살펴보기로 한다.

1. 人間다운 生活水準의 確定에 관한 裁量과 統制

여기서는 먼저 헌법 제34조 제1항에서 말하는 인간다운 생활의 구체

화, 즉 인간다운 생활이란 무엇인가의 결정에 관한 행정재량과 그 통제
에 관하여 살펴본다. 헌법학에서는 헌법 제34조 제1항에서 말하는 인간
다운 생활은 '일응', '어느 정도', '추상적으로는' 등과 같은 단서에 의해
유보적이긴 하지만,[345] 어느 사회, 어느 시점에서 객관적으로 확정가능
하다고 하는 견해[346]가 지배적이다. 따라서 그 확정에 관한 법률 차원에
서의 보다 엄밀한 고찰을 할 필요가 있다. 이것은 특히 국민기초생활보
장법 제4조 제2항에 의해 보건복지부장관이 정하는 '건강하고 문화적인
최저생활'의 기준설정에 있어서의 재량에 대한 사법심사의 방향을 명백
히 하게 되기 때문에 대단히 중요하다. 아울러 이것과 관련된 문제로서
건강하고 문화적인 최저한도의 생활수준을 하회하는 생존유지에 필요불
가결한 급부에 관하여 이에 관한 헌법 제34조 제1항의 법적 권리성에 관
하여 검토해 보고 부수적인 문제로서 최근에 관심을 끌고 있는 외국인에
대한 생존적 권리의 주체성에 대해서도 함께 검토해 보기로 한다.

1) 給與基準 산정에 관한 技術的 裁量과 統制

헌법 제34조 제1항에서 말하는 '인간다운 생활'을 할 권리가 Weimar
헌법의 'ein menschen würdiges dasein' 내지는 세계인권선언의 '인간
의 존엄성에 상응하는 생활', 즉 건강하고 문화적인 최저수준의 생활을
할 권리를 말한다[347]는 것은 의심의 여지가 없다.[348] 그런데 이러한

---

345) 棟居快行, "生存權の具體的 權利性", (長谷部恭男 編) リーディングズ
　　　現代の憲法, 日本評論社, 1995, p.158.
346) 芦部信喜 編, 講座 憲法訴訟 第1卷, 有斐閣, 1987, pp.255.
347) 金哲洙, 憲法學槪論, p.669.
348) 물론 전술한 바와 같이 일부 견해는 문화적 '문화적인 최저한도의 생활
　　　수준'이라는 용어와 관련해서 '문화적'이라는 의미를 고상하고 고차원적
　　　인 의미로 이해하여, 생존권이 실상 목적으로 하는 바는 '문화적'인 (최

건강하고 문화적인 최저생활수준의 확정에 관한 재량의 통제는 전술한 바와 같이 국민기초생활보장법에 의하여 보건복지부장관이 인정하고 있는 급여의 기준의 설정에 관한 재량에 대한 사법심사의 방법에 관한 검토가 중심을 이루고 있다.349)

또 사회보장행정에 관하여 판례는 주지하는 바와 같이 정책적·전문기술적 견지에서 광범한 재량을 인정하고 있다. 그런데 이러한 측면에서의 재량에 대해서는 우선 절차적 통제를 고려해 볼 필요가 있다. 예컨대 보건복지부장관이 '건강하고 문화적인 최저수준'의 생활이 무엇인지 판단하는 과정에서 반드시 고려해야 할 사항을 지켰는지,350) 경우에 따라서는 당해 사항을 고려할 단계 및 이러한 고려를 감안한 기준액 산정의 방법이 적절한지 등에 대한 검토를 하는 것 등이 그것이다.351) 이에 따

저수준의) 생활이 아니라 '물질적'인 최저수준의 생활이라고 해야 한다고 하는데, 실제로는 '문화적 최저수준'과 '물질적 최저수준'은 같은 수준의 생활수준을 의미한다(許 營, 韓國憲法論, p.491).

349) 다만 급여기준 중에서도 보건복지부고시의 형식에 의해 이루어지는 일반 기준의 대상이 아닌 급부, 구체적으로 말하면 실무상 행정내부의 훈령 등의 형식으로 이루어지는 특별기준에 의해 인정되는 일시부조의 경우에는 보장기관에도 '건강하고 문화적인 최저수준의 생활'의 인정에 관한 재량이 해석상 인정된다는 견해가 있다. 이에 관한 일본과 우리나라의 법구조는 동일하다. 이러한 일본의 견해로는 前田雅子, "公的扶助行政の法的統制の理論(二)—ドイツ社會扶助法を手がかりとして—", 奈良法學會雜誌 第7卷 第2号(1994), pp.50.

350) 일반 행정결정과정에서 고려되어야 할 사항에 관하여 설명하고 있는 것으로는 芝池義一, "行政決定における考慮事項", 法學論叢 第116卷 第1号–6号(1985)가 있다.

351) 독일 사회부조법에도 우리나라의 국민기초생활보장법에 의한 급여기준에 대응하는 것으로 '부조기준(Regelsatz)'이 있다. 그 기준설정을 설정함에 있어서는 그에 선행하여 전문집단이 관여하는 최저생활수요의 산정과정을 거치게 되는데, 법원이 부조기준에 관한 행정청의 전문기술적·정책적 판단여지를 판단함에 있어서는 그 전문집단의 산정과정을 감안

르면 보건복지부장관이 정하는 급여기준이 국민기초생활보장법 제4조 제2항의 위임에 의한 법규명령적인 것으로 보고 동법의 위임의 취지·목적과 규율대상이 되는 사인의 권리·이익(여기서는 건강하고 문화적인 최저수준의 생활을 유지하는 생활을 보장받을 권리)을 감안하여 위임의 한계를 넘고 있는가를 판단함으로써 통제를 하게 된다고 한다.[352]

실체적인 면에서의 통제는 '무엇을 인간다운 생활이라고 할 것인가'에 대한 보건복지부장관의 재량을 내용적인 측면에서 통제하는 것이다. 인간다운 생활을 위한 급여기준의 산정은 두 단계로 나눌 수 있다. 하나는 기준설정의 단계이고, 다른 하나는 기준액산정의 단계이다. 쉽게 말하면 기준설정의 단계에서는 인간다운 생활의 기준을 무엇으로 할 것인가의 선정의 문제이다. 일반적으로 그 기준은 최저생계비로 정하게 되는데, 이것을 반드시 기준액산정의 기초로 삼을 것인가, 아니면 그것은 재량이어서 단순히 이것을 고려하기만 하면 되는 것인가가 문제이다. 이 문제에 관해서는 종래 생활보호법에서는 이에 관하여 명백한 규정을 두고 있지 않아서[353] 인간다운 생활을 위해서는 최저생계비 이상

하는 행정청의 인식과 평가에 오류가 있었는지를 심사하는 방법을 사용하고 있다고 한다. 좀더 구체적으로 이에 관하여 제시된 사법심사기준을 소개해 보면 다음과 같다. ① 행정은 그 결정을 적절하고 주의 깊은 조사에 기초하여 하였는가, ② 법률상 모든 목적에 적합하며, 기준 및 제한을 준수하고 있는가, ③ 결정을 함에 있어 적절한 고려가 이루어졌는가, ④ 결정은 상당한 수요산정방법에 의거하고 있는가, ⑤ 상응하는 절차에 따름으로써 절차의 하자를 예방하였는가, ⑥ 채용된 수요산정방법은 일관되게 사용되고 있는 것인가, ⑦ 수요의 견적 내지 평가를 지지하는 관점이 공표되어 명료해졌는가, ⑧ 전문적 지식에 기한 인식의 불확실성은 고려되고 있는가 등이다. Stahlmann, ZfSH(Zeitschrift für Sozialhilfe)/ SGB(Sozialgerichtsbuch) 1988, S.457. Vgl. P. J. Tettinger, "Überlegungen zu einem administrativen", DVBl(1982), S.421, 427.

352) 前田雅子, "生存權の實現にかかわる行政裁量の統制", 社會問題硏究 第46卷 第2号(1997), p.9의 주4) 참조.

의 급여가 필요하다고 해석할 수 있으나, 국가의 재정사정 등을 이유로 최저생계비를 직접 기준으로 하지 않고 단지 이를 고려하거나 근거로 삼는 수준으로 그쳐도 좋다고 해석할 수도 있다는 의견도 있었으며, 이 때문에 비판의 대상이 되었던 부분이었다. 그러나 현행 국민기초생활보장법에서는 이 문제를 입법적으로 해결하였다. 동법 제7조 제2항에서는 "…… 급여의 수준은 …… 급여와 수급자의 소득인정액을 포함하여 최저생계비이상이 되어야 한다"고 명백히 규정하고 있기 때문이다.

그런데 이러한 인간다운 생활을 위한 급여기준은 모든 수급대상자에게 언제나 일률적으로만 적용될 수는 없다. 예컨대 국민기초생활보장법 제4조 제2항(수급자의 연령·가구규모·거주지역 기타 생활여건을 고려하여 급여의 종류별로 급여의 기준을 정한다), 동조 제3항(보장기관은 이 법에 의한 급여를 세대단위로 하되, 특히 필요하다고 인정하는 경우에는 개인을 단위로 행할 수 있다), 제8조(생계급여는 수급자에게 의복·음식물 및 연료비와 기타 일상생활에 기본적으로 필요한 금품을 지급하여 그 생계를 유지하게 하는 것으로 한다) 등에서 시사하는 바와 같이 최저한도의 생활은 일반적인 생활수준을 반영하여 변동한다고 하는 상대적인 빈곤관[354]과 요보호자의 개별구체적인 생활수요에 대응

---

353) 구생활보호법 제5조 제1항에서는 '이 법에 의한 보호의 수준은 건강하고 문화적인 최저생활을 유지할 수 있는 것이어야 한다'고 하고, 제2조 제5호에서는 '"최저생계비"라 함은 국민이 건강하고 문화적인 생활을 유지하기 위하여 소요되는 최소한의 비용으로 제6조에 의해 보건복지부장관이 공표하는 금액을 말한다'고 하면서도, 제3조 제1항에서는 '이 법에 의한 보호대상자는 부양의무자가 없거나 부양업무자가 있어도 부양능력이 없거나 부양을 받을 수 없는 다음 각호의 1에 해당하는 자로서 최저생계비를 감안하여 보건복지부장관이 소득과 재산을 기준으로 하여 매년 정하는 보호대상자 선정기준에 해당하는 자를 말한다'고 규정하고 있었기 때문이다.

354) Peter Townsend의 상대적 다양화빈곤(deprivation)에 따르면 빈곤은 지역 내지 사회로의 참가가 가능한 생활수준이 박탈되는 것으로 파악

한[355] 최저생활보장원리가 전제되고 있음을 알 수 있다.[356] 따라서 기준액 산정을 얼마로 할 것인가에 관한 보건복지부장관의 전문기술재량은 존재하는 것이나, 그 재량의 범위는 당시의 경제상황과 국민 내지 주민의 생활수준의 정도·추이에 따라 일정한 한계가 있기 때문에 기준산정방법의 채용에 관한 근거 내지 관점 기타 고려사항 등이 사법심사의 대상이 된다고 할 것이다. 즉 최저생활수준의 확정에 대해서는 상대적빈곤관[357]에 따라 그 수준이 개별적 요보장자가 거주하는 사회 내지 지역에서 다른 사람들과 결속을 확보하고 그 사회에 참여할 수 있도록 할 수 있는 정도의 수요(needs)에 직응시킬 수 있는 것인가를 기준으로 사법적 판단이 이루어져야 한다. 그런데 이러한 방법에 의한 심

되며, 또 최저생활수준은 생활빈곤층이 그 사회로부터 배제되어 고립화되는 것을 방지하기 위하여 일반 생활로 참가시키고자 하는 수준을 의미한다고 한다(Peter Townsend, *Poverty in the United Kingdom*, 1979, pp.248-262). 이러한 상대적 빈곤관은 1980년대 이래 영국을 중심으로 새로운 빈곤개념이 제창되었다.

355) 독일 사회부조법에서도 부조기준액의 산정방식의 채용을 둘러싼 논의에서 본문에 기술한 것과 같은 취지의 수요충족원리(Bedarfsdeckungsprinzip) 외에 이것이 개별성원리(individualprinzip)와도 합치해야 한다는 요청이 항상 전제가 되고 있다.

356) 우리나라의 생계보호기준 위헌확인에 관한 헌재결정(1997.5.29. 94헌마33결정)이나 일본의 아사히소송 등 사회보장소송에서 일반적으로 이러한 입장은 수용되고 있다. ……인간다운 생활이란 그 자체가 추상적이고 상대적인 개념으로서 생계보호의 구체적인 수준을 결정하는 것은 해당기관의 광범위한 재량에 달려 있다. …….

357) Peter Townsend의 상대적 다양화빈곤(deprivation)에 따르면 빈곤은 지역 내지 사회로의 참가가 가능한 생활수준이 박탈되는 것으로 파악되며, 또 최저생활수준은 생활빈곤층이 그 사회로부터 배제되어 고립화되는 것을 방지하기 위하여 일반 생활로 참가시키고자 하는 수준을 의미한다고 한다(Peter Townsend, Poverty in the United Kingdom, 1979, pp.248-262). 이러한 상대적 빈곤관은 1980년대 이래 영국을 중심으로 새로운 빈곤개념이 제창되었다.

사는 구체적으로 생활부조의 기준액이 되는 최저생계비 추정방식의 채용에 관한 판단에도 타당하다. 최저생계비의 추정방식에는 수준균형방식과 격차축소방식이 있다. 먼저 현행의 '수준균형방식'은 정부의 경제전망에 따른 민간최종소비지출의 성장에 준하여 기준액(최저생계비)의 개정률을 정하고 그에 따라 기준액의 성장을 산정하는 방식이다[358](다만 당해 방식에 의해 구체화된 보호수준이 일반 소비수준의 균형상 타당하다고 하는 평가가 이루어지면 이를 토대로 이것과의 격차는 고정됨을 전제로 한다). 그러나 여기서는 거시적 소비지출의 신장은 기준액에 반영되는 반면, 요보호자뿐만 아니라 표준 또는 일반 세대의 개별적 소비지출의 내용 내지 생계의 실태는 기준액산정의 기초가 되지 못한다. 이와 달리 격차축소방식은 수준균형방식이전에 채용되었던 방식으로, 매년 정부의 예산편성 직전에 정부가 발표한 경제전망 중 내년도의 개인소비의 신장률에 예산절충으로 인정된 격차축소분을 추가시킨 것을 생활부조기준의 개정률로 하는 방식이다. 일반 세대와 피보장세대와의 소비수준의 격차시정이 중요한 과제인 현재의 상황에서는 이러한 격차축소방식의 채용도 검토해 볼 만하다. 요컨대 기초생활보장 급여의 기준설정에 있어서는 판단과정의 투명화 및 설정절차의 적정화뿐만

---

358) 수준균형방식에 의한 최저생계비의 추정공식

$$PL_{4t}=C_{4t}\times PL_{4t0}/C_{4t0}$$

PL_{4t}: 추정하고자 하는 연도의 4인가구의 최저생계비

C_{4t}: t년도의 4인가구의 가계지출(*경제전망에 의한 예상치)

PL_{4t0}/C_{4t0}: 기준연도의 가계지출에 대한 최저생계비의 비율

이와 같이 4인가구의 연도별 최저생계비가 추정되면 가구균등화지수를 적용하여 가구규모별 최저생계비를 추정한다. PLnt(추정하고자하는 연도의 최저생계비)=$PL_{4t}\times$HSn(가구균등화지수) 한국보건사회연구원, 국민기초생활보장법 시행방안에 관한 Workshop 자료 99-16, 1999. 12. 29. pp.19-20참조.

아니라 반드시 국민의 실제의 생계실태를 기준액산정 속에 감안하여야
할 것이다. 다만 그 범위 내에서도 구체적인 산정방식으로서는 여러 가
지의 방법이 있을 수 있기 때문에 그 선택은 보건복지부장관의 전문·
기술적 재량에 위임되나, 그 재량에는 상대적 빈곤관과 필요즉응의 원
리에 따른 개별적 보장이 가능한 정도의 수요적응[359]에 부합하도록 해
야 하는 한계가 있음을 말할 필요도 없다.

2) 給與基準 산정에 관한 政策的 裁量과 統制

다음으로 정책적 재량의 검토, 즉 보건복지부장관의 정책적 가치판
단의 내용에 관해서도 음미해 볼 필요가 있다. 행정부의 정책적 재량
은 완전히 배제되어서도 아니 되며, 무조건 수용되어서도 아니 된다.
따라서 정책적 재량을 행정의 결정과정 중 어느 단계까지 수인할 것
인가도 중요한 문제이다. 사회보장의 취지를 이유로 정책적 재량의 내
용이나 성질에 따라 수인 여부를 결정할 수도 있지만 이것은 법논리
적으로도 다소 약하다고 할 수 있고, 만약 정책적 재량의 통제를 법정
화한다고 하더라도 다시 성질에 관한 해석의 문제를 남기게 되므로
적합하지 아니하다. 따라서 정책적 재량의 고려는 어느 단계까지 할
수 있는가를 검토하는 방법이 더 적합하다고 하겠다.

결론적으로 말하면 정책적 재량의 검토는 기준설정과정 및 기준액
산정과정에 한정된다고 하여야 한다. 즉 국민을 생활실태를 고려한 최

---

359) 독일 사회부조법에서도 부조기준액의 산정방식의 채용을 둘러싼 논의에서
    본문에 기술한 것과 같은 취지의 수요충족원리(Bedarfsdeckungsprinzip)
    외에 이것이 개별성원리(individualprinzip)와도 합치해야 한다는 요청이
    항상 전제가 되고 있다.

저생계비를 결정하는 단계까지만 고려할 수 있으며,[360] 그 이후에 고려될 수 있는 사유, 즉 국가의 재정적 사유, 예산적 사유 등에 대한 재량은 인정되어서는 아니 될 것이다. 따라서 국민의 최저생계비는 얼마로 설정되어야 하나. 국가의 재정사정상 또는 예산사정상 이를 줄일 수밖에 없다는 식의 재량은 원칙적으로 허용될 수 없다고 하겠다.

이러한 측면에서 국민기초생활보장법에 말하는 건강하고 문화적인 최저수준의 생활은 헌법 제34조의 인간다운 생활수준의 구체화이며, 또 급여기준이 다른 사회보장의 영역에서도 기준이 된다는 점을 고려한다면 적어도 그 결정에 관한 기본적 사항, 즉 의무적 고려사항 외에 고려해야 할 사항과 기준액산정의 기본적인 방법 등은 법률로 정하는 것이 마땅하다고 생각된다.[361]

3) 現行 國民基礎生活保障法에 의한 給與基準과 관련된 問題點

이와 관련하여 현재 인간다운 생활 이하의 생활을 하고 있다고 판단되는 자, 즉 기초생활보장대상자의 선정과 관련하여 현행 국민기초생활보장법상 발생하는 문제를 지적해 볼 필요가 있다. 국민기초생활보장법상의 생활보장 급여의 종류는 생계급여와 주거급여, 의료급여, 교육급여, 해산급여, 장제급여, 자활급여 등으로 나뉘고(법 제7조 제1항), 이 법에

---

360) 따라서 최저생계비를 산정함에 있어 예컨대 현행의 최저임금제로는 인간다운 생활을 하기에 충분치 아니하므로, 저임금층(불안정피용자층 및 안정피용자층과의 경계층)에서는 근로의욕이 상실할 수 있고 따라서 이에 대한 배려 차원에서 고려되어야 할 때, 이러한 사항은 충분히 행정의 정책적 재량으로 허용될 수 있을 것이다.

361) 생활보호제도의 대상이 되는 빈곤개념·대상세대 등과 같은 제도의 기본적인 골자를 변경할 때에는 의회가 관여하여야 한다는 견해에 관해서는 大橋洋一, 行政規則의 法理と實態, 有斐閣, 1989, pp.224 참조.

의한 급여는 생계급여와 수급자의 필요에 따라 나머지 급여를 함께 행하는 것으로 하며, 이 경우 급여의 수준은 해산급여와 장제급여를 제외한 급여와 수급자의 소득인정액을 포함하여 최저생계비[362] 이상이 되도록 하여야 한다고 하고 있다. 여기서 소득인정액이란 개별가구의 소득평가액(실제소득에도 불구하고 보장기관이 급여의 결정의 실시 등에 사용하기 위하여 산출된 금액)과 재산의 소득환산액(보장기관이 급여의 설정의 실시 등에 사용하기 위하여 개별가구의 재산가액에 소득환산율을 곱하여 산출한 금액)을 합산한 금액이다. 다만 소득인정액의 적용은 2002년 12월 31일까지 유보되어 있고, 그동안은 개별가구 소득평가액을 소득인정액으로 보도록 되어 있다(법 부칙 제5조—소득인정액에 대한 적용특례). 따라서 본 제도의 성패는 개별가구의 '소득평가액' 내지 '소득인정액'을 얼마나 정확하게 책정하느냐에 달려 있다고 할 수 있다.

그런데 2002년 12월 31일까지 적용될 개별가구의 소득평가액은 보건복지부장관이 매년 정하는 선정기준[363]에 따르도록 되어 있는데, 여기에 몇 가지 중대한 문제점들이 지적되고 있다. 여기서는 수급자로 선정되기 위하여 소득평가액 기준, 재산기준(급여기준, 주택, 농지면적기준, 승용차기준), 부양의무자 기준 등의 세 가지 기준을 동시에 충족시켜야 한다고 하고 있다. 구체적 기준을 보면 다음과 같다.

---

362) 참고로 보건복지부장관이 2000년 12월 1일 공표하여 2001년도에 적용될 최저생계비는 1인가구 333,731원, 2인가구 5526,712원, 3인가구 760,218원, 4인가구 956,250원, 5인가구 1,087,256원, 6인가구 1,226,868원 등이다.
363) 보건복지부, 2000년도(10월-12월)국민기초생활보장사업 안내, 2000. 10. pp.19-22 참조.

(1) **소득평가액 기준**

가구규모		1인가구	2인가구	3인가구	4인가구	5인가구	6인가구
소득평가액(월)	2000년	32만 원	54만 원	74만 원	93만 원	106만 원	120만 원
	2001년	33만 원	55만 원	76만 원	95만 원	109만 원	123만 원

○ 7인 이상 가주는 1인 증가 시마다 기준이 12만 원씩 증가(7인 132만 원, 8인 144만 원 등)

* 소득평가액 기준은 1999.12.1. 공표한 2000년 최저생계비임.

** 차상위계층: 수급자가 아닌 자로서 실제소득이 최저생계비의 100분의 120 미만에 해당하는 자.

(2) **재산기준**

① 금액기준: 재산가액이 다음 기준 이하인 경우

가구규모	1인가구	2인가구	3인가구	4인가구	5인가구	6인가구
재산가액	2,900만 원		3,200만 원		3,600만 원	

② 주택 및 농지의 면적기준: 재산 금액기준에 부합하더라도 다음에 해당하는 자는 수급자 선정에서 제외한다.

구 분	선정제외대상자
주 택	- 전용면적 15평(50㎡)을 초과하는 주택 소유가구 - 전용면적 20평(66㎡)을 초과하는 주택 임차가구 * 재래식 농가주택은 제외
농 지	- 농업종사가구 중 시·도별 농가구당 평균 경지면적을 초과하는 경지(논, 밭)를 소유한 가구 ※ 시·도별 농가호당 평균경지면적(단위:ha, 「경지면적통계」, 농림부, 1999) · 경기 1.42, 강원 1.48, 충북 1.48, 충남 1.49, 전북 1.59, 전남 1.45, 경북 1.24, 경남 1.07, 제주 1.46, 인천 1.46, 울산 1.29 · 서울 1.42, 부산 1.07, 대구 1.42, 광주 1.45, 대전 1.49(인접도의 평균경지면적 준용)

③ 자동차소유기준: 승용목적의 자동차를 소유한 가구는 수급대상
에서 제외한다. 다만 생업용 차량, 장애인 차량, 10년 이상 된 차량은
제외한다.

(3) 부양의무자기준

－부양의무자(배우자, 직계혈족 및 생계를 같이하는 2촌 이내의 혈
족)가 없는 가구, 부양의무자가 있어도 부양능력이 없는 가구, 부양능
력 있는 부양의무자가 있어도 부양을 받을 수 없는 가구이어야 한다.
－부양의무자의 소득과 재산이 양 가구 소득기준이나 재산기준 합
의 120%를 미달해야 만 수급자로 선정이 가능하다.

위에서 보는 바와 같이 수급대상자의 선정기준은 상당히 까다로운
데, 그것은 예산확보의 어려움과 부정한 방법으로 수급자가 되려는 극
소수의 부정한 사람이 수혜자가 되는 것을 방지하기 위한 이유에서
기인하는 것 같다. 인간다운 생활을 위한 예산확보는 국가의 경제상황
과 재정형편, 정책방향 등에 따라 결정될 수 있겠지만 그것은 국가의
의무에 속한다고 보아야 하며, 법이 목적하는 바를 생각한다면 부수적
인 현상으로서의 부작용을 최소화할 수 있는 다른 방안을 생각해야지
수급 그 자체를 어렵게 해서는 안 된다고 생각된다.

문제점을 구체적으로 살펴보면 다음과 같다. 먼저 소득평가액기준
의 면에서는 중·소도시 최저생계비를 소득기준으로 삼음으로써 결과
적으로 대도시 지역의 저소득층에게 불리한 결과를 가져오게 되며, 재
산기준의 면에서는 실질적으로 최저생활을 영위하기 어려운 사람도
수급자에서 제외될 가능성이 있어 문제되고 있다. 즉 원칙적으로 재산

기준은 소득이 전혀 없어도 재산을 처분 또는 이용하여 최저생활을 영위할 수 있는 수준이 최저수준으로 되어야 한다. 그런데 이 법은 일정 액수 이상의 재산을 가진 가구는 수급자에게 제외하도록 하고 있으나, 그 액수의 기준이 너무 낮고, 지역이나 재산형태에 따른 탄력성을 전혀 인정하지 않고 있어서 현실적으로 사회보장을 받아야 할 자가 그 대상에서 제외될 수 있다. 예컨대 소득이 전혀 없이 중증 장애인인 아들과 함께 살고 있는 노부부가 3,500만 원짜리 반지하 주택을 소유하고 있다면 이 가구는 재산기준 초과로 수급자로 선정될 수 없는 불합리한 점이 있다. 또 주거면적 기준도 소유인 경우 15평 이하, 임차인 경우 20평 이하로 획일적으로 규정되어 있는데, 재산가치의 정도는 지역에 따라 크게 다르고, 예컨대 식구의 수가 많고 주택가격이 1000만 원 이하더라도 수급대상자에서 제외될 수 있어 불합리하다. 또 부양의무자 기준의 면에서는 부양의무자와 수급자의 가구의 최저생계비의 합이 120%를 초과하는 소득이나 재산이 있는 경우에는 수급대상자에서 제외하도록 하고 있는데, 이 기준은 너무 엄격하여 실제빈곤가구를 모두 포함하기 어렵고 부양능력 있는 부양의무자가 없도록 하기 위하여 형제간에는 생계를 달리하게 되는 부작용도 낳을 수 있다. 또 현실적인 문제로 국민기초생활보장 신청에 대한 홍보가 부족하여 수급자가 될 수 있는 사람들이 이를 잘 모르는 경우도 많고, 사회복지 전문요원의 수(현재 약 4,800명)가 부족하여 방치된 수급대상자를 적극적으로 찾아내는 데 한계가 있다는 점도 지적된다.[364]

　급여기준과 관련하여 또 하나 지적할 점은, 이 법에 의하면 최저생계비에 소득 및 재산가치가 미달하는 경우 국가가 이를 보충하는 방식으

---

364) 洪起台, "'人間다운 生活을 할 權利'와 國民基礎生活保障法의 憲法的 意義", p.244.

로 급여를 하게 되는데, 이러한 제도하에서는 일단 수급자가 되면 상당한 사회보장을 받을 수 있게 되지만, 여기서 탈락하면 전혀 보장을 받지 못하게 된다는 점이다. 이를 보완하기 위하여 대상자가 필요로 하는 영역에 따라 탄력적이고 단계적인 급여지급이 가능하도록 하는 개별급여방식을 도입할 필요가 있다고 생각된다. 또한 급여액수를 정하게 될 소득인정액의 정확한 책정도 중요하다. 이 제도의 성패는 현실적으로 소득파악을 얼마나 정확하게 하느냐에 달려 있는 것이며, 또 소득파악은 1회로 끝나는 것이 아니라 지속적으로 변화를 추적해야 하는 것이므로, 정확한 소득파악을 통하여 부당한 수급자가 없도록 하는 한편, 필요한 수급대상자가 반드시 보호를 받도록 운영되어야 한다.[365]

4) 健康하고 文化的인 最低生活水準을 下廻하는 生存維持에 必要不可缺한 給付에 대한 行政의 裁量

또 행정청의 전문기술적 · 정책적 재량뿐만 아니라 입법재량이 배제되는 '생존유지에 불가결한 수준'을 헌법 제34조 제1항의 재판규범성에서 독자적으로 관념할 여지는 없는가를 생각해 볼 필요가 있다. 최근 헌법학에서는 이러한 경우에 입법재량을 부정하는 견해, 예컨대 필요최소한도의 긴급조치적인 조치이라면 일정한 요건해당자에게 권리가 성립할 여지가 있다는 견해[366]와 최저한도를 하회하는 특정 수준에 관해서는 직접 헌법에 기한 금전급부를 재판상 요구할 수 있다는 견해[367]가 보이고 있다. 생각건대 적어도 이러한 한도의 급부를 하는

---

365) 洪起台, "'人間다운 生活을 할 權利'와 國民基礎生活保障法의 憲法的 意義", p.245.
366) 奧平康弘, 憲法Ⅲ, 有斐閣, 1993, pp.284.

것 자체에 관해서는 건강하고 문화적인 최저수준의 생활의 인정에 관한 입법부와 행정부의 전문기술적·정책적인 판단여지는 거의 존재하지 않는다고 생각된다.

5) 外國人에 대한 生活保護와 行政의 裁量

외국인에 대한 생활보호가 현실적으로 문제되는 대표적인 예는 행정해석상으로는 생활보호를 수급할 권리가 없다고 하는 외국인에 대한 의료급부에 관한 것일 것이다. 적어도 긴급의료에 관해서는 외교관계·국제정세와 외국인의 입국관리정책이라고 하는 관점에서의 입법재량과 행정재량은 한정된다고 생각된다.368) 다만 이 문제에 관해서는 헌법 제34조 제1항의 구체적 권리성을 정면으로 논할 필요는 없을지도 모르겠다. 일반적으로 생존의 권리는 국내적 권리라고 하지만 생활보호의 기본원리가 인간의 생활의 영위에 착안하여 그 최저생활수요를 충족하는 것이라는 점에 비추어 보면 생활보호의 대상은 반드시 자국의 국적을 가진 자에 한정될 것은 아니라고 해석할 여지가 있다. 즉 생활보호를 받을 권리가 있는 국민은 국적 보유자에 한정되지 않으며, 입국관리법상의 체류자격에 관계없이 그 생활실태를 감안하여 국내에 생활의 근거가 있다고 보여지는 외국인도 포함된다고 해석될 수 있다.369) 특히 일본의 경우 이에 관한 논의가 많은데, 생활에 곤궁

---

367) 棟居快行, "生存權の具體的 權利性", p.156.

368) 생존권의 대상은 자국국적소지자에 한한다고 하면서도 긴급의료와 같은 생물적 생존에 관한 경우에는 입법재량이 영으로 수축될 여지가 있다고 하는 견해로, 棟居快行, 憲法フィールドノート, 日本評論社, 1996, pp.159.

369) 생활의 실태에 관한 점에서 일반국민일반과 다르지 아니한 외국인에

한 외국인에 대한 생활보호의 결정실시의 취급이 생활보호법에 준하여 행해진다고 하는 행정해석,[370] 동법에 따른 운용의 실태 내지 관행 및 판례[371] 또 내외인평등원칙을 채용한 구생활보호법에 기한 보호의 재량적 실시에 감안하면 이러한 취급은 당연한 행정조치는 아니지만 동법에 기한 재량급부(소위 '가능한 급부')이라고 해석할 수도 있다고 한다.

또 비정주외국인에 대해서도 긴급히 의료를 필요로 하는 경우 등 긴박한 사유가 있는 경우에는 당해 재량의 수축에 의해 생활보호법에 기한 의료부소를 실시할 의무가 발생히게 된다는 이론구성이 가능할 것이다. 즉 긴박한 경우의 의료급부에 관해서는 급부의 내용에 관한 행정청의 전문기술재량도 거의 없다고 해야 할 것이다. 외국인을 생활보호의 대상으로 할 수 없다는 주장의 논거의 하나인 자산 등의 조사의 곤란성에 관해서는 애초 그것이 곤란하다고 하더라도 '선보호후조치'하여 나중에 일정한 자산이 발견된 경우에는 그 비용의 반환을 명하는 시스템이 적합하다고 생각된다.[372][373] 같은 견지에서 불법체류

대해서 사회권이 보장되어야 한다는 견해로 浦部法穗, 憲法學敎室 I (新版), 日本評論社, 1994, pp.69.

370) 「生活に困窮する外國人に對する生活保護の措置について」 昭和29(1954).5.8. 社發 第382号 日本厚生省社會局長 通知, 이 통지에서 외국인에 대한 생활보호의 실시는 생활보호법의 준용이라고 서술되고 있다. 당해 준용조치에 대한 해석론적 검토는 아직 없는 것 같다.

371) 외국인과 자국국적 보유자에 대한 보호결정실시의 취급이 거의 다르지 않다는 행정실무상의 운용실태 외에 이에 관한 판례도 있다. 소위 불법체류외국인이 원고인 보호신청각하처분의 취소소송에 관하여 東京地判은 平成8(1996)3.29. 당해 처분을 동법에 기한 처분으로 그 명의인인 원고의 심사청구적격을 긍정하였다(平成8(1996)3.29. 判例時報1577号 (1996), p.76, 89).

372) 헌법학의 입장에서 현재 사회를 구성하고 있는 사람들을 생존의 기본에 관한 영역에 관해서까지 사회권의 향유 주체에서 배제하는 것은 위

자에 대해서도 출입국관리법상의 체제자격만을 고집할 것이 아니라 사안의 긴급성이나 필요시되는 보호의 종류 등을 고려하여 경우에 따라서는 보호의 대상이 될 수 있다고 해야 할 것이다.[374]

2. 社會保障의 給付決定에 있어서의 裁量과 統制

급부의 결정은 단순히 급부 여부의 결정과 급부내용의 결정으로 구분할 수 있다. 이것은 대개는 동시에 이루어지기 때문에 재정의 부족 등 사회보장 외적인 사유에 의해 사회보장의 권리가 추구되지 못하는 경우가 많았다. 또 같은 이유로 공급 주체에 있어 급부량의 한계는 이를 고려하지 않을 수 없다고 하여 행정 주체의 재량으로 연결되는 것이 일반적이었다. 따라서 여기서는 급부결정의 단계를 보다 세밀하게 분석하여 행정의 재량의 여지를 보다 축소하고, 사회복지 대상자들의 권리보호범위를 보다 확대하기 위한 이론을 검토해 보기로 한다. 그

헌의 문제가 발생한다는 견해가 있으며(樋口陽一, 憲法, 倉文社, 1992, pp.176), 또 긴급한 의료부조에 관하여 외국인이라는 이유로 부조의 대상이 되지 않는 것은 곤란하다는 견해가 있다(佐藤幸治, 憲法(第3版), 靑林書院, 1995, pp.421). 그 외에 생활보호법이 인간의 생존의 최후의 지주가 된다는 점 및 인도주의의 관점에서 적어도 긴급의료적인 부조에 관해서는 동법의 해석으로서 외국인은 배제되어야 한다는 견해로는 創田 聰, "外國人の社會保障", ジュリスト 第1101号(1996), pp.48. 등이 있다.

373) 이에 대해서 생활보호법은 모든 외국인에게 적용되지 않으며, 단지 행정조치로서 보호가 실시되고 또 비정주외국인은 긴급의료를 포함한 당해조치의 대상이 될 수 없다는 견해가 있다. 堀勝 洋, (批判) 季刊 · 社會保障研究 第32卷 第3号(1996), pp.340.

374) 前田雅子, "生存權の實現にかかわる行政裁量の統制", p.13의 주22) 참조.

구체적인 방법은 급부내용결정에 관한 계약법적 법리구성에 의한 통제와 절차법적 정비를 통한 행정적 통제가 그것이다. 전자에 관해서 간단히 설명하면 급부 여부의 결정단계(요보장상태[375]의 결정과 급부의 적부결정)에서는 헌법상 권리를 추구하는 이상 이미 법정화되어 있기 때문에 행정의 재량은 인정될 여지가 없으며, 급부내용의 결정에 대해서는 재량에 위임될 수밖에 없는데, 급부내용의 결정단계에서 계약법적 법리를 도입하여 소송가능성을 확대하고 그럼으로써 급부대상자들의 권리보호가능성을 보다 넓게 확보한다는 것이다. 다음으로 후자에 관해서는 급부내용결정이 갖는 전문기술적 새량을 인정하면서, 그 급부내용의 결정에 있어 그 결정기준을 공개하고, 본인 기타 관계인의 의견진술 기회 확보, 보장기록에 대한 열람 인정 등 절차확보를 통한 통제에 가능하다는 것이다.

1) 給付決定段階의 分析과 行政의 裁量

여기서는 사회보장행정에서의 급부결정단계에서의 행정재량의 통제에 관하여 검토한다. 현대의 사회보장행정의 변화는 사회복지의 유형의 변화를 반영하게 되는데, 최근 변화의 주요한 특징은 재가복지서비스의 우선적 채용과 그에 따른 개호관리시스템(care management system)의 도입이다. 이러한 영향으로 우리나라에서도 노인복지법이 그 운용 면에서 중대한 개정이 있었으며,[376] 현재 많이 논의되고 있는 개호서비스제

---

375) 일반적으로는 요원호상태라는 표현도 많이 쓴다. 하지만 여기서는 원호, 보호라는 용어보다는 권리성을 부각시킨다는 차원에서 보장이라는 용어를 주로 쓰기로 한다.
376) 우리나라의 노인복지법은 1981년 제정되어 그동안 세 차례의 중대한 개정이 있었는데 그중 1997년의 제3차 개정노인복지법은 인구의 고령

도[377])도 이러한 것을 전제로 하고 있는 것이다. 따라서 이하의 사회보장행정의 급부결정단계에서의 행정재량의 통제는 주로 노인복지법을 모델로 하여 설명하기로 한다.

개호서비스제도는 보통 다음과 같은 구조를 가지고 있다. 즉 이것은 사회수요(needs)와 재원의 연결, 즉 요개호자 등에 의한 수요를 기초로 다원적 서비스공급 주체를 연대하여 다양한 서비스를 종합적으로 조화시킴으로써 당해 수요의 충족을 실현하는 구조이다. 이 구조는 우선 요개호상태에 따른 수요의 평가가 이루어지고 이를 기초로 개호서비스의 계획을 작성한 후 패키지화된 각종 서비스의 조정, 연락협

화추세에 따라 증가하고 있는 치매 등 만성퇴행성 환자에 보다 효과적으로 대처하며, 노인복지시설 이용 및 운영체계의 개편 등을 통하여 노인복지증진을 도모하는 것을 내용으로 하는 전면개정이었다. 특히 재가노인복지시설(법 제38조 및 제39조)을 비롯한 요개호노령자에 대한 개호서비스의 사회화에 그 초점을 맞추고 있는 것은 노인복지의 세계적 추세에 맞춘 중요한 개정이라고 평가된다. 다시 이러한 내용을 좀더 구체화하기 위하여 1999. 2. 2.8. 다시 소폭의 개정이 있었다.

377) 介護는 Care의 확대된 개념으로, 종래 우리나라에서의 Care라는 용어는 보호라는 수동적, 소극적 의미로 좁게 사용되었으나, 현재는 1974년경부터 일본에서 확립된 용어인 介護를 우리나라에서도 널리 사용하고 있다. 초기의 개호의 개념은 기거동작, 신변처리, 가사원조를 의미하는 정도의 신체적 기능을 원조하는 측면에 초점을 두었으나, 점차 Care를 필요로 하는 사람들에 대한 신체적 보조의 측면보다는 일상생활을 영위하는 데 발생하는 제 곤란에 대한 서비스로 인식하게 되었다. 따라서 최근의 介護에 대한 유력한 정의는 보건의료 면에 있어서 질병, 고통에 대한 진단, 예방, 처치, 왕진, 간호, 재활 등 종래의 Cure라고 하는 보건의료서비스와 복지면 있어서 각종 상담서비스와 가사원조서비스로서의 가정봉사, 배식, 목욕, 시장보기, 화장실, 보행원조, 통원원조 등 일상생활면에서의 Care 서비스로서, Cure가 Care에 통합된 것이라고 한다(이창희, 노령개호자의 실천과제에 관하여—의료·보건·복지를 중심으로—, 서울장신논단 제7집 (1999), 서울장신대학교, 출처: http://seouljangsin.ac.kr/99-12.htm) 여기서의 개호개념도 이러한 넓은 개념을 따른다.

의, 위탁·구입이 행해지는 절차를 거쳐서 서비스가 제공되게 되는데, 급부결정 후의 서비스 실시 중에도 제공된 서비스의 적부와 본인의 의향에 관한 조사가 이루어지며, 수요의 변화가 있을 때에는 이를 재평가를 함으로써 필요에 따른 서비스 내용의 변경이 결정된다.

이상과 같은 사회복지서비스의 과정을 전제로 판단할 때 급부결정 내지 조치결정[378]에 관한 행정청의 판단과정을 ① 요보장성의 판정, ② 급부의 요부판단, ③ 급부내용의 판단 등의 3단계로 나누어 고찰할 수 있다. 이러한 고찰방법은 각종의 판단과정에서 고려되어야 할 사항을 순조롭고 적정하게 판난할 수 있으며, 급부결정에 관한 재량통제의 측면에서 보더라도 해석론상 유효한 시각을 가질 수 있기 때문에 유익하다. 왜냐하면 후술하는 바와 같이 급부결정이 행정처분이라고 전제하는 경우 상술한 급부결정에 관한 판단과정의 분해적 고찰방법은 당해 처분의 효력이 미치는 범위를 획정할 수 있으며, 이로써 구제수단을 재검토하는 계기가 되기 때문이다.

좀더 구체적으로 각각의 과정에 관하여 설명하면, 첫째 ① 요보장성의 판정을, ② 급부의 요부판단으로부터 독립시킨 것은 본래 이것은 오직 대상자 고유의 심신상태에 따라 요보장상태가 조사·판정되는 것이며, 또 여기서는 담당 시·군·구의 사회복지담당직원뿐만 아니라 관계기관, 의료기관 등이 그 판정에 관여해야 하는 경우가 있기 때문에[379] 독립한 과정 내지 행위로서 보아 법적 통제의 대상이 된다고

---

378) 여기서 조치라는 용어는 문언상으로는 처분적 성격이 강한 것처럼 보여지나 사회보장행정에서는 후술(제4장 제3절 1. 사회보장급부조치의 내용)하는 바와 같이 사회보장행정의 영역에서 급부를 내용으로 하는 모든 작용을 의미하는 것으로 보며, 따라서 조치결정이라 하면 급부의 결정과 동일한 개념이라고 할 수 있겠다.
379) 우리나라의 경우 요보장성의 판정은 행정기관에 의해 독자적으로 이루어지는 것이 사실이다. 그러나 일정한 시설에 입소하는 경우 복지의 실

보았기 때문이다. 요보장성의 판정에서는 그 객관성·전문성·중립성을 확보하기 위하여 조직 면에서의 통제가 검토될 필요가 있는데, 이를 위해서는 우선 요보장상태의 판정행위의 법적 성격을 규명해 볼 필요가 있다. 이것은 단순한 행정내부의 행위라고도 생각할 수 있지만, 동일한 판정결과가 지방자치단체가 지급하는 복지관련 수당 등 다른 급부의 요건인정에 쓰이고 있는 경우도 있고, 또 판정결과의 객관성의 확보 내지 본인의 권리보호가 중대하기 때문에 이를 처분적인 성질을 가지는 것으로 보아야 할 것이다. 이에 관하여 사회보장법에서는 급부의 신청에 대한 판정결과를 대상자 본인 내지 신청자에게 통지하도록 되어 있으며, 그리고 그 결과에 대한 심사청구, 이의신청 등의 불복규정을 두고 있음을 들어 처분적 성질을 바로 긍정할 수 있다는 견해가 있을 수 있다. 물론 우리나라의 사회보장법은 일반적으로 그러한 규정을 두고 있으나, 요보장성의 판정과 급부요부의 판단, 급부내용의 판단을 구별하고 않고, "…… 신청을 한 자는 처분에 대하여 이의가 있는 경우에는 이의신청할 수 있다. ……"라고만 규정하고 있으므로 단순히 이것만으로는 요보장성의 처분적 성격판단의 전제가 될 수 없다고 생각된다.

둘째로 ② 급부의 요부의 판단에 있어서는 가족 기타 지원자의 개호력·주거의 상황·세대의 경제상황 등 요보장자가 처한 생활환경에 관한 제사정이 고려되어야 한다. 이것 외에도 이 과정에서 지방자치단체 등 공급 주체에서 급부량의 한계가 있을 경우 이를 고려할 것인가의 여부의 문제가 있는데 이에 관해서는 후술한다.

시과정에서 다소 기본권이 침해될 소지가 있으므로 전문가집단의 결의를 거치게 하는 등 적극적인 개입에 의한 절차적 적법성을 확보할 필요한데도 이것은 반영되지 않고 있다.

셋째로 ③ 급부내용의 판단에 있어서는 급부결정에 있어 당해 판단을 한 것의 적부에 관한 것이 문제된다. 우선 급부결정[380]이 행정처분인가의 여부에 관해서는 전술한 바와 같이 사회보장법상의 제 규정, 즉 사회보장법상의 다양한 조치에 대한 통지 및 불복절차를 정한 규정을 두고 있는 것으로 보아 처분성을 전제하고 있음을 부인할 수 없다. 이와 관련하여 행정기관의 거부행위에 대한 처분성 유무의 판단을 법령상 신청권의 존재 여부에서 찾기도 하며,[381] 특히 양로시설에 입소조치 등 법령에 신청절차의 규정이 없기 때문에 입소거부결정의 처분성이 부정된다는 견해[382]가 있나. 여기서 복지조치에 관한 법령상 신청권의 유무에 관한 문제를 간단히 언급해 보면[383] 종래 복지조치

---

380) 급부결정은 단순히 '주는 것'이 아니라 사회복지를 위한 '조치'라는 넓은 의미의 개념이다. 특히 여기서는 주로 사회복지시설에의 입소(일상생활상의 편의를 도모하기 위한 용구의 대여 등을 포함한다)와 재택서비스를 염두에 두고 있다. 이것 외에 사회보장급부의 형식으로 금전의 대여, 사회복지각법에 기한 지도·지시·상담 등이 있는데 이에 관한 법적 성격에 관해서는 다음 절에서 상술한다.

381) "행정청의 거부행위가 항고소송의 대상이 되는 행정처분이 된다고 하기 위해서는 국민이 그 신청에 따른 행정행위를 해 줄 것을 요구할 수 있는 법규상 또는 조리상의 권리가 있어야 한다"고 한 우리나라의 판례로는 대판 1991.9.26. 90누5597; 대판 1990.9.28. 89누8101; 대판 1990.5.25. 89누 5768 등이 있다. 이를 긍정하는 일본의 견해로는 越山安久, "抗告訴訟の對象", 新·實務民事訴訟法講座9, 日本評論社, 1983, p.47이 있으며, 또 이러한 견해에 입각하여 국유재산법에는 신청권이 있다고 규정한 절차규정이 없다는 이유로 행정재산의 목적 외 사용허가의 처분성을 부정한 판례도 있다(靑森地判 平成4(1992).7.28. 行集43卷第6·7号, p.991). 그러나 이러한 입장에 대하여 김남진 교수는 취소소송의 대상과 원고적격의 구분필요성을 무시한 것이라고 비판한다(金南辰, 行政法Ⅰ, p.787).

382) 又坂常人, "權利救濟節次の諸問題", 社會保障法(社會保障法學會誌) 第10号(1995), pp.75.

383) 여기서는 절차법상의 신청권을 염두에 둔 것이다. 실체법상의 신청에

는 행정실무상의 직권에 의한 조치이며, 신청에 의한 조치에 대해서는 소극적이었다. 이것은 복지조치가 국가에 의한 시혜적 차원의 것이라는 사상적 배경을 담고 있는 것이어서 이제는 사회복지 대상자의 권리를 옹호하는 차원에서 신청주의 경향으로 선회하였다. 다만 신청이 불가능하거나 정보부족, 신체상의 이유 등으로 그것이 곤란한 경우에는 행정기관의 지도를 통하여 또는 직접 직권행사를 함으로써 직권행사가 보충적 기능을 하도록 하고 있다. 또 개별법령의 구체적 신청규정이 없더라도 해석상 신청권이 인정되고 있으면 족하다고 하는 부작위위법확인소송의 요건에 관한 통설적 견해를 전제로 하면,[384] 법제의 해석상 급부결정의 시스템이 신청→심사→결정이라고 하는 과정을 거치도록 되어 있거나, 또 신청이 없으면 당해 법제도의 취지, 목적이 달성될 수 없거나 충분히 기능할 수 없는 경우에는 법령상 구체적인 규정이 없더라도 신청이 인정된다고 생각된다.[385] 따라서 복지의 조치에 관해서는 직권에 의한 수요의 탐지·요건심사의 개시와 함께 법령에 기한 신청권이 인정되며, 신청권의 존재 여부만으로 처분성을 판단할 수는 없다고 생각된다.

그런데 급부결정이 행정처분이라고 전제하더라도 아래에서 제시하는 바와 같은 사회복지서비스의 특성으로 인하여 조치결정의 단계에서는 급부내용이 확정되지 않으며, 또 지방자치단체에서의 사회복지의 조치결정 및 실시의 구조를 살펴보더라도 조치결정의 효력은 수에 응

관해서는 人見 剛, "行政處分申請權について", (兼子仁 外編) 手續法的 行政法學の理論, 勁草書房, 1995, p.147.

384) 행정절차법상으로도 마찬가지로 해석되는 점에 관하여 塩野 宏, 行政法 Ⅰ(第二版), 有斐閣, 1994, pp.243.
385) 實井 力, 現代行政法入門(1)(第4版), 法律文化社, 1995, pp.342; 小早川 光郎. 行政法講義(上Ⅱ), 弘文堂, 1994, p.192 등 참조

하여 필요한 (제공가능한)서비스를 받을 권리의 유무판단에만 관련되
는 것이며, 개개의 급부내용의 확정까지는 미치지 않는 것은 확실하
다. 또 이러한 경향은 앞으로 서비스의 종류가 다양하게 확충됨으로써
한층 더 강화될 것이다.

사회복지서비스의 주요한 특성으로는 종합성, 대체성, 가변성, 즉응
성, 유연성이 거론되고 있다. 우선 '종합성'은 사회복지대책은 요보호
자에 대하여 그 심신의 상황과 그 처한 환경 등에 따라 가장 적절한
처우를 하도록 한다는 관점에서 요개호조치 및 입소조치를 종합적으
로 실시해야 한다는 깃을 의미히는 것으로 위에서 전술한 개호관리시
스템(care management)의 도입은 이러한 태도를 잘 나타내고 있다.
이러한 종합성의 원칙에 따라 급부의 구체적인 내용의 결정은 요보장
자의 수요를 기초로 보통 각종의 서비스를 편성한 다음 개호계획(care
plan)을 설정한 다음에 하여야 한다.386) 다음으로 '대체성'이란 어떤
사람의 수요의 충족에 관하여 개개 서비스에 상호 대체적인 것이 있
다고 하는 것을 의미한다. 결국 이용자의 요망 (또는 경우에 따라서는
급부량의 한계)에 따라 어떤 서비스가 다른 서비스의 대체적 역할을
하는 경우가 있을 수 있다.387) 또 '가변성'이란 조치결정 후 서비스의

---

386) 물론 요보장자의 희망에 의해 특정서비스만이 특정되거나, 지방자치단
체의 서비스체제가 갖추어지지 않아 지방자치단체에 의해 제공할 수
있는 서비스가 한정되는 경우는 있다.

387) 일반적으로 노인복지에서는 가정봉사원(home helper)파견과 주간보호
(day service)시설에의 입소에는 대체성이 용인되고 있다. 또 주간보호
시설에서의 서비스인 입욕·급식서비스와 방문사업에서의 입욕·급식
혹은 재택개호와 입소개호도 상호 대체적인 것으로 작용할 수 있다. 여
기서 가정봉사원파견이란 신체적·정신적 장애로 일상생활을 영위하기
곤란한 노인이 있는 가정에 가정봉사원을 파견하여 노인의 일상생활에
필요한 각종 편의를 제공하여 지역사회 안에서 건전하고 안정된 노후생
활을 영위하도록 하는 시설을 말하며, 또 주간보호시설: 부득이한 사유

제공 중에도 그 내용은 이용자의 상황과 요망에 따라 일정한 폭이 있는 경우가 많고, 파견횟수·시간 등 실시에 관한 수급자의 선택에 따라 당사자와 논의하여 결정하거나 봉사원(helper) 등 서비스 실시자의 재량의 여지가 인정되고 있음을 지칭한다. 끝으로 '즉응성·유연성'이란 시시각각 변화하는 다양한 수요에 즉응하여 당해 예상된 서비스 내용에 관한 재검토 및 변경의 여지를 의미한다. 이상의 특성을 고려하면 사회보장급부의 조치결정단계에서는 조치내용은 결정되기가 곤란함을 알 수 있다.

여기서 다음과 같은 견해를 상기할 필요가 있다. 즉 우선 사회보장 행정관계의 권리개념의 특수성에 착안하면서 권리성을 확보하기 위해서는 권리의 문제에 관한 수급자격의 확정과 급부액 내지 급부방법의 확정의 절차를 별도로 다루어야 한다는 주장이 그것이다.[388] 또 이것과 기본적으로 같은 논지에서 권리의 존재(자격의 문제)와 권리의 내용(급부액·정도의 문제)를 개념상 구별하여 취급하는 견해가 있다.[389] 이것은 전자에는 재량의 여지가 없는 데 대해서 후자에만 재량이 기능하고, 여기서는 자원의 유한성 등의 고려가 허용되는 반면 개인의 다양

로 가족의 보호를 받을 수 없는 심신이 허약한 노인과 장애노인을 낮 동안 시설에 입소시켜 필요한 각종 편의를 제공하여 이들의 생활안정과 심신기능의 유지·향상을 도모하고, 그 가족의 신체적·정신적 부담을 덜어주기 위한 시설을 말한다(노인복지법 제38조 제1항 제1호와 제2호).

388) 이것은 왜냐하면 후자의 확정에는 유한적 변동적 요인이 작용하기 때문에 법규 차원에서의 파악이 곤란하기 때문이다(下山瑛二, "サウィス 行政における權利と決定", p.185, pp.199). 다만 여기서는 급부액과 급부방법의 결정에 관하여 본문에서 서술한 특색에 따른 쟁송방법 및 그 과정에 관해서만 서술하고 있다.

389) 秋元美世, "福祉の權利と行政裁量: 法的對應の意義と課題をめぐって", 現代財産權論の課題(小林三衛先生退官記念論文集), 弘文堂, 1988, pp.293 참조.

한 개별적 수요와 개별사정을 고려할 것이 요구되고 있기 때문이다.[390] 예컨대 보육시설 입소조치결정에 있어 당해 조치결정은 하나의 행정처분이라고 해석되고 있지만 입소 여부 및 그 입소를 위한 구성요건인 보육에 결함이 있는가에 대한 판단과 이에 따라 취해야 할 조치내용은 이론적으로 구별되어야 한다는 것이다.[391] 또 이것은 독일 사회부조법에서도 잘 나타나고 있는데, 여기서는 청구권의 기저적인 성립(ein Anspruch dem Grunde nach)과 구체적인 급부의 정도·형식의 결정과의 이론상 구별이 1963년의 연방사회부조법 시행전에 이미 확립되어 법률상 명문화되어 있다(연방사회부조법 제4조 세1항 및 제2힝).

행정청의 급부에 관한 처분의 사법심사에 있어서도 최저생활수요의 인정과 급부액·급부내용결정(현물, 금전급부 등)에서 심사밀도가 다르다. 즉 전자에 관해서는 원칙상 전면적인 심사가 미치는 데(다만 수요의 정도에 관해서는 일정한 조건 위에서 내부기준에 따른 행정청의 판단이 우선한다) 대해서 후자는 행정청의 재량에 위임되어 있다.

2) 給付內容決定에 관한 契約法的 構成의 摸索

이상과 같이 사회보장급부의 조치결정에 관해서도 급부 여부의 결

---

390) 또 종래 행정실무에서는 조치제도의 운용에 있어 권리성을 제약하는 제 요인(자원의 유한성과 행정재량)을 극복하여 권리관계를 객관적이고 또 명확하게 확정한다고 하는 견지에서 자격인정의 문제(요개호성의 존부를 평가하는 단계)와 급부내용의 문제(실제의 서비스 제공 단계)를 제도상 및 절차상 구별하여 구성해야 한다는 견해가 있다. 秋元美世, "措置制度の諸問題─反射的利益論と權利性の確保の問題をめぐって─", 社會福祉研究 第66号(1996), pp.83.
391) 木佐茂男, "保育行政からみた給付行政の法律問題", 公法研究 第46号(1984), pp.160.

정에 관해서는 권리의 성질상 재량의 여지가 발생하지 않지만, 급부내
용의 결정에 관해서는 행정의 재량의 여지가 발생함을 알 수 있다. 이
러한 인식에 입각하면 수급자의 권리보호를 보다 효과적으로 하기 위
하여 해석론상 다음과 같은 시각을 가질 수 있다. 그것은 조치결정 후
의 서비스실시를 둘러싼 관계에 대한 계약법리의 적용 가능성이다. 이
것은 행정적 급부의 법률관계를 형성하거나 변동시키는 행위가 행정
행위로서의 취급을 받는 경우에도 이러한 법률관계로부터 계약의 관
념이 당연히 배제되는 것은 아니라는 견지392)에서 나온 것으로, 전술
한 보육시설입소조치에 관한 견해에서도 조치기준의 충족에 의해 이
용권이 확정된 이상 그 이용권의 구체적 내용의 실현에는 계약적 실
체가 존재하기 때문에 일정한 경우 가처분을 할 수 있다고 한다.393)
즉 집행정지에 대신하는 절차로 가처분을 하며, 그 이후에 새로운 처
분을 기대한다는 논리이다. 이렇게 되면 급부량의 한계로 인한 결정에
응하는 급부가 곤란한 경우에도 이러한 가처분제도를 통하여 잠정적
으로 장래의 급부이행을 약속받을 수 있으며, 또 한 대상자에 대한 급
부가 과도하거나 과소한 경우에도 급부결정을 취소하는 행정소송에
따를 것이 아니라 이를 변경하는 민사소송에 따름으로써 보다 용이하
게 권리보호를 도모할 수 있게 된다. 그러나 물론 계약법적 법리구성
은 모든 사회보장급부의 유형에 적합한 것은 아니며, 이러한 법리구성

---

392) 小早川光郎, "契約と行政行爲", 講座 基本法學4—契約, 岩波書店, 1983,
　　 p.127.
393) 木佐茂男, "保育行政からみた給付行政の法律問題", pp.160 참조. 이에
　　 따르면 예컨대 조치권자에 의한 무인가보육소 등에 대한 입소 등의 구
　　 체적 조치행위도 행정과 보호자 간에 (위탁)계약적 실체를 가지며, 또
　　 보육소 변경조치에 관해서는 입소조치 전체를 처분으로 보아 취소소송
　　 및 집행정지의 신청을 해야 한다는 판례의 입장과는 달리 시설이 특정
　　 된 경우에는 가처분을 인정할 수 있다고 한다.

이 오히려 수급자의 권리보호에 적합하지 않은 경우도 있을 것이다.

이러한 견해는 전술한 사회복지의 특성을 가진 재택복지서비스에 전형적으로 적합한 것이다. 즉 요보장상태의 판정 및 급부의 요부의 판단에 의거한 조치결정에 따라 서비스를 받을 권리는 성립하지만, 그 내용은 서비스실시에 기초하여, 수요평가에 기하여 작성된 개호계획에 따라 구체화되게 된다. 그 범위 내에서 패키지화된 각종의 서비스를 구하는 청구, 서비스 내용의 변경[394] 외에 희망시설에의 입소 및 그 변경청구에 관해서는 계약법리에 의한 민사법적 처리가 인정될 수 있을 것이라 생각된다.[395]

위에서 기술한 것은 재택서비스뿐만 아니라, 시설입소서비스의 경우와 입소후의 개호서비스 실시과정의 법적 검토의 중요성을 감안하면 입소서비스에도 기본적으로는 적합할 것이다. 따라서 수요의 충족이라고 하는 견지에서 시설입소서비스와 재택서비스가 종합적으로 실시되는 경우에도 이론상, 서비스를 받을 권리를 결정하는 외에는 입소결정을 독자적 행정처분으로 할 수 없고 입소할 것인가 아니면 재택서비스를 받을 것인가의 선택은 당사자 간에 구체적으로 서비스내용의 계약적 실현으로 파악되고 있다. 결론적으로 말하면, 이상의 견해는 보통 법관계가 일정 기간 계속되고, 또 계약적 법리구성에 조화될 수 있다면 사회보장급부 전반에도 타당한 것이라고 할 수 있으며, 다

---

394) 예컨대 가정봉사원(helper) 파견의 횟수, 시간 수의 변경, 주간보호(day service) 중에 목욕장입욕에서 가정방문입욕으로 변경 등.

395) 이 점에 관련하여 일본의 판례로 보육소에 대한 입소결정이 이루어진 이상 후생성령인 아동복지시설최저기준에 의해 보육을 받을 권리의 내용으로서 이에 적합한 면적의 옥외유희장의 사용을 요구할 권리가 확보된 것이므로, 옥외유희장의 일부를 망가뜨리고 다른 시설건설공사를 하는 것을 금지하는 등 아동의 가처분신청을 일부 인용한 판례가 있다 (神戸地決 昭和48(1973).3.28. 判例時報707号, p.86).

만 사회복지서비스의 특수성을 반영시키는 계약법리를 어떻게 구성할 것인가가 금후의 과제가 된다고 생각된다. 왜냐하면 일정한 경우 이러한 계약법적 구성에 충실함으로써 복지조치결정의 처분성이 부정될 수도 있기 때문이다. 예컨대 지방자치단체의 사회복지행정지침에 따른 보조금교부는 민법상의 부담부증여계약과 동일한 법적 구조라고 설명하는 것들이 그것이다.396) 이런 경우 처분성이 부정되어 보조금교부에 대한 법적 기속력이 약해지고 따라서 보조금수급대상자의 권리보호가 어려워지는 경우가 발생할 수 있다.

또 이러한 견해로부터 서비스 그 자체의 청구뿐만 아니라 서비스 실시과정에 있어 절차상의 보장, 결국 처우과정에서 이용자의 각종의 절차적 권리, 즉 서비스자원과 자기정보에 관한 정보제공, 수요판정과 개호계획의 작성절차에 대한 참가, 서비스내용과 그 변경에 관한 희망표명 등397)도 계약법리에 따라 예컨대 신의칙상 급부의 실현에 관한 부수의무로서 인정될 여지가 있다.

3) 기타 給付決定段階에서의 行政裁量의 統制

(1) 給付基準의 公開 등 節次的 統制

이상 기술한 점을 염두에 두면서 사회보장행정의 분야에 특징적으로 보여지는 급부결정 차원에서의 행정재량과 그 통제의 방향을 검토

---

396) 塩野　宏, "補助金交付決定をめぐて若干の問題點",　行政法の諸問題(中卷), 有斐閣, 1990, pp.309.

397) 이러한 여러 종류의 절차적 권리에 관하여 영국의 예를 들어 소개한 것이 있다(河野正輝, "福祉と人權—いま, 何が問題か", ジュリスト 第增刊「福祉を創る」, 1995, pp.6).

해 보기로 하자. 우선 사회보장행정에 있어서는 급부량의 한계를 고려하지 않을 수 없다는 견지에서 행정재량이 인정된다. 이 점과 관련하여 어떤 단계에서 제공가능한 급부량을 고려할 것인가가 중요한 문제이다. 이미 기술한 내용을 전제로 하면 요보장성의 판정 및 급부의 요부판정에 있어서는 신청자의 심신상태 등의 전문집단의 종합적 판정의 결과와 주거상황, 가족 기타 지원자의 유무 등의 생활환경에 관한 제 사정만이 고려되어야 하며, 서비스를 받을 권리의 설정행위인 조치결정에 있어서도 급부량의 한계는 고려하지 않게 된다. 그러나 급부내용의 판단과정의 난계에 있어서는 이것을 고려하지 않을 수 없을 것이다. 즉 급부의 절대량의 부족이 현저한 경우에는 각 서비스의 요부의 판단에 관하여 수급요건을 부가하는 등 수급자격자로부터 수급자를 선별하는 등 행정청의 판단여지가 인정되는 경우가 있을 수 있다. 예컨대 보육시설입소조치의 경우에는 입소조치기준 속에 보육이 필요한 상태에 소득·가족구성 등의 고려사유를 부가하고 이러한 사유를 점수화하여 종합적으로 판단하고 입소를 인정할 것인가의 여부를 결정하는 운용방식을 취하고 있다. 따라서 이것에 대한 통제가 필요한데,[398] 그 방법으로는 행정청은 그 부가요건을 포함한 심사기준을 정하여 공개하도록 하고, 이렇게 함으로써 공개하지 아니한 사유에 대한 고려가 금지되며, 따라서 부가요건에 관한 행정청의 고려사항을 통제

---

398) 자원의 유한성이라고 하는 제약 속에서 서비스를 할당하는 여러 방법(자격요건을 통하여 대상자를 결정하고 유자격자의 순번을 정하여 전문기술재량에 의한 순위를 정하거나, 비용을 징수하는 등)에 관하여 복지에 대한 권리보장에 잘 어울리는 공정한 절차의 방향을 영국의 논의과정을 들어 구체적으로 검토한 것으로, 秋元美世, "福祉行政の給付過程と手續的公正—資源の有限性とサビス割當ての問題をめぐって", 茨城大學法政經學會雜誌 第56号(1996), pp.11.

하는 등의 방법이 있을 것이다. 또 급부내용의 판단에 있어 '급부량'의 고려에 관해서는 우선 각 시·군·구에서 앞으로의 수요를 예측한 서비스의 양적 정비·기반정비에 관한 복지계획이 책정·공표되어 이를 기준으로 서비스의 양을 구체화한 기준이 실체적인 통제의 근거가 된다. 이것은 보통 지방자치단체의 사회복지실시지침에 의해 실시되는데 이것도 행정절차법에 따라 공개할 것이 요청되며, 내부기준도 이것이 자기구속적인 것으로서 외부효과가 인정되는 경우에는 통제규범으로서 작용됨은 물론이다. 따라서 예컨대 이러한 평등취급의 원칙에 반하는 경우 외에도 서비스를 받지 못하거나 이것을 크게 하회하는 서비스가 제공되는 경우 이에 관한 합리적인 이유(예컨대 재해 등 불측의 사태가 발생함으로써 수요량이 공급량을 크게 상회하는 경우 등)가 제시되지 못하면 위법이 될 여지가 있다. 또 절차법에 있어서는 청문의 절차가 중요한데, 급부대상의 요건인정에 있어서도 개별사정을 참작할 필요가 있기 때문에 본인 및 가족 기타 관계인에게 의견진술의 기회를 보장하여야 할 것이다.

(2) 專門技術裁量에 대한 統制

다음으로 사회보장행정에 관하여 인정되는 전문기술재량을 중점적으로 검토해 볼 필요가 있다. 여기서 문제가 되는 것은 사회복지원조기술(social work)의 전문적 기술을 행정청의 판단과정에 도입하는 재량[399]이다. 사회복지에 관한 업무의 전문성의 내실화되어 있지 않기 때문에 급부절차와 처우과정에 사회복지원조기술 등의 사회복지의 전문지식을 가진 자를 관여시킬 필요성이 널리 인정되고 있다. 이와 같

---

[399] 다만 여기에는 social work가 그 실시에 있어 상대방의 주체성 내지 자립성을 전제로 한다고 하는 특성이 있기 때문에 이에 따른 한계가 있다.

이 사회보장급부를 받을 권리가 입법상 및 재판상 확립되기 전 단계에서 사회복지원조기술의 전문성존중과 필요즉응을 위한 재량행사의 요청을 중시한 나머지 급부받을 권리가 부정되거나 이를 의문시하는 견해가 실무운용상 무시할 수 없는 영향력을 가지고 있다는 점은 비교법적으로 보아 일본400)이나 미국,401) 독일402) 등에서도 공통하는 현상이라고도 생각된다.

사회복지서비스에 관해서는 급부내용의 판단에 있어서도 사회수요에 따른 최적의 서비스 기타 사회자원의 조정·종합화에 관하여 사회원조기술의 전문적 식견이 필요하다고 할 수 있는 만큼 이러한 의미의 재량이 인정된다 할 것이다. 또 그 외에 서비스를 요구하는 권리의 존부에 관한 판단, 즉 급부의 요부와 급부의 해제의 요건인정에 관한 판단에 있어서도 요보장상태 이외에 개개의 대상자의 생활환경 내지 대상자를 둘러싼 사회환경에 따른 수요의 평가 등에 관하여 이러한 판단여지가 부정될 수는 없다고 생각된다. 그러나 이러한 판단과정에서 가정의 개호가 과대평가되어 급부의 정도가 기대에 미치지 못하게 되는 점 등을 고려하면 그 재량의 통제가 과제가 될 수밖에 없다.

이러한 의미에서의 전문기술재량에 대한 통제로는 우선 전문가 내부의 규율을 전제로 한 지침의 정립·공표가 요청된다. 이와 관련하여 전

---

400) 일본에서 사회보장행정에 있어 사회복지원조기술 실천의 역할에 관해서는 岡本民夫他, 社會福祉援助技術總論, 中央法規出版, 1990, pp.226.

401) 1960년대까지의 미국에서 social work의 전문성에 기한 재량이 수급자격과 급부액을 제한하는 방향으로 남용되었다는 점에 관해서는 本多瀧夫, "アメリカにおける社會保障モデルと官僚制", (神長 勳 外編) 現代行政法の理論(實井力先生還曆記念), 法律文化社, 1991, pp.309.

402) 前田雅子, "公的扶助行政の法的統制の理論(一)—ドイツ社會扶助法を手がかりとして—", 奈良法學會雜誌 第6卷 第2号(1994) pp.31. 특히 p.38의 주2) 및 7) 참조.

문가로서의 사회복지사(social worker)에게 광범한 판단여지를 인정하고 있는 경우는 기본적으로는 전문가집단의 내부규율의 문제이면서도 가이드라인 또는 윤리강령 등의 형태로 전문성을 객관화할 필요가 있으며, 이러한 것은 손해배상의 판단기준이 된다고 하는 견해가 있다.[403]

또 관련기록의 공개를 통한 재량의 통제도 중요하다. 서비스 및 대인원조기술(case work)의 실시는 상대방의 협력을 전제로 하며 그의 의견을 존중하지 않으면 목적을 달성하기 어렵게 때문에 그 과정을 보여주는 사례의 기록과 처우대장 등은 원칙적으로 본인 기타 관계인에게 개시되어야 한다. 그럼에도 불구하고 실무상 그 개시는 부정되고 있는 것은 중대한 문제이다.[404]

다음으로 당해 재량의 범위로서 전문성과 중립성확보를 위한 행정조직의 통제, 구체적으로는 판단의 공정·중립성이 확보되는 전문적 협의기관의 설치와 그 권한 및 사회복지사의 자질의 평가, 행정내부에서의 그 사무분장 및 상급기관의 지휘감독의 범위 등이 과제가 된다.[405] 이와 관련하여 사회보장행정의 전문성을 전국적으로 확보하기 위한 것으로 행정기관 또는 시설, 직원, 부속기관의 필수규제에 관하여 최근의 지방분권회의에서 그 재검토에 관한 문제가 지적되고 있다.[406] 이것이 지방자치단체의 조직편성권의 자주성 존중의 견지에서

---

403) 秋元美世, "福祉の權利と社會福祉行政─裁量問題を中心にして", 社會保障法(社會保障法學會誌) 第6号(1991), pp.42.
404) 사회보장법이 규정하는 급부(조치)해제처분에 관한 절차에서는 행정에 의한 조서작성과 이를 충분히 참작한 결정이 의무화되고 당해 조서에 관해서는 상대방의 열람이 인정되고 있는 반면, 개별적 보호(case work)에 관한 기록 등의 문서 등에 관해서는 인정되지 않고 있으며, 또 생활보호의 실시 운용에 있어서도 케이스기록 등의 본인개시는 인정되지 않고 있다.
405) 本多瀧夫, "アメリカにおける社會保障モデルと官僚制", pp.324.
406) 반드시 두어야 하는 규제의 문제로서 지적되고 있는 것에 관해서는 예

비판을 받고 있는 것은 주지의 사실이지만 사회보장행정실무에 있어 전문성의 설정[407]을 고려하면 행정수준의 유지향상의 관점에서 전문성 확보의 요청과의 조정을 어떻게 할 것인가가 당연히 과제가 된다고 생각된다.[408]

⑶ 裁量의 基準化를 통한 裁量統制

생활보호를 포함한 사회보장행정에 있어서는 급부를 받을 권리가 입법에 명시되어 그 내용이 급부기준으로 구체화되어 있고, 동시에 재판상 구제를 받을 것이 확립한 후에도 적극적인 재량권의 행사, 즉 급부기준의 탄력적 합목적적인 적용이 요청되는 것은 비교법적으로 보아도 명백하다. 따라서 불필요한 재량을 배제해야 할 뿐만 아니라 이것과 구별되는 필요한 재량에 관해서도 그 행사의 한계설정, 체계화 및 억제를 전제로 개별사안에서 재량과 재량기준과의 균형을 도모하는 것이 재량통제론의 기준적인 내용이 될 것이다.[409]

사회보장급부는 평등원칙에 따라 처리하기가 곤란한 경우가 많다. 왜냐하면 개별적 생활수요의 충족을 본질로 하므로, 비정형적 개별사

컨대 新堂宗幸, 福祉行政と官僚制, 岩波書店, 1996, pp.176.
407) 예컨대, 古川孝順, "公的介護保險と福祉マンパウ"問題, ジュリスト 第1094号(1996), pp.32.
408) 사회보장행정에 있어 반드시 두어야 하는 규제에 관하여 전문가집단의 육성확보와 그 조직화를 통한 사회보장행정의 수준의 유지라고 하는 두 개의 문제를 구별하는 고찰할 필요를 지적하는 견해로 塩野 宏, "社會福祉行政における國の地方公共團體の關係", 國家と地方公共團體, 1990, pp.173. 또 복지행정의 전문성을 확보한다고 하는 견지에서 지방공공단체에 있어 현재의 직원 임용방법을 의문시한 것으로 江口隆裕, "社會保障の基本原理を考える"(北海道大學法學部叢書 v.12), 有斐閣, 1996, pp.51.
409) 神長 勳, "福祉行政における裁量と手續", 季刊·社會保障研究 第29卷 第3号(1993), pp.254 참조.

정을 고려하여 판단할 여지가 많기 때문이다. 따라서 개별사정을 고려한 후에 급부기준이 제시되는 경우에도 평등원칙에서 일탈한 재량에 대한 판단이 필요하다. 이러한 취급은 경우에 따라서는 의무로 전화하는 경우가 있기 때문에 그 실체적인 통제기준을 분명히 해 둘 필요가 있다. 또 예외적 취급에 관해서도 이것이 운용상 일정한 정도로 축적되면 재량기준화할 필요가 있으며, 또 급부기준 속에 개괄조항을 두거나 다른 내용을 덧붙일 여지를 남겨둠으로써 이에 대비할 필요가 있다.

第3節 社會保障給付措置의 行爲形式과 裁量統制

전절에서는 사회보장행정에서 가장 근본적인 문제인 인간다운 생활의 수준에 관한 행정의 결정재량과 그에 관한 통제에 관하여 검토하였고, 다음으로 실제적 급부실시과정에 들어가서 급부 결정과정에서의 재량에 발생여지에 대하여 여러 방면에서의 재량통제가능성을 실체적 절차적으로 검토하였다. 본 절에서는 그다음 단계로 사회복지조치로 이루어지는 급부의 구체적인 내용으로서의 다양한 행위형식의 행정작용, 즉 시설에의 입소, 행정기관이나 시설에 의한 요보장자에 대한 지도, 상담, 기타 지원, 금전의 대여 등과 같은 구체적인 복지조치의 내용을 형태별로 그 성질적인 면에서 분석함으로써 그 성질에 부합하는 발생가능한 재량과 그 통제 가능성을 검토해 보기로 한다. 사회보장행정은 2차대전 후 급속히 확대된 행정의 영역으로 일상생활에서 발생하는 다양한 복지수요에 대응하는 급부시스템으로 성장하고 있음에도 불구하고 급부과정에서의 법적 해명은 거의 이루어지지 않고 있다. 따라서 이러한 급부내용의 법적성질의 규명을 통한 검토는 사회발전과 더불어 더욱 다양화되는 복지조치의 내용을 규명된 성격에 따라 유형화함으로써 현재까지 정형화되지 아니한 행위형식에 의한 급부조치에 대해서도 일정한 통제의 가능성을 시사해 줄 수 있을 것이다.

1. 社會保障給付措置의 意義와 內容

행정기관에 의해 이루어지는 사회보장급부의 행위형식은 대개는 조치라는 말로 포괄된다. 따라서 복지조치의 일반적인 정의는 "공공기관의 장이 일정한 요건을 갖춘 요보장자에 대하여 그 필요로 하는 서비스와 금품을 반대급부의 필요 없이 급부하는 일방적 행정행위"라고 한다.410) 여기서 행정행위라는 용어는 적절치 않으나, 이것은 논의의 대상이 아니므로 구체적인 언급은 피하고 여기서는 행정작용 정도로 이해한다. 다만 이것이 공적 기관에 의해 이루어지는 급부작용이라는 것이 복지조치의 중심적 개념임을 말할 필요도 없다. 따라서 사회보장행정의 영역에서 급부를 내용으로 하는 모든 작용은 조치라는 말로 포괄된다고 할 수 있다. 예컨대 아동복지법 제10조에 의한 보호조치와 시설보호조치, 장애인복지법 제4장에 의한 복지조치, 노인복지법 제3

---

410) 佐藤　進, "社會福祉行政における措置制度の意義と今日的役割", 季刊·社會保障研究 第29卷 第3号(1983), p.25. 또 조치를 행정행위로 보는 견해로는 佐藤 進·又田紀久惠 編, 社會福祉の法と行財政, p.201 등이 있다. 다만 여기서 사용하는 행정행위라는 용어는 행정법학에서 사용되고 있는 것과는 달리 단순히 행정의 행위 내지 작용이라는 의미로 쓰이고 있는 것으로 보아야 한다.

장 보건·복지조치라고 하는 것과 같이 각각의 사회복지서비스법에서 규정하는 사회보장급부의 행위형식 등을 총칭하여 조치라는 용어를 사용하고 있음을 알 수 있다. 사회복지의 급부내용이 다양한 것처럼, 그에 따른 조치의 법적 성격도 다양하다. 또 조치는 대개는 사회복지의 급부를 내용으로 하는 것이나, 때로는 사회보장행정의 전제로서 일정한 규제적 성격을 띠는 행정작용을 나타낼 때도 쓰인다. 예컨대 장애인복지법 제29조 제3항에 의한 장애진단을 명하는 조치, 사회복지수급요인 파악을 위한 조사 등은 그 자체로는 급부적인 것이 아니라 순전히 규제적인 행위이다. 또 복지조치가 급부적인 것일지라도 사회복지시설에의 입소처럼 특별권력관계가 성립하여 다소 기본권의 침해가 예상되는 경우의 조치는 다른 사회보장급부의 행위형식보다도 절차적 합법성이 중시되어야 함은 물론이다.

또 오늘날 행해지는 다양한 복지급부는 실정법상 복지조치를 규정하는 조항을 법적 근거로 하고 있지만 법적 근거조항이 없이 지방자치단체의 사회복지행정지침에 의해서 이루어지는 조치도 있다. 또 조치의 법률적 효과도 공법적인 것이 중심이 되나 사법적인 효과를 발생하는 것도 있다. 아울러 조치에 관한 법규정을 보아도 단순히 행정의 노력목표를 정하고 있는 훈시규정에 불과한 것도 있고 행정에 조치의 권한을 부여한 것도 있으며, 수급자에 대한 법률상의 권리를 부여하고 있는 것도 있다. 그 때문에 사회복지법상의 조치의 공통관념을 파악하기는 어렵다[411]는 견해도 있다. 현행법에 의한 복지조치는 급부형태별로 다음과 같이 분류할 수 있다.

---

411) 右田紀久惠, "社會福祉行政における委託と契約の課題", 季刊·社會保障 研究 第19卷 第3号(1983), p.275.

① 시설 등에 입소·통원·보호위탁: 요보호아동의 아동복지시설에
의 입소, 대리양육, 위탁보호, 요보호노인의 노인주거복지시설이
나 재가노인복지시설에의 입소, 노인요양시설에의 입소, 노인에
대한 재활요양, 영유아의 영유아 보육시설에의 입소, 장애인의
장애인복지시설에의 위탁입소, 교육, 훈련 등 필요한 서비스를
받도록 하는 것 등

② 지도·상담·알선·소개 등의 개별보호(care work): 장애인에 대
한 검진·재활상담·취업알선, 노인에 대한 지도·상담, 장애인
에 대한 재활상남·의료 및 보건지도·취입일신 등

③ 금전의 대부: 모자가정 및 장애인에 대한 복지자금의 대부, 국가
유공자와 그 유족 등에 대한 대부

④ 생활장해에 대한 개호서비스: 노인에 대한 가정봉사원의 파견,
신체장애인에 대한 장애인보조견의 지원

⑤ 보건·의료서비스: 노인에 대한 신체검진 및 노인의료복지시설
에서의 요양, 장애인에 대한 장애인복지시설에서의 의료서비스

⑥ 물품 및 비용의 지급: 장애인에 대한 의료비, 자녀교육비 등의 지
급, 재활보조기구의 교부·대여 또는 수리 내지 그 비용의 지급

⑦ 급여의 지급: 국민기초생활보장법에 의한 생계, 주거, 의료, 교육,
해산, 장제, 자활 등을 위한 급여의 지급

⑧ 기타: 장애인 등이 제작한 생산품의 구매, 고용의 촉진, 공공시
설의 우선이용, 장애인 내지 극빈자에 대한 특정 물품판매권 내
지 특정장소영업의 허가, 국가유공자 등에 대한 각종의 시설우
선 사용권, 주택분양권 등

이와 같이 구체적인 급부실현과정이 다양하며, 그에 따라 다른 법

기술이 적용되기 때문에 그에 대응하는 수급자의 권리 내지 법적지위도 다양하다. 이렇게 다양한 급부과정의 법적 분석에서 중요한 것은 무엇을 계기로 어떠한 내용의 법률관계(권리의무관계)가 당사자 간에 성립하는가 또 그것을 법으로 정하기에 적합한 기술적 방법 내지 제도는 무엇인가 하는 점이다. 이러한 관점에서 다양한 사회복지 조치의 법적성질 내지 법효과의 문제를 논의해 보기로 한다.

그런데 여기서 유의해야 할 점은 전술한 바와 같이 복지조치는 행정기관의 행정작용의 일환으로 이루어지는 것이 일반적이지만, 그 구체적인 복지조치의 실시를 공공기관 아닌 다른 자, 즉 사회복지법인이나 의료기관에 위탁하는 경우가 있다는 점이다. 이 경우 사법상의 위탁의 법리가 적용될 수 있으며, 이것은 단순히 공행정의 작용으로 이루어지는 경우와는 차이가 있을 수 있기 때문이다. 물론 이 경우에도 조치결정을 하는 것은 행정청의 기관이며, 그에 따라 조치의 실시에 관한 책임도 행정청이 지게 됨은 말할 필요도 없다. 이러한 행위형식은 민간에 대한 복지참여가 증대되면서, 또 복지급부의 내용이 점차 다양화되면서 사회보장행정의 영역에서 차지하는 비중이 점차 확대되어 가고 있다. 그런데 이러한 조치위탁의 법적 문제에 관련하여 중요한 점은 여기서 위탁되고 있는 것은 조치의 실시이며, 조치결정권한의 행사나 조치실시책임은 아니라는 점이다. 행정이 스스로 설치·운영하는 시설 이외의 시설에 이러한 위탁을 하는 경우에는 조치자의 조치실시책임을 담보하기 위하여 당해 시설이 법이 요구하는 충분한 내용의 서비스를 제공하도록 보장하기 위하여 그 최저기준을 제정하고 그 이행을 감시·감독하며,[412] 최저기준을 당해 시설이 유지할 수 있도

---

412) 장애인복지법 제49조 제3항, 동법 제52조, 아동복지법 제30조, 노인복지법 제42조 내지 제43조 등 참조.

록 재정적인 보장을 하는 구조가 취해지고 있다. 또 조치위탁에 따라 공적 재정책임을 수행하기 위하여 각 시설에 지급되어야 하는 조치비용은 시설의 종류에 따라 국가와 지방자치단체가 소정의 비율로 부담하는 공비부담금을 재원으로 조치에 의해 각 시설에 지불해야 하는 것이다.413) 조치비용의 금액은 조치를 하는 자(시·도지사 또는 시장·군수·구청장)가 결정하는 것이지만 실제로는 국가가 행정규칙으로 정하는 조치비용의 국고부담금 산정기준에 따라 산정된 금액이 지불되고 있다. 따라서 실제로 위탁을 담당하는 시설의 의사는 반영되지 않는다. 이와 같이 조치의 위탁에 관해서는 조치실시책임의 이행의 문제에 관하여 조치위탁자(행정)와 조치수탁자(민간기관) 및 수급권자(아동 등)의 3자 간의 법률관계가 발생한다. 이것을 어떻게 이해할 것인가가 문제된다. 이에 관해서는 후술한다.

2. 社會保障給付措置의 다양한 行爲形式에 대한 具體的 分析

지금까지 복지조치에 관한 몇 가지 개념에 관하여 정리해 보았는데 거기에서 발생하는 법률문제는 이미 지적한 바와 같이 다양하며 공법적인 것에서 사법적인 것에 이르는 광범위한 것이었다. 규제행정이 중

---

413) 예컨대 민간보육기관에 유아를 조치위탁시키는 경우 시·군·구는 조치아동의 보육에 관한 최저기준을 유지하기 위하여 필요한 비용을 지불하도록 하고 있는데, 이 비용이 조치비용이라고 한다. 시·군·구가 지불한 조치비용에 관해서는 국가 및 시·도는 각각 일정한 비율에 따라 부담한다.

심이 되는 전통적인 행정 영역에서는 행정권한의 행사는 주로 시민의 권리와 이익을 제한하는 것이었으며, 그러한 의미에서 행정권한의 발동과 시민의 권리·자유의 사이에는 첨예한 긴장관계가 존재하고 있었다. 따라서 권한의 발동은 원칙적으로 시민의 권리와 자유와 대립할 수밖에 없었으며, 이를 최소화하는 것은 법치행정의 중요한 과제였다. 이에 대하여 사회보장행정에서는 수용시설과 일시보호와 같은 일정한 범위에서 시민적 권리의 제한을 예정하는 행위414)라고 할 수 있지만, 주된 것은 시민에 대한 서비스의 제공이 행정활동의 내용이 되며, 오히려 시민의 권리에 대응하는 행정권한의 발동이 기대되는 것이라 하겠다. 이러한 사회보장행정의 특이한 기능으로 인하여 사회보장급부조치의 행위형식은 그 전형적인 모습과는 다른 구조로 존재하게 된다.

이와 같이 사회보장급부에서 다양한 행위형식에 의해서 이루어지는 복지조치는 그 행위형식에 따른 전형적인 법률효과를 반드시 가지지는 않는다는 점이 특색이다. 이것은 공사법을 넘나드는 것인데, 예컨대 복지자금의 대여의 경우 결국 대여계약에 의해 이루어진다고 하는 법리구성을 할 수밖에 없는데, 여기에는 일반적인 계약의 법리에 의한 법률효과가 발생하는 것이 아니라 복지급부라는 자금대여의 목적상 대여결정에 대한 처분성을 인정함으로써 보다 적절하게 수급자의 권리를 보호할 수 있기 때문에 그러한 법적 요소를 감안하여 법제도를 이해하는 것이 적절하다는 것이다. 또 본 장의 제2절에서 설명한 바와

---

414) 이러한 경우에는 사법기관의 판단이 필요하다. 아동복지법 제16조 제1항 제3호의 아동보호치료시설은 불량행위를 하거나 불량행위를 할 우려가 있는 아동으로서 보호자가 없거나 친권자나 후견인이 입소를 신청한 아동 또는 가정법원, 지방법원소년부지원에서 보호위탁된 아동을 입소시켜 그들을 선도하는 시설인데 이 시설에서는 개인의 권리가 다소 제한될 수 있다는 점이 예상될 수 있다.

같이 특히 사회복지서비스의 경우 급부내용의 결정에 관해서는 계약의 법리를 도모하는 것이 수급자의 권리구제를 보다 용이하게 도모할 수 있다는 점도 지적할 수 있다. 따라서 사회보장의 목적 아래 어떤 법형식을 취하든 그에 의해 발생하는 권리를 가장 이행할 수 있는 기술적 방법을 추구할 필요가 있다.

이하에서는 조치결정의 효과를 중심으로 조치과정에서 사용되고 있는 다양한 법기술의 구조와 성격에 관하여 전술한 각종의 급부형식을 대표적인 법형식으로 분석하여 고찰해 보기로 한다.

1) 施設에의 入所 · 收用

사회보장행정에서 고유한 제도적 특징 중의 하나가 일정한 보호시설에의 입소조치이다. 예컨대 아동복지법 제10조 제1항 제3호에 의한 아동복지시설에의 입소, 장애인복지법 제31조 제1항 제3호에 의한 장애인복지시설에의 위탁입소, 노인복지법 제28조에 의한 노인주거복지시설이나 재가노인복지시설에의 입소, 영유아보육법 제16조와 제17조에 의한 영유아보육시설에의 입소 등이 이에 속한다. 이러한 시설에의 입소 · 수용은 사회보장행정의 지주적 제도라고도 할 수 있는데, 어떤 시설에 의한 복지서비스를 필요로 하는 대상자에게 행정청에 의한 요입소성의 판단을 내리면, 그에 따라 개별구체적인 시설에서 복지서비스의 급부가 이루어지게 된다. 실정법상 조치결정은 행정처분으로서 구성되며, 그에 의해 상대방에게 복지시설에 의한 복지서비스급부를 받을 권리가 성립한다고 해석되고 있다. 그러나 그 권리의 성질과 구체적 내용은 조치결정에 대한 법의 구속 정도와 법이 거기에 부여하는 효과의 차이를 반영하여 다양하며 일의적으로 정할 수는 없다.

(1) 施設入所者의 選擇權

우선 법령에 의해 입소조치를 해야 할 요건이 규정되어 있어 이에 해당하는 자에 대해서는 원칙으로 반드시 조치결정을 해야 하는 경우가 있다. 현행 아동복지법에 따른 시설 입소 절차를 살펴보면 다음과 같다. 제1차적으로는 시설에 대한 입소보다는 대리양육이나 위탁보호를 원하는 가정에서 보호양육을 하도록 한다. 즉 시·도지사 또는 시장·군수·구청장은 그 관할 구역 안에서 보호를 필요로 하는 아동을 발견하거나 보호자의 의뢰를 받은 때에는 먼저 위탁보호를 원하는 자의 신청을 받아 그 가정과 대상아동에 대하여 조사하여 보호양육의 결정을 하고 이를 신청인 및 당해 아동을 보호하고 있는 아동복지시설의 장에게 통지한다(아동복지법 제10조 제1항 제3호, 동법시행령 제5조, 동법 시행규칙 제3조 제2항). 이것은 민간에 의한 복지참가를 유도하고 보호의 효과를 극대화시키기 위한 것이다. 다음으로 이러한 보호조치가 부적합하다고 인정되는 때에는 시·도지사 또는 시장·군수·구청장은 아동복지시설에 입소시키는 시설보호조치를 할 수 있도록 하고 있다. 이외에 약물 및 알콜중독·정서장애·발달장애 등으로 특수한 치료나 요양 등의 보호를 필요로 하는 아동에 대해서는 전문치료기관 또는 요양소에 입원 또는 입소시킬 수 있도록 하고 있다. 이것은 요보호 아동에 대해서 조치권자는 반드시 입소조치 내지는 그에 갈음하는 조치를 해야 함을 의미하는 것으로,[415] 바꾸어 말하면 법령에 정한 바의 요보호상태에 있는 아동과 그 보호자는 추상적이지만 법률상의 보호를 청구할 수 있는 권리를 가진다는 것을 의미한다. 따라서 여기서의 시·도지사 또는 시장·군수·구청장의 조치결정은 법

---

415) 田村和之, 保育所行政の法律問題, 勁草書房, 1992, p.143.

률상 성립한 보육청구권을 대상아동이 처해 있는 구체적 사정에 따라 구체화한 것, 즉 일정한 형식의 입소(희망자에 의한 위탁보호, 아동복지시설, 전문치료기관·요양소)에 대한 이용권을 설정하고 있는 것으로 해석해야 할 것이다. 여기서 문제는 보호청구권을 구체화하는 과정에서 어떠한 법기술이 적용되고, 이에 대해서 이용자는 어떠한 법적 권리를 가지게 되는가 등에 관한 것이다. 실정법상 시설에의 입소신청에 대해서 요보호성의 기준에 따라 판단하고 보호의 필요성의 유무나 어떤 시설에서 보호할 것인가, 즉 구체적으로 아동양육시설에 입소하도록 결정하는 경우에 어느 양육시설을 택할 것인가 등은 조치권자의 결정에 따라 정해지게 된다.416) 따라서 여기서 문제되는 것은 입소해야 할 시설에 대한 선택은 조치결정권자의 자유로운 재량에 맡겨질 수 있다는 점이다. 이것은 보호자의 보호시설 선택권의 문제로서 논의되고 있는 것이다. 이에 관하여 우리나라에서는 아직 관련 판례가 없으나, 일부 일본의 판례에서는 입소시설의 선택권은 조치권자의 재량에 속하는 것이라고 판시한 예가 있다.417) 그러나 학설상으로는 종래부터 친권과 헌법상 기본권에 의한 선택의 자유를 근거로 조치권자는 그것을 존중해야 하는 의무를 지고 있다는 설이 유력하였다.

  현행 아동복지법 제10조 제3항에 따르면 아동보호를 희망하는 자에게 위탁보호하거나, 아동복지시설에 입소시키거나 특수한 치료나 요양 등의 보호가 필요하여 전문치료기관이나 요양소에 입소조치하는 경우에 아동의 의사를 존중해야 하며, 보호자가 있는 경우 반드시 그의 의

---

416) 현행 아동복지법시행령 제6조에서는 시·도지사 또는 시장·군수·구청장은 요보호아동을 아동복지시설에 입소조치하고자 할 때에는 시설의 장에게 아동의 입소를 의뢰하도록 하고 있다.
417) 仙台高判 昭和62(1987).4.27. 判例時報1236号 p.59; 福岡地決 昭和52(1977).5.19. 行集28卷5号 p.498.

견을 청취하도록 규정하고 있다. 그러나 이와 같이 대상아동이나 보호자의 의사에 반하여 시설에 입소시킬 수는 없지만 이 규정을 아주 적극적으로 해석하여 대상아동이나 보호자가 특정한 시설에 입소시켜 줄 것을 청구할 수 있는 실체법상의 청구권이 있다고 해석할 수는 없을 것이다. 그런데 아동복지시설은 원칙적으로는 국가나 지방자치단체에서 설치하지만 그 외 복지재단 등과 같은 민간기관에서도 일정한 시설과 설치기준을 충족하고 시장·군수·구청장에게 신고함으로써 아동복지시설을 설치할 수 있어(아동복지법 제14조) 공적으로 공급되는 시설과 사적으로 공급되는 시설은 그 설립자의 설립의도와 취지에 따라 각기 특색 있는 보호를 실시할 수 있게 된다. 생각건대 탁아소와 같은 구빈시설이나, 치료를 요하는 아동을 위한 전문치료기관 등을 제외하고, 일반 아동복지시설은 모든 시민에게 개방되어 있어 입소요건을 충족시키는 아동은 언제나 입소할 수 있으며, 위와 같이 각기 다양한 개성과 특색을 지닌 시설에서 대상아동과 기관 간에 공명작용으로 더욱 훌륭한 보육의 효과를 누릴 수 있다는 점을 감안하면 어느 정도 대상아동이나 보호자에게 선택권을 인정하는 것이 급부의 성질에도 부합하는 것이 아닌가 생각된다. 이런 점에서 보면 보호자가 선택한 양육시설에 입소를 희망하는 것은 입소조치결정을 할 때 존중되어야 할 일정한 절차법상의 권리라고도 할 수 있을 것이다. 따라서 특정의 양육시설에 정원을 초과하여 희망자가 쇄도하는 경우, 즉 결정권자가 경합하는 보호자의 선택권을 조절할 필요가 있는 경우를 제외하고는 재량적 결정에 의해 고려해야 할 사항을 고려하지 아니한 경우에는 보호자의 선택의사에 반하는 결정에 해당되어 위법한 결정이라고 해석할 수 있을 것이다.

⑵ 民間施設에 委託하는 경우의 法律關係

여기서도 입소조치결정에 의해 상대방에게는 특정의 시설을 이용할 권리, 즉 시설이용권이 성립하는데 이것은 누구에 대한 어떠한 내용의 권리인가를 생각해 볼 필요가 있다. 이것은 특히 대상아동을 민간시설에 입소시키는 경우에 문제될 수 있다. 이것은 대상아동의 보호를 민간시설에 위탁한 경우로 볼 수 있는데 조치자로서의 행정, 조치의 실시자로서의 시설, 그리고 이용자의 3자 간에 법률관계가 성립하게 되며, 그것이 어떠한 성질을 가지는가 하는 점이 실정법상 명백히 규정되어 있지 않기 때문에 문제될 수 있는 것이다.

우선 시·도지사 또는 시장·군수·구청장 등 입소조치권자가 민간시설에 입소시키는 행위의 법적 성질에 관해서는 조치자와 사회복지법인 등 시설설치자 간에는 위탁계약이 체결된 것으로 해석하는 견해가 일반적이다.[418] 이에 따르면 입소자 개개인에 대해서 입소조치의 결정이 있으면 매회 결정마다 위탁계약이 체결되며, 그에 따라 시설은 조치자와의 관계에서 입소자에 대하여 복지서비스를 제공할 의무를 지게 되고,[419] 또 그에 소요되는 비용을 청구할 권리를 취득하게 된다고 한다.[420] 다음으로 시설과 입소자 내지 그 보호자 사이의 법률

---

418) 眞柄久雄, "保護委託の法的性格", 行政法の爭點(ジュリスト增刊), 1980, p.304.

419) 현행노인복지법 제41조에서는 노인의 입소위탁을 받은 경우 정당한 이유 없이 이를 거부하여서는 아니 된다고 규정하고 있고, 종전의 아동복지법 제24조(2000.1.12. 전문개정전)에서도 아동복지시설의 장은 아동수용의 위탁이나 수용아동의 전원 퇴소의 지시를 받은 때에는 정당한 이유 없이 이를 거부할 수 없다고 하여 아동복지시설의 장의 위탁수락의무를 법정화하였으나, 현재는 삭제되었다. 하지만 아직 여기서의 위탁수락의무도 존재하는 것으로 본다.

420) 田村和之, 保育所行政の法律問題, p.106.

관계에 관해서는 보호자와 시설 사이에 보육계약이 성립하며 입소조치의 결정은 당해 계약의 체결을 강제하는 것이라고 한다.[421] 이와 같이 이해하면 대상아동 내지 그 보호자의 보육서비스수급권은 계약에 의해서 성립한다고 할 수 있으며, 결국 조치자와 시설, 그리고 시설과 이용자 간에는 각각의 계약관계가 성립하게 되므로, 입소조치결정에 의해 조치자와 상대방 간에는 특정 구체적인 시설에 대한 이용권이 성립하고, 조치자는 그 의무를 이행하기 위하여 시설과 사이에 위탁계약을 체결하거나 또는 시설에 대하여 이용자와의 계약 체결을 강제하게 되는 구조를 이루게 된다고 할 수 있다.

그런데 조치자와 실시자(시설)와 입소자 간의 관계를 계약관계로 해석하는 경우에는 다음과 같은 문제점을 제기할 수 있다.

첫째, 시설은 조치자와의 위탁계약이 사실상 강제되며,[422] 그에 따라 위임과 유사한 위탁계약이 체결되는데, 이 계약으로 수탁자는 적어도 최저기준 이상으로 입소자에게 시설서비스를 제공할 의무를 지게 되고, 그 소요비용을 시·도지사 또는 시장·군수·구청장에게 청구할 권리를 취득하게 된다. 그런데 여기서 그 비용의 지불이 문제되는데, 비용으로서의 성질을 갖는 조치비용은 실제로는 국가가 보조금으로서 조치자에게 지불하는 부담금 산정기준에 따라 산정되어 지불되는 것이기 때문에 실제로 조치자와 시설 사이의 협의를 통해 그 금액이 산정될 여지는 거의 없다. 이와 같이 일방에서는 위탁의 거부를 사실상 할 수 없으며, 다른 일방에서는 조치비액을 사실상 일방적으로 결정할 수밖에 없는 구조라면 당사자 간에 의사적 합일을 기본적 요소로 하

---

421) 이에 관해서는 일본의 판례가 있다(松江地益田支決 昭和50(1975).9.6. 判例時報805号 p.96).

422) 노인복지법 제41조에서는 입소의 위탁을 거부할 수 없다는 강제규정을 두고 있다.

는 계약의 구성을 성립시키기에는 다소 무리가 있다.

둘째, 입소조치의 결정과 위탁과는 개념상 다른 행위인데 실제로는 하나의 행위로 이루어지는 것이라면 하나의 행정청의 의사결정행위가 일방에서는 행정처분이 되고, 다른 일방에서는 계약의 청약이 되기 때문에 이러한 특이하게 구성할 필요가 있겠는가 하는 의문이 발생한다.

셋째, 시설과 입소자와의 사이에 계약이 체결된다는 것, 즉 입소자의 입소신청에 대하여 시설은 그 수락이 강제(계약강제)된다는 법리구성에도 문제가 있다. 계약의 가장 중요한 법리적 요소는 양 당사자 간 의사의 합치인데, 사회복시법상의 구조에시는 시설에서의 보육조건은 법령에 의해 그 최저한도가 법정되어 있고, 그것을 상회하는 처우가 시설과 입소자 간의 계약적 합의에 의해 결정될 여지는 실제로 거의 없기 때문에 이러한 면에서도 계약적 법리구성은 적절하지 아니하다.

넷째, 계약적 법리 구성에서는 조치결정은 일방에서는 입소자에 대한 특정·구체의 시설에 입소하여 복지서비스를 받을 권리를 설정하는 행정처분이 되며, 동시에 시설에 대해서는 당해 입소자와의 사이에 계약을 체결할 의무를 짓는 행정처분이기 때문에 그 결과 시설과 입소자 간에 계약관계가 형성된다고 하는데, 결국 조치결정과 그러한 계약의 체결행위는 별개의 행위로서 이루어지는 것은 아니고 오히려 조치결정의 다른 측면이 계약체결(계약체결의 강제)이라고 이해하는 것이 낫다.

이와 같이 볼 때 계약체결이라고 하는 우회적 방법을 택할 필요 없이 직접 조치결정의 효과로서 상대방에게는 특정·구체적 시설을 이용할 권리가 시설설치자와의 관계에서 성립하고 시설설치자에게는 조치자에 대한 법령에서 정한 바에 따라 이용자에게 서비스를 제공할 의무 및 조치비용을 청구할 권리가 생긴다고 하는 이론구성이 더욱 간명하다. 또 계약적 법리구성을 하는 것이 시설입소자의 권리보호에 더 유익하다면 상관없으나, 조치결정에 관한 각종의 분쟁을 행정소송에서 다툴 가능성을 생각해 보더라도 이러한 구성이 관계자의 이익의 보호에 기여하게 된다고 생각되기 때문에 이러한 법리성이 더욱 유효하다고 생각된다. 다만 실제로는 어떤 해석에 따르더라도 이 관계는 당사자의 합의를 기본적 조건으로 하는 비권력적 관계이며, 계약유사의 관계로서 원칙적으로 사법원리에 따라 처리되어야 할 것이기 때문에 구체적 법해석에 있어서는 별 차이는 없을 것이다.

2) 指導, 相談, 斡旋 등 個別保護給付

시설입소와 함께 복지행정뿐만 아니라 다른 행정 영역에서도 빈번하게 이용되는 것이 행정수단으로서의 각종의 지도·상담이다. 그러나 이러한 형식의 급부는 종래보다 다소 축소되어 있는 듯하다. 그것은 지도가 그 본래의 의미대로 비권력적으로 행해지는 것이 아니라 후술하는 바와 같이 지도 또는 지시라는 형식과 함께 쓰이면서 그 지도에 따르지 않는 경우 일정한 급부를 정지하거나 중지할 수 있도록 하는 등 다소 권력적 형식을 띠는 경향이 있어 부작용이 발견되었기 때문이다. 따라서 현재의 사회복지법제에서는 이러한 요소를 배제하기 위하여 이러한 형식의 복지조치는 다소 축소되어 있으며, 권력적 요소가 가미될 수 있는 여지를 거의 배제한 느낌이다.

현행법상 지도·상담이 이루어지고 있는 것의 예로는 사회보장기본법 제33조 사회보장에 관한 상담을 비롯하여 국민기초생활보장법 제16조의 자활후견기관에 의한 상담, 생업을 위한 자금융자알선, 자영창업지원 및 기술경영지도, 아동복지법 제10조 제1항 제1호의 아동복지지도원 내지 아동위원에 의한 상담·지도 및 동조 제4항 및 제16조 제1항 제7호에 의한 아동상담소에서의 상담, 노인복지법 제28조 노인복지상담원에 의한 지도·상담, 장애인복지법 제31조의 검진, 재활상담 및 취업알선, 모자복지법 제7조와 동법시행령 제13조에 의한 상담 및 지도, 제19조 제1항 제6호에 의한 모자가정상담소에 의한 지도와 상담, 영유아보육법 제5조와 동법시행령 제13조에 의한 보육정보센터의 보육지도원에 의한 상담 및 지도와 보육알선 등이 있다.

이러한 행위들은 그 자체로는 상대방에게 직접 법률상태의 변화를 가져오지 않는 것이기 때문에 그러한 의미에서 행정지도와 유사한 깃이라고 볼 수 있다. 그런데 행정지도란 행정 주체가 일정한 행정의도를 실현하기 위하여 임의적·비권력적 수단으로 행정객체의 임의적 협력을 기대하여 행하는 비권력적, 사실행위인 행정작용[423]이며, 행정의 대상에 따라 규제적·조정적 기능을 하기도 하며, 또 조성적·보조적 기능을 가지기도 한다.[424] 이것은 행정지도는 그 자체로는 특정의 행정목적을 달성하기 위한 소위 몰가치적 수단으로 정의될 수 있으며, 문제는 그 기능에 있다는 것을 의미한다.[425] 이에 대하여 위에서 언급한 각종의 지도 조치는 행위의 형식이면서도 동시에 급부의 내용을 이루고 있다는 점에서 일반 행정지도와는 구별된다 할 것이다. 예컨대 아동복지법 제10조 제1항에 의한 지도에 관해서 보면 시·도지사 또는 시장·군수·구청장은 그 관할 구역 안에서 보호가 필요한 아동을 발견하거나 보호자의 의뢰를 받은 때에는 대상아동에 대한 각종의 조

---

423) 姜儀中, 行政法講義(補正版), 敎學硏究社, 2000, p.261.
424) 塩野宏, 行政過程とその統制, 有斐閣, 1989, p.187; 原田尙彦, 行政法要論, 學陽書房, 1984, p.136; 姜儀中, 行政法講義, pp.261 등 참조.
425) 又坂常人, "福祉の措置の法律問題", (成田賴明 外編) 行政法の諸問題(下), 有斐閣, 1990, p.772.

사·판정을 거쳐 이를 해결하기 위한 급부로서 각종의 상담·지도가 아동복지지도원 또는 아동위원에 의해 개별보호로서 이루어지고, 이 보호조치가 적합하지 아니한 경우에는 아동상담소에 의한 상담·지도가 이루어지게 된다(동법 제10조 제4항 및 제16조). 아동상담소에서도 대상아동이 가진 문제를 파악하여 그에 따라 요지도성의 인정판단을 하게 되면 당해 아동은 아동복지지도원 등 전문지식을 지닌 개별보호자(care work)에 의한 지도를 받도록 하는 결정을 하게 되며, 이 결정에 따라 개별적 지도행위가 이루어지게 된다. 실무상 이와 같은 조치를 하는 경우에는 일정한 내부절차를 거쳐 조치결정을 하게 되는데, 여기서 문제는 조치결정 및 이에 따라 이루어지는 개개의 지도는 법률상 어떠한 효과를 지니는가 또 지도대상인 아동 내지 보호자는 어떠한 법적 지위를 가지게 되는가 하는 점이다.

지도조치의 결정 및 지도의 법적 효력은 실정법의 문언상 명백하지 아니하다. 개별적 보호(case work) 내지 지도 그 자체가 어떠한 법적 효과를 수반하는 행위, 즉 상대방에게 일정한 의무를 발생시키는 행위라면 보호자 등에게 그 내용을 통지하거나, 조치를 결정할 때 회의와 같은 내부적 조절절차를 거치는 등 지도조치에 이르기 위한 일정한 절차적 과정이 뒷받침되어야 할 것이다. 그러나 우리나라 아동복지법의 경우에는 법 제10조 제1항 제1호의 상담·지도를 위해서는 어떠한 절차적 규정도 마련되어 있지 않다.

일본의 경우는 우리나라와 상이하다. 일본의 아동복지법에서는 복지사무소장의 직권에 의한 지도(일본아동복지법 제26조 제1항 제2호)와 아동상담소에서의 지도(일본아동복지법 제15조의2 제1항 제3호)를 엄밀히 구분하면서, 전자에 대해서는 보호자에 대한 아동복지법시행규칙에서 정한 통지 및 아동상담소의 사무처리요령에서 정한 조치회의 개최 등의 절차적 과정을 거치도록 하고 있다. 이와 같이 절차적 과정을 거치게 되는 경우의 지도는 상대방에게 수인의무가 발생하는 것으로 해석하는 견해가 있다. 즉 일본에서는 촉법소년에 대한 아동상담소 직원의 지도의 처분성이 다투어진 사례에서 원고는 당해 지도가 일본 아동복지법시행규칙 제21조 소정의 절차(보호자에 대한 통지 등)와 상담소의 사무처리요령이 정한 조치회의 개최 등 내부절차가 없었다는 점을 이유로 당해 조치는 "아동상담소장의 권한으로 법 제26조 제1항 제2호의 조치를 취한 것이라고 인정할 수 없고, 아동상담소의 업무로서 정한 법 제15조의2 제1항 제3호의 범위에서 이루어진 아동복지사의 지도라고 인정함이 상당하다. …… 아동 및 보호자에게 법규의 규정상 어떠한 수인인무도 부과하고 있지 아니하다"고 하여 처분성을 부정하였다.426) 여기서는 당해 조치가 동법 제26조 제1항 제2호에 기한 조치가 아니라는 점의 단서를 통지 및 조치회의 불개최 등 동법시행규칙 및 내부적 사무처리요령에 정한 절차가 이행되지 아니하였다는 점에서 찾고 있다. 또 이 판례에서는 동 조항에 의한 조치로서의 지도에는 상대방에게 수인의무가 발생한다는 점을 암묵적으로 전제하고 있음을 부인할 수 없을 것이다.

그러나 이와 같은 지도는 현재는 폐지된 종전의 생활보호법상의 지도와 지시427)와 같이 이에 대한 피보호자의 준수의무를 규정하고 그 준수의무에 위반한 경우에 보호의 중지, 정지의 제재조치를 취할 수

---

426) 宇都宮地判 昭和59(1984).11.15, 行集35卷11号, p.1818.

427) 구생활보호법 제22조 지도와 지시는 생활보호 실시기관에 지도·지시의 권한을 규정하고, 이 지도·지시의 준수사항을 위반에 대해서는 일정 기간 보호를 정지하거나 보호의 전부나 일부를 중지할 수 있도록 규정되어 있었으나(동법 제24조 제2항), 요보호자의 의사에 반하여 이루어지는 등 많은 부작용이 지적되어 현재는 삭제되어 있다(1999. 2. 28. 폐지).

있도록 규정하고 있는 것과는 명백히 다르다고 할 것이다. 즉 아동복지법상의 지도는 그것을 어떻게 받아들일 것인가는 전적으로 상대방의 자유에 달려 있다고 해야 한다.[428] 오히려 요보호아동을 위한 지도조치를 위한 일정한 결정절차를 두고 있는 것은 이로써 상대방을 구속하거나 강제하려는 것이 아니라 반대의 측면에서 오히려 이러한 행정작용을 하는 주체를 구속하는 것이라고 이해하여야 할 것이다. 즉 이러한 조치를 위한 일정한 절차조항은 침해적 행정의 징표가 아니라 오히려 담당기관에 부여된 일정한 의무를 표현한 것이므로 요지도성이 결정되면, 담당기관에서는 이를 정당한 이유 없이 거부하지 못하며, 요보호아동의 요지도성의 정도에 따라 조치자의 의무의 강도도 결정되는 것이라고 이해하여야 한다. 이러한 면에서 보면 사회보장행정에서의 작용근거로서의 일정한 절차조항은 행정의 주체로서의 측면이 아니라 행정의 수급자의 측면에서 일정한 처분성을 인정할 수 있게 하는 계기가 된다고 할 수 있다. 이러한 점은 수급자의 보호를 중요시하는 사회보장행정에서의 행정처분의 특질에서 나오는 것이라고 할 수 있다.[429]

현재 아동복지법을 비롯한 각종의 사회복지서비스법에 규정하고 있는 지도 · 상담 · 알선 등과 같은 행정작용에 이를 결정하기 위한 절차적 규정을 두고 있지 않는 우리나라의 경우 위와 같은 논란의 과정이 필요 없이 그러한 작용에 대하여 상대방에게 어떠한 수인의무도 따르지 않으며, 그 작용에 대한 수인 여부는 전적으로 상대방에게 달려 있

---

428) 위 판례에 대한 控訴審判決에서도 일본아동복지법 제26조 제1항 제2호에 따른 조치일지라도 아동 및 보호자에게는 그에 따를 법적인 의무는 없다고 판시하고 있다(東京高裁 昭和61(1986).2.25 行集37卷1 · 2号, p.171).

429) 又坂常人, "福祉の措置の法律問題", p.774.

다고 하여야 한다. 따라서 "…… 지도를 해야 한다"는 기속적 규정에 의해 그 상대방은 당연히 지도를 받을 권리가 발생하며, 다만 그 지도가 대상자의 수요에 즉응한 적절한 것이 아닐 때에는 권리로서의 의의가 반감될 수 있고, 오히려 지도에 응한다는 침해적인 측면만이 강조될 수 있으므로, 수요에 즉응한 개별적 보호가 적절히 이루어질 수 있도록 담보하는 것이 필요하다. 하지만 개별적 보호의 성질상 이를 법적으로 담보하는 것은 현실적으로 어려우며, 어느 범위에서 통제가 이루어져야 할 것인가는 앞으로 연구되어야 할 과제이다.

3) 金錢의 貸與

복지조치의 행위형식 중에 금전의 대여는 다른 급부의 행위형식보다는 다양하게 활용되고 있지는 못하다. 현행법제하에서의 금전의 대여는 모자복지를 위한 것과 장애인복지를 위한 것, 국가유공자와 그 유족 등에 대한 것 등이 있다. 모자복지법에서는 모자가정의 생활안정과 자립을 촉진하기 위하여 사업자금, 아동교육비, 의료비, 주택자금 등의 자금대여제도를 두고 있으며(법 제13조), 장애인복지법에서는 장애인의 사업의 개시, 필요한 지식·기능의 습득 당을 지원하기 위하여 자금대여를 할 수 있도록 하고 있다(법 제37조). 또 국가유공자등예우및지원에관한법률에서는 국가는 국가유공자와 그 유족 등의 자립과 생활안정을 도모하기 위하여 장기저리로 대부를 실시하도록 정하고 있다(법 제46조 내지 제62조).

금전의 대여는 행정의 작용으로서보다는 사인 간에서 아주 일반적으로 이루어지는 법률행위인데, 행정이 이것을 어떠한 법형식으로 하는가는 입법정책의 문제로 해석되는 것이며, 자금대여라고 하는 행정작용의 성격 그 자체로부터 법적 성질이 일의적으로 결정되는 것은 아니라고 할 것이다.[430) 그것은 대여행위의 근거가 되는 실정법이 어떠한 법형식을 취하고 있는가의 해석의 문제이며, 실정법 규정이 명확성을 결한 경우에는 당해 급부의 취지·목적과 구제의 필요 등을 고려하여 판단하여야 할 것이다. 실무상으로는 대여신청을 받고 심사를 거쳐 대여를 결정하고 그것을 대여결정통지서에 의해 신청자에게 고지하는 절차를 거치게 되므로 대여행위는 계약의 체결이라고 해석하는 것이 좋을 듯하다.[431) 물론 모자복지자금의 대여는 그것으로 행정이 이자수입을 목적하는 것은 아니며 모자가정의 경제적 자립을 도모한다고 하는 복지목적의 실현을 위하여 법이 정한 일정한 요건을 충족하는 자에게 저리의 자금을 융자해 주는 것이므로 가령 자금의 대여가 계약의 형식으로 이루어지지 않고 다른 법형식을 취하더라도 복지목적을 달성하기 위한 수단으로서 행해진다는 점에는 유의하여야 할 것이다.

그런데 자금의 대여 그 자체는 계약의 체결이라고 하는 법형식으로 이루어지더라도 상대방의 선정, 대여의 가부, 대여금액의 결정 등은 법령이 정한 바에 따라 이루어질 것이 요구되는 것이며, 논리적으로는 그러한 사실의 결정행위가 우선 선행되고 소위 집행으로서 계약의 체결이 이루어지게 되므로, 결국 이것은 전형적인 계약에서 요구되는 사적 자치에 의한 계약조건의 조성은 전혀 이루지지 않는 결정행위라고 할 수 있으며, 따라서 여기에는 어떠한 법효과를 부여할 수 있을 것인

---

430) 塩野宏, "行政における勸力性", 岩波講座基本法學 6卷, 岩波書店, 1983, p.184; 雄川一郎, 行政の法理, 有斐閣, 1986, p.211; 藤田宙靖, 行政法學の思考方式, 有斐閣, 1978, p.15 등 참조.

431) 成田賴明, "行政法側面からみた社會保障法(下)", ジュリスト 第302号 (1964), p.24.

가의 논의의 여지가 남는다. 이 논의는 행정기관에 의한 대여의 거부 내지 신청에 대한 불응답이 있는 경우 이에 대하여 항고소송을 제기할 수 있는가의 문제와 밀접한 관련이 있기 때문에 중요하다. 대여 자체는 계약이라 하더라도 그 관계에 들어갈 것인가의 여부의 전제가 되는 대여결정 자체는 행정처분으로서 행정심판법 및 행정소송법에 의해 쟁송의 대상이 된다는 주장[432]은 바로 이러한 점에 착안한 것이다. 그러나 이에 대하여 재량급부[433]와 계약법리가 결합하는 경우에는 대여신청은 단순히 행정청의 직권의 발동을 촉구하는 단서로서 의미를 지닐 뿐이며, 따라서 행정기관도 법령에 정한 급부의 가부에 관하여 결정해야 할 의무를 신청자와의 관계에서 부담하게 되는 것은 아니라고 해야 한다는 견해가 있다.[434] 이 견해에 따르면 신청자는 신청권을 가진다고 할 수는 없으며, 신청에 대한 거부 내지 불응답에 대하여 항고소송을 할 수는 없을 것이라 생각된다. 그리고 항고소송 이외의 행정소송이나 민사소송에서 대여에 관한 적부를 다투는 방법을 찾기란 그리 쉽지 않다. 그런데 이러한 결론이 생존보장급부로서의 대여 급부의 성격, 그에 따른 복지적 기능 및 대여에 관하여 규정한 법령의 취지·목적과 실제의 행정활동의 올바른 방향 등에 비추어 과연 타당한 것인가는 검토해 볼 필요가 있다.

---

432) 小川政亮, 社會事業法制(第三版), ミネルバ書房, 1986. p.372.
433) 이와 관련하여 재량급부에 대해 수급자는 어떠한 청구권을 보유하고 있는가에 대해서 독일사회법 제33조(§33 SGB-Ⅰ)는 "권리 또는 의무의 내용이 급부의 종류와 정도에 대해 개별적으로 규정하지 않은 경우에 급부기준설정은 수익자의 인격상태, 수익자의 수요와 지불능력 및 지역적 상태가 고려되어야 한다. 다만 법률이 다른 사항을 규정하고 있는 경우에는 이에 따른다. 이에 대해서 수익자 또는 의무자의 희망은 그것이 적절한 경우에는 반영되어야 한다"라고 규정하고 있다.
434) 又坂常人, "福祉の措置の法律問題", p.770.

모자보건법시행령과 동법시행규칙에 따른 복지자금대여절차를 보면, 먼저 복지자금의 대여를 받고자 하는 자는 대여자금의 용도를 기재한 복지자금대여신청서를 자신과 보증인의 인감증명서를 첨부하여 거주지관할 읍·면·동장에게 제출한다. 이에 읍·면·동에서는 신청서를 수리하여 즉시 필요한 조사를 하고 의견을 붙여 시장·군수·구청장에게 송부한다. 시장·군수·구청장은 그 신청서를 검토하여 지체 없이 대여 여부를 결정하고, 신청인과 대여대상자로 선정된 자에 대한 대여내용을 복지자금의 대여를 취급하는 금융기관에 통지한다(동법시행령 제16조와 제17조, 동법시행규칙 제8조와 별표 서식 제4호)고 되어 있다. 이러한 절차로 대여급부가 이루어지는데, 여기서 상대방의 신청을 전제로 급부가 이루어진다는 점, 신청이 법령으로 정한 급부요건에 합치하는가의 여부의 제1차적인 판단권은 행정청인 시장·군수·구청장에게 부여되어 있다는 점, 또 당해 행정청의 판단을 매개로 상대방에게 대여받을 권리가 성립한다는 점 등을 검토해 볼 필요가 있다. 생각건대 대여급부의 결정은 법문상 시장·군수·구청장의 재량적 결정에 위임되어 있는데 모자가정에 대한 자금대여제도는 법률상 제도화된 대여사업이기 때문에 지방자치단체의 사업으로 이루어지는 단순한 행정조치로서의 대부사업과는 행정책임의 강도가 다르고 따라서 신청자의 법적 지위도 그러한 점을 고려하지 않을 수 없으며, 대여의 가부는 시장·군수·구청장의 자의에 위임되어 있는 것이 아니라 법정의 요건으로 이루어져 있다는 점을 고려할 때, 자금대여의 결정에 대해서 처분성을 인정하고, 위법한 결정에 대해서는 그 시정을 구할 수 있는 길을 두도록 하는 것이 복지급부의 성질과 법치행정의 원리에 비추어 타당하다고 생각된다.

사회보장행정에 있어서는 계약형식에 의한 급부활동이 광범위하게 이루어지고 있는데, 그것을 적절히 행사하도록 보장하기 위한 법적 구조를 계약의 법리만 도출하기는 그리 쉬운 일이 아니라고 생각된다. 또 계약체결 그 자체와는 구별되는 행정청의 결정행위에 관하여 이것을 계약체결에 이루는 내부행위라고 단순히 잘라 말할 수는 없으며, 가능한 한 여기에서 처분성을 찾아내는 것이 사회보장을 누릴 권리의 보호에 더 적합하다고 생각된다.

3. 結 語

살펴본 바와 같이 사회보장행정에서의 급부조치는 공사법의 법형식을 넘나드는 다양한 형식으로 이루어지고 있다. 이러한 다양한 법형식의 조치 중 몇 가지 빈번히 이루어지는 것에 관해서만 법적 문제를 검토해 보았다. 사회보장행정의 궁극적인 목적은 헌법상 사회복지를 누릴 권리의 규범적 내용을 행정의 영역에서 잘 풀어나가는 것이다. 이런 견지에서 당해 조치를 위해 취해진 법형식이 사법적인 것이든 공법적인 것이든 그 조치의 존재이유에 부합하게 운영되기 위해서는 사법적인 형식의 조치일지라도 공법적인 측면의 성질을 이용하여 구제의 가능성을 확보하고, 또 공법적인 형식의 조치인 경우에도 사법적인 법리구성으로 구제가능성을 확보할 수 있다면 이를 자유롭게 취사선택하여 보다 사회복지권의 규범화에 정합할 수 있도록 하는 법리모색이 도모되어야 할 것이다.

第4節 社會保障行政에서의 節次的 統制

지금까지의 사회보장행정에 대한 통제는 주로 실체적인 측면에서의 통제였다. 그러나 전술한 바와 같이 실체적인 차원에서 행정의 재량여지가 확보되어 있는 이상, 재량통제의 기술을 적용하더라도 완전한 법적 통제가 이루어질 수는 없으며, 일정한 한계를 절감하지 않을 수 없다. 따라서 광범위한 재량의 보다 적절하고도 유효한 통제를 위해서는 권리형성의 실체적 측면뿐만 아니라 절차적인 측면에서의 통제법리가 필요하다.

여기서의 사회보장급부에 대한 절차적 보장이란 사회보장급부가 신청으로부터 급부결정과 급부의 지급에 이르는 일련의 과정 속에서 일정한 절차를 확보함으로써 지금까지 전문적, 행정 내부적 부문으로 인식되어 왔던 사항을 보다 유효한 권리의 확보로 전환하기 위한 것이다.[435] 이러한 사회보장급부에 관한 행정절차에서 중요한 것으로는 수급대상자가 자신이 어떠한 급부의 대상이 되는지에 대한 통지, 급부를 구하는 신청, 자신에게 어떤 내용의 결정이 내려질 것인가를 미리 알도록 하고, 그 적절성을 본인에게 검토받기 위한 청문의 기회를 부여하는 것 등이 있다. 이러한 점을 염두에 두면서 실정의 사회복지법의 절차적 보장수준은 어느 정도이며, 개선되어야 할 점은 무엇인지 앞으로 나아갈 방향을 정리해 보기로 한다.

---

435) 李憲錫, "社會保障行政法上 行政裁量에 관한 小考", p.649.

1. 現行 社會保障法에서의 節次的 保障의 問題點

　현행의 사회복지관련 법령을 개관해 보면 행정절차에 관한 규정이 거의 없음을 알 수 있다. 물론 우리나라에서는 1996년 제정된 행정절차에 관한 일반법인 행정절차법이 있지만 이 법의 적용범위는 처분·신고·행정상입법예고·행정예고 및 행정지도의 절차로 하고 있으므로 사회보장행정과 같은 급부행정의 영역은 적극적으로 적용되지 않을뿐더러, 사회보장행정에서의 결정이 부분적으로 처분적 성질을 가진다고 하더라도 이 법에 정한 바가 사회보장행정에 적용될 여지는 그리 많지 않다. 현재와 같이 헌법 제34조 제1항의 생존권규정을 중요시하면서도 과연 어떻게 생존권이 실질적 권리로 보장받을 수 있을 것인가가 문제시되는 상황에서는 이러한 사회보장행정에서의 행정절차규정의 불비는 국민의 사회복지수급권을 의미 없는 것으로 할 우려가 있다.

　그런데 사회보장법 중 가장 중요하고도 기본적인 법이라 할 수 있는 국민기초생활보장법(종전의 생활보호법)에서는 비교적 구체적으로 국가로부터 사회보장을 받을 권리의 절차적 규정이 명시되어 있다.436) 따라서 이하에서는 사회보장행정법령의 규정상황을 국민기초생활보장법과 비교하면서 일반론적 차원에서 절차적 규정 미비의 문제점을 지적해 보기로 한다.

---

436) 국민기초생활보장법이 사회복지법의 가장 중요하고도 기본이 되는 법이기 때문에 다른 사회복지법에 이것이 저절로 준용될 수 있지도 않느냐고 할 수도 있겠으나, 이러한 해석론은 입법기술적으로도 인정되지 아니하며, 그러한 주장을 하는 견해도 찾아볼 수도 없다.

1) 現行 社會保障法에 있어서의 行政節次

예컨대 아동복지법을 보면 이 법에 따른 보호조치는 ① 아동복지지도원 또는 아동위원에게 보호를 필요로 하는 아동 또는 그 보호자에 대한 상담·지도를 행하게 하는 것, ② 보호자 또는 대리양육을 원하는 연고자에 대하여 그 가정에서 보호양육 할 수 있도록 필요한 조치를 하는 것, ③ 아동의 보호를 희망하는 자에게 보호를 필요로 하는 아동의 보호를 위탁하는 것, ④ 보호를 필요로 하는 아동에 적합한 아동복지시설에 입소시키는 것, ⑤ 약물 및 알콜중독·정서장애·발달장애 등으로 특수한 치료나 요양 등의 보호를 필요로 하는 아동에 대하여 전문치료기관 또는 요양소에 입원 또는 입소시키는 것 등(이상 동법 제10조 제1항)이며, 이것을 시·도지사 또는 시장·군수·구청장의 행정상 의무사항으로 하고 있다. 이러한 규정들은 과거에는 "…… 할 수 있다"는 식의 재량규정이었으나, 사회복지의 발전과 더불어 현재는 의무규정화되었다. 따라서 종래와 같이 이러한 규정이 실시기관의 권능에 속하는 것이지, 의무는 아니라고 하는 식의 견해는 이제는 거의 찾아볼 수 없다. 하지만 이렇게 의무규정으로 두고 있더라도 이를 뒷받침할 수 있는 신청절차 내지 실시기관에 의한 결정절차에 관한 규정을 두고 있지 아니한 점은 입법상의 불비라고 할 수 있다. 결국 이러한 경우 법제도적으로는 보호조치의 결정과 그 실시가 상당 부분 실시기관의 재량에 위임될 우려가 있으며, 또 단순히 행정해석상으로는 신청절차가 명시되어 있지 않고 직권조치로 행해지기 때문에 이러한 제 조치의 법적 성격은 공적기관의 조치의무가 있음으로 해서 발생하는 반사적 이익이 아닌가 하는 견해도 있으며,[437] 이것은 전술한

---

437) 金萬斗, 社會福祉法制論, 弘益齊, 1993, pp.275에서는 우리나라의 사회복

바와 같이 종래 실무계의 일반적인 입장이었다.

다음으로 위 규정과 같이 아동복지를 위한 가장 핵심적인 규정이라 할 수 있는 보호조치규정은 의무규정화되긴 하였으나, 반면 아직도 상당한 규정이 재량규정으로 남아 있다.[438] 이러한 규정에는 그에 따른 신청규정이나, 실시기관의 결정규정이 전혀 없음은 말할 필요도 없으며, 이 규정에 따라 일정한 시설을 갖추거나 재정적 지원을 받게 되는 것은 전적으로 실시기관의 재량에 의존하게 된다.

어쨌든 아동복지법에서는 아동복지를 위한 제 조치에 관한 신청절차 및 결정절차를 규정하지 않고 있으며, 이러한 상황은 노인복지법, 장애인복지법, 영유아보육법, 모자보건법 기타 사회복지 영역의 법률에서 마찬가지이다. 이러한 행정절차의 불비는 어디에서 연유하는 것인가를 생각해 볼 필요가 있다. 이것은 근본적으로는 사회보장행정이 소위 비권력행정이나, 급부행정의 영역에 속하여 권력행정에 비하여 법적 통제가 완화된다거나, 법치행정의 원리에 따른 법률의 유보가 완전히 적용되지 않는다는 측면에서 나온 것이라고 할 수 있다. 하지만 전술한 바와 같이 이러한 권력행정과 비권력행정으로 구분하는 이분론에 따른 개괄적인 구분에 따른 법률유보론(소위 침해적 유보론)은

지서비스 입법은 행정청의 자유재량주의와 반사적 이익론에 의해 그 권리구조는 퇴색되고 방치되고 있음을 지적하고 있다. 이러한 사회복지수급권의 반사적 이익설은 일본뿐만 아니라 우리나라에서도 종래 실무상 일반적 견해였다(日本厚生省社會局, 改訂老人福祉法の解說, 1987, pp.88-89; 小川政郎, 社會事業法制, p.176).

438) 예컨대 아동복지법 제14조(아동복지시설의 설치), 동법 제21조(시설의 개선 사업의 정지, 폐쇄 등), 동법 제31조(국가 및 지방자치단체에 의한 비용보조), 동법 제37조(아동복지단체의 육성) 등의 규정들도 무시될 수 없는 규정임에도 불구 정책상의 필요에서 또는 편의상 재량규정으로 되어 있다.

이미 고전적인 것으로 의미 없게 된 지 오래이며, 또 사회보장행정이 헌법 제34조 제1항에 의한 생존권보장의 일환으로 이행되는 것이기 때문에 사회보장행정기관의 권한의 행사도 이 권리를 실질화하는 수준에서 법적 통제의 대상이 되어야 함은 말할 필요도 없다.[439]

그러면 여기서 국민기초생활보장법에서는 행정절차에 관한 사항을 어떻게 규정하고 있는가를 살펴볼 필요가 있다. 전술한 바와 같이 국민기초생활보장법은 사회보장법에 속하는 가장 중요하고도 핵심적인 법임에도 불구하고 행정절차규정에 있어서는 다른 사회보장법과는 상당히 다른 적극적인 태도를 취하고 있기 때문이다.

이 법에서는 우선 동법 제21조에서 신청보호를 원칙으로 정하고 있으며, 다음으로 ① 급여를 필요로 하는 자가 누락되지 않도록 하기 위하여 관할지역 내에 거주하는 수급권자에 대한 급여를 직권으로 신청할 수 있으며, 이 경우 수급권자의 동의를 요하며, 이를 신청으로 볼 수 있다(동법 제21조 제2항). ② 급여의 개시, 변경, 중지 등에 관한 결정은 서면으로 하여야 한다(동법 제26조 제3항, 제29조 제2항, 제30조 제3항). ③ 신청에 의한 급여의 개시의 통지는 신청이 있은 날로부터 14일 이내에 하여야 한다(동법 제26조 제4항). ④ 보장기관이 급여의 결정·실시 등을 위하여 필요한 때에는 수급권자와 관련된 일정한 조사를 할 수 있으며, 이때 조사담당 공무원은 그 권한을 표시하는 증표를 휴대하고 이를 관계인에게 제시하여야 한다(동법 제22조 제5항). ⑤ 보장기관의 공무원 또는 공무원이었던 자는 직무상 알게 된 정보와 자료를 이 법이 정한 보장목적 외에 다른 용도로 사용하거나 다른 사람 또는 기관에 제공하여서는 아니 된다(동법 제22조 제6항)는 등

---

439) 神長　勳，現代法の法領域と憲法理論(小林孝輔敎授還曆記念論集)，學陽
書房, 1983, p.230.

의 규정을 두고 있다. 물론 이 법에서도 완전한 행정절차적 규정을 완비하고 있다고 할 수는 없으나,[440] 다른 사회보장법보다는 훨씬 구체적이고 중요한 절차규정을 두고 있다.

국민기초생활보호법과 다른 여러 사회보장법과의 행정절차규정상의 차이를 합리화하는 구체적인 근거는 어디에서도 찾아볼 수 없다. 특히 일부 사회보장법에서 불이익한 처분에 대한 사전절차규정(청문 등)을 두지 않고 있는 것은 중대한 입법상 불비라고 할 수 있다. 생활보호행정이 생존권의 실질적 보장을 위한 사회보장행정의 중심이 되는 것이지만 국민기조생활보장법에 절차규정이 있다고 해서 다른 사회보상법에 당연히 준용되는 것은 아니며, 오히려 사회복지서비스관련법들에서 절차규정이 갖추어지지 못하고 있는 것은 사회보장행정의 기본이 되는 국민기초생활보장법의 운용을 용이하지 못하게 할 수 있다.

물론 사회보장수급에 관한 권리가 법정화되어 있고, 그에 관한 수급, 청구의 절차적 규정이 갖추어져 있다고 해서 바로 실질적 그 권리가 보장되는 것은 아니다. 하지만 이러한 절차적 규정이 없는 것은 현실적으로 수요자의 입장에 의한 권리향유가 곤란하게 하기 때문에 이러한 규정을 갖춘 다음에 실시기관에 대한 재량행사의 통제를 도모하는 것이 필요하다.[441]

---

440) 이 법에서도 수급자의 의무불이행으로 급여결정을 취소·정지하거나 일정한 사유로 급여의 변경, 중지 처분을 하는 경우 수급권자에게 소명의 기회를 부여하는 규정과 그 절차에 관한 규정을 둘 필요가 있으며, (직권에 의한 급여인 경우에도 상대방의 동의를 요한다는 규정은 있지만) 일정한 경우 수급권자에 대한 지도·지시가 의사에 반해서 행해질 수도 있으므로, 이를 방지하기 위하여 의사에 반하여 보장이 강제되어서는 아니 된다는 규정도 둘 필요가 있다.

441) 神長 勳, "福祉と行政法", 法の科學 第10号(1982), p.72.

2) 現實에 適應하는 行政節次의 必要性

전술한 바와 같이 다수의 사회보장법에서는 국민기초생활보장법과는 대조적으로 행정절차에 관한 규정을 두지 않고 있으며, 이것은 입법정책상의 불균형으로 이를 바로잡을 필요가 있다. 하지만 국민기초생활보장법이 두고 있는 행정절차규정과 동일한 규정을 둠으로써 해결되는 것이 아니라 사회복지서비스의 각각의 영역, 즉 아동복지, 장애인복지, 노인복지, 영유아복지, 모자복지 등 각각에 수요에 적응할 수 있도록 행정절차가 갖추어져야 한다. 물론 국민기초생활보장법상의 행정절차규정이 중요한 모범이 될 수 있을 것이다.

현재 사회보장행정의 법적 구제제도는 다른 일반 행정에서와 마찬가지로 이의신청, 심사청구, 심판청구 등과 같은 사후적 구제제도에 의존하고 있다. 행정상의 구제가 사후적 구제 중심으로 구성되어 왔으나, 사후적 제도로서 완전한 구제가 이루어질 수 없음은 물론이다. 따라서 사회보장법의 영역에서도 보다 적극적으로 사전절차가 도입되어야 한다.

이렇게 사전적 절차적 요소를 중요시할 때, 미국 사회보장법의 경우를 상기해 볼 필요가 있다. 미국에서도 사회복지서비스는 과거에는 국가로부터의 은혜적 급부 내지 특권이라는 견해의 토대에서 이루어져 왔다. 따라서 사회복지서비스수급의 권리성은 행정기관의 자의적이고 독단적인 재량권행사를 통제하지 못한다고 하는 것이 일반적 경향이었음은 물론이다. 그러나 이러한 경향은 사회보장행정에 있어서도 연방헌법상의 적정절차조항과 연방행정절차법이 적용된다고 하는 일련의 판례가 전개됨으로써 큰 변화를 맞이하게 되었다. 그 결과 종래의 사회복지서비스의 수급은 특권인가 권리인가 하는 이분론은 배제되고 사회복지서비스는 적정절차가 적용되어야 하는 대상이라는 의미에서의 권리라는 것이 확고하게 되었다.442) 그러나 동시에 미국연방행정법의 경우 다음과 같은 논의가 있었음도 참고할 필요가 있다. 즉 사회보장행정에 적정절차를 도입한 것은 그때까지의 행정기관의 은혜적인 사회보장행정관을 타파하고 재량권을 통제한다는 점에서 극히 유효하였다. 특히 불이익변경처분의 적정화(불이익변경금지)에 기여한 바가 컸다. 그런데 여기서 말하는 적정절차, 즉 연방행정절차법에서 의도하는 형식적인(formal) 행정절차는 이해관계인에 대한 고지와 청문을 내용으로 하는 것이며 그 청문은 당사자주의적으로 행해지는 것이었다. 그리고 또 이러한 행정절차는 원래 대기업에 대한 행정적 규제를 어떻게 통제할 것인가에 주로 관심을 두고 있는 것이었다. 따라서 여기서 말하는 형식적인 행정절차를 형식, 획일적으로 사회보장행정에 적용하거나 이를 너무 지나치게 대응시키는 것은 곤란하다. 즉 사회보장행정에서의 상대방은 (미국의 경우 글자를 전혀 읽지 못하는 사람도 많다) 약자이다. 이러한 상대방에게 형식적인 행정절차에 대한 참가를 일반적으로 요구하는 것은 오히려 가혹한 경우도 있을 수 있다. 그것은 관료주의에 의한 새로운 희생자의 양산을 의미하는 것일 수도 있기 때문이다.443) 사회복지수급의 절차적 보장을 도모할 때에도 수급대상자의 권리보호의 측면을 기본적 전제로 해야 함은 물론이다. 따라서 신청으로 시작되는 절차를 중요시하되, 사회보장의 목적이라는 전제 아래 이러한 절차완성을 위한 적절한 수준에서의 직권적 요소도 추가되어야 한다.

---

442) 여기서 말하는 미국행정법의 상황에 대해서는 K. C. Davis, "IV. The Practice of Selective Enforcement Interlocked with the Theory of Privilege", *Discretionary Justice, A Preliminary Inquiry*, 1969, pp.162-187. 참조.
443) B. Schwartz, *Administrative Law*, 1976, p.23.

2. 社會保障法에 있어 節次的 保障을 위한 改善方向

전술한 바와 같이 종래에는 국민이 사회복지의 급부를 누리는 것은 국가의 시혜적인 사회보장급부의 결정에 따른 반사적 이익이라는 것이 실무계의 일반적인 견해였으며, 이러한 인식은 사회복지에 있어서의 절차적 보장의 측면과 관련해서는 직권주의적 경향과 함께 성문법주의를 채용한 결과 법률에 규정이 없으면 절차의 보장이 필요 없는 것이 아니냐는 인식으로 연결되게 되었다. 이러한 인식이 잘못된 것이며, 특히 사회보장행정은 사회적 약자보호라는 측면이 강하기 때문에 법률에 규정이 없는 경우에도 절차적 보장이 필요함은 말할 필요도 없다.444) 이하에서는 이러한 실무계의 인식을 염두에 두면서 직권주의에 따르더라도 권리의 실천적인 보장이 이루어지도록 하기 위하여 준수되어야 할 절차적 규정에 관하여 검토해 보기로 한다. 일반적으로 사회보장급부는 신청으로부터 시작되고 자격요건 등을 확인하는 조사과정을 거쳐 실질적인 수급권의 유무와 서비스의 내용의 결정, 그리고 구체적인 급부의 실시에 따르는 일련의 과정을 거치게 되므로,445) 이러한 과정을 단계별로 나누어 기술하기로 한다.

1) 節次的 權利의 確保를 위한 基本原則的 內容

(1) 社會保障行政에 대한 參加

사회보장행정에 있어서도 그 민주적인 관리·운영을 확보하기 위해서

---

444) 原部逸夫 外, 社會保障行政法, 有斐閣, 1988, p.207.
445) 小川政亮, 社會事業法制, p.193.

는 국가의 중요 시책의 조사심의, 행정처분의 기준작성, 불복심판을 행하기 위한 목적으로 각종의 심의회의 역할이 중시되고 있다.446) 다만 심의회의 역할인 자문적·조사적인 것으로부터 대외적으로 독립하여 사회보장에 관한 개별정책을 결정표시하는 정도의 권능이 요구되며, 특히 심각한 생활적 수요의 요청에 대응하여 사회보장행정을 행함에 있어서는 이익대표자 및 단체, 노동조합 등의 행정참가권과 단체교섭권이 보장될 필요도 있다.447) 이러한 요구는 1961년 제5차 세계노동조합대회에서 채택된 사회보장헌장에서도 잘 나타나고 있다. 여기서는 "사회보장기관의 관리는 노동자에 의해 행해지든가 혹은 노농조합이 잠가하여 노농자 빛 그 밖의 수익자대표에 의해 행해져야 한다"고 하고 있다. 현행법하에서 이를 완전히 충족할 수는 없지만 중요한 시사점을 갖는 것은 사실이다.

⑵ 社會保障給付에 관한 行政機關의 情報提供

사회보장급부를 충실히 해야 할 의무를 지고 있는 정부는 이를 위하여 실시하는 각종의 급부의 내용과 절차 등을 수급대상자들에게 알려야 할 의무를 진다. 예컨대 1988년 장애인등록제를 실시한 경우에도 홍보부족으로 실시 후 8개월이 지났는데도 등록률이 20%를 넘지 못했던 것은 장애인이라는 사회적 인식이 갖는 낙인효과를 차치하고라도 진정한 권리의 향유자라고 믿는 사람들에게도 이를 위한 절차적 보장이 미흡했다는 지적을 피할 수 없다. 미국의 경우 행정청이 수급자단체와 지역법률서비스단체가 이러한 정보소식지를 발행하고 배포하도록 하고 있으며,448) 독일의 경우에는 사회법전총칙(SGB-Ⅰ)에서

---

446) 李憲錫, "社會保障受給權의 法理에 관한 小考", 1994, p.1154 참조.
447) 兼子仁, 市民のための行政訴訟, 勁草書房, 1981, p.433.
448) George Hoshino, "The Pursuit of Justice in the Social Service State",

행정청 등은 그 권한 범위 내에서 사람들에게 이 법률에 정한 권리와 의무에 대해서 계몽(Aufklärung)할 의무가 있다고 규정하고 있으며 (제13조), 그 법적 효과로서 기한의 착오로 신청 기간을 잘못하는 등의 홍보잘못으로 손해를 입은 자에 대해서 기관이 민법(BGB 제38조)과 독일기본법 제34조의 국가배상조항에 의한 손해배상의무를 진다고 해석하고 있다.[449] 일본에서는 학설상으로는 이러한 국가의 정보제공 의무의 필요성을 제시되고 있으나,[450] 판례에서는 생존권의 프로그램 성질론을 들어 아직 이것을 용인하지 않고 있다.[451]

(3) 相談과 助言

사회보장행정이 완벽한 체계를 갖추더라도 현실적으로 중산계층에 비해 열등한 계층에 있는 수급대상자들은 자신이 어떤 급부를 요구할 수 있는지, 또 어떤 경우에 일정한 부담을 지게 되는지, 또 어떤 경우에 비용이 경감·면제되는지 등에 관하여 충분한 상담과 조언이 이루어질 필요가 있다. 급부 주체의 직원은 수급권자의 그와 같은 상담요청에 친절하고 공정하게 조언하여야 하는 의무를 지고 있으며, 잘못된 답변이나 조언에 대해 어떤 책임을 지게 되는가에 대해서도 이론이

Public Welfare Vol.32 n.3(1974), pp.65-67.

449) N. Henke, *Grundzüge des Sozialrechts*, Walter de Gruyter, 1977, S.11.

450) 小川政亮, 扶助と福祉の法學, 一粒社, 1978, p.61.

451) 大阪高裁 平成5(1993).10.28. 平成3年(行コ)第6号 兒童扶養手當認定處分取消等請求控訴事件. 여기서는 "소위 프로그램규정인 헌법 제25조(생존권규정)와 수당법 제1조, 제7조 제1항, 제2항의 해석으로도 그 내용과 범위가 반드시 명확하지는 않기 때문에 공보와 주지철저를 공적 강제력을 가지고 강요하도록 하는 법적 의무를 무리하게 도출하기는 곤란하며 ……"라고 하여 급부기관에 의한 정보제공의무를 부정하고 있다. 이 사건 판례의 평석은 ジュリスト 第1053号(1994), pp.76 참조.

정립될 필요가 있다.[452)

2) 具體的인 節次段階

이하에서는 국민기초생활보장법상의 절차를 염두에 두면서 구체적
인 급부절차단계에서 주목해야 할 점에 관하여 검토하기로 한다.

(1) 申請段階

현행 국민기초생활보장법에서도 신청주의와 직권주의를 병행하고 있
으며, 여기서 권리성을 보다 부각시킨다는 관점에서 신청주의가 원칙이
되고 직권주의가 이를 보완하는 것이라는 해석은 일반적이다. 그러나
다른 사회보장법에서는 신청주의를 거의 찾아볼 수 없고 한결같이 직권
주의를 채택하고 있다. 이러한 직권주의는 전술한 바의 반사적 이익론
이외에도 사회복지 수급대상자를 권리자로서 보호하기보다는 통제대상
자로 관리한다는 색체를 띠고 있으므로, 이러한 원칙론은 반드시 배제
되어야 한다. 물론 신청주의로만 일관할 경우에도 신체적 불편과 같은
물리적 이유 내지는 아동의 학대, 장애인의 노출을 피하기 위해서 등의
이유로 급부신청이 어려울 수 있으므로, 이를 보완할 수 있는 수준의 직
권주의로 양자 간의 적절한 조화를 이루어야 함은 말할 필요도 없다.

독일의 경우 사회법전총칙(SGB-Ⅰ)에서 이러한 내용을 명문화하고
있다. 동법 제17조에서는 첫째 모든 권리자는 그의 권리로서 청구하는 사
회급부를 시기적절한(Zeitgemäß) 방법으로 전반적으로 신속하게 신청
이 받아들여져야 하며, 둘째 사회급부의 실시에 따른 필요한 사회복지의

---

452) 李憲錫, 社會保障行政에 관한 公法的 研究, p.157.

시설을 이용할 수 있어야 하고, 셋째 사회급부는 가능한 한 간단하고 용이한 방식으로 신청양식을 이용할 수 있어야 한다고 규정하고 있다.[453]

(2) 調査段階

인간존엄성의 보호, 프라이버시 내지 사적 비밀의 보호 등의 차원에서 가장 논란이 많은 과정이 조사단계이다. 이것은 가장 필요한 절차이면서도 그 방법에 있어 신중을 기할 필요가 있는 절차이기 때문이다. 예컨대 수급대상자의 가정을 방문하여 조사를 하는 경우 그 사생활이 침해되기 쉽다. 따라서 이러한 거택에 대한 조사방문은 공적부조제도의 필요에 의한 것일지라도 보충성의 원리에 입각하여 최대한 신중을 기하여야 하며, 예컨대 심야에 또는 예고 없이 수급대상자의 가정을 방문하거나 가정에 출입하여 구석구석을 뒤지는 등의 조사방법은 금지되어야 함은 물론이다.

현행 국민생활보장기본법에서는 조사 공무원의 증표 휴대 및 제시 의무만을 규정하고 있을 뿐(동법 제22조 제5항) 이러한 신중의무에 대해서는 규정하지 않고 있다. 특히 조사에 협조하지 않거나 이를 기피하는 경우에는 수급자의 급여결정을 취소하거나 급여를 정지 또는

---

453) 여기서 시기적절한(Zeitgemäß) 방법이란 그 시기가 과학적인 지식에 의한 적당한 방법이라는 것을 의미하는 것이며, 절차신속의 요구는 생활보장적 급부의 경우에 타당성과 사회보장급부 등의 경우에는 그 조직적 보장에 있어서 수급자의 인간존엄이라고 하는 불가침의 기본적기본권이 침해되지 않도록 행정당국이 중대한 책임을 진다는 것이며, 또 필요한 사회보장급부와 시설이 존재하지 않는 경우 급부주체는 배상책임이 있다는 것 등이 본조의 해석이다. Burdenski/von Maydell/Schellhirn, *Kommentar zum Sozialgesetzbuch, Allgemeiner,* 2. Aufl., Luchterhand, 1981, S.148. (李憲錫, "社會保障受給權의 法理에 관한 小考", p.1157에서 재인용).

중지할 수 있기 때문에(동법 제23조 제3항) 다소 권위적으로 조사가 행해질 우려가 있으므로 조사에 있어 다른 기본권보호에 관한 신중한 태도가 더욱 절실하다.

(3) 決定段階

우선 결정의 전 단계로서 수급대상자가 어떤 정도의 급부를 받게 되는지, 그 급부가 자신에게 합당한 정도의 것인지를 물어볼 필요가 있다. 즉 합리적인 청문(fair hearing)의 기회가 보장되어야 한다. 행정절차제도가 잘 발달한 미국에서는 수급대상자에게 급부의 내용이 자신에게 적절한가에 대한 청문의 기회를 제공하고 있다.[454] 다음으로 결정 후에는 그 결정의 요지, 급부의 종류와 방법 및 그 개시시기 등을 서면으로 수급권자 또는 신청인에게 통지하여야 한다. 전술한 바와 같이 국민기초생활보장법에서는 신속한 급여의 결정과 그 결과에 대한 통지의무를 명문화하고 있으나(동법 제26조), 다른 사회보장법에서는 아직 이러한 절차는 무시되고 있는 듯하다. 공정한 절차적 권리의 확보를 위해서는 이러한 점도 유의되어야 한다.

(4) 實施段階

이 단계에서의 문제는 주로 입소조치의 경우에 발생한다. 예컨대 현행 장애인복지법에 따르면 재활상담 및 입소조치를 규정하고 있으나(동법 제31조), 대상자로 하여금 의료기관을 선택할 여지는 전혀 인정

---

454) Sylvia Law, "The Rights of the Poor", The Basic ACLU(An American Civil Liberties Union) Guide to a Poor Person's Right, 1973, p.69.

되지 않고 있다. 따라서 그의 기호에 관계없이 당국에서 지정하는 재활
의료기관에 입소할 수밖에 없는 강제적 처분의 형식을 취하고 있다. 입
소시설마다 특색이 있을 수 있으며, 특히 민간에 의한 시설에 위탁되는
경우에는 시설을 설립한 (예컨대 종교적) 취지 등에 따라 입소자의 정
서를 고려할 필요가 있는데도 이것은 무시되고 있는 적당하지 않다. 따
라서 시설선택권이 보장되어야 하며, 가능한 한 입소대상자의 의사를
존중하도록 함으로써 그 선택의 가능성을 명문화할 필요가 있다.

第 **5** 章

結　　論

법의 궁극적인 목적은 인간다운 존엄과 가치를 유지하는 데 있으며, 이것은 현실적으로는 국민의 권리의 보호 내지 보장이라는 모습으로 나타나게 된다. 따라서 법은 권리를 수호하고 보장받으려는 주체와 그 권리를 보장해 주어야 할 의무를 가진 관계자들 간의 분쟁을 해결함으로써 종결되게 되는데, 그 관계자가 공적 주체이거나 공법적 원리에 의해서 그 권리가 성립하는 경우에 적용되는 법이 행정법이다. 결국 사회보장이 공법적 원리에 의해서 이루어지는 행정작용이므로 사회보장의 법적 문제를 현실적으로 해결하기 위해서 직접적으로 모색되어야 하는 것은 행정법의 법리이다. 본 연구는 이러한 견지에서 사회보장이 실효성 있게 확보되기 위한 행정법의 법리를 체계적으로 모색해 보고자 하였다. 이를 위하여 서론에서 제기한 연구문제에 간단히 답함으로써 결론에 갈음하고자 한다.

첫째, 사회보장은 헌법상 기본권인 생존권의 구체화라는 모습으로 나타나게 되는데, 생존권에 대해서는 권리로서의 구체성을 갖는가에 대한 논의가 많았다. 권리는 개념상 침해되었을 때의 구제가능성이 있음을 전제로 하는 개념이므로, 일정하게 향수되는 이익이 있을 때, 그것은 권리인지 아닌지를 가릴 수 있을 뿐이며, 권리라고 인정된 경우에서 그것은 당연히 헌법에서 말하는 구체성을 갖는 권리, 즉 구체적 권리를 의미한다. 따라서 추상적 권리라는 표현도 재판상 구제가능성이 완전하지 아니한 것, 즉 완전한 권리로서의 형상은 아직 갖추지 못한 것을 의미한다고 하겠다. 그런데 이것은 행정법학과 헌법학의 시각 차이에서 기인하는 듯하다. 헌법학에서는 기본권의 문제를, 행정법학에서는 기본권에서 유래하는 개별적인 공권의 문제를 대상으로 하게 되는데, 행정법학에서는 개별적 권리를 다루므로, 그것이 존재하는가 아닌가를 분명히 설명할 수 있으나, 헌법학에서는 개별적 권리의 근거이면서 개별적 권리의 총화라고 할 수 있는 기본권을 다루므로, 전체로 보아서는 언제나 그것이 보장되는 것은 아니므로, 권리라고 하기에는 완전하지 않다고 판단한 것이 아닌가 생각된다. 어쨌든 이러한 표현의 문제는 차치하고, 헌법상 생존권이 선언적인 것이나, 프로그램적인 것이 아니라 권리로서 구체적 의미를 갖는데, 종래의 헌법학에서와 같은 '구체적 권리설'에 대한 설명은 자유권과의 관계를 효과적으로 설명하지 못했기 때문에 설득력이 부족하였다. 또 기본권으로서의 생존권의 중요성을 인정하여 다수의 학자들이 구체적 권리설로 옮겨오고 있음에도 불구하고, 그 자세가 적극적이지 아니하고 불완전구체적 권리설의 입장을 택하고 있는 것도 이러한 자유권과의 관계에 대한 적절한 설명을 할 수 없기 때문이다. 결국 생존권을 권리로서 완전한 의미를 부여하기 위한 설명은 기본권론으로만 다루는 것은 적당하지 않음을 알 수 있다. 따라서 본 연구에서는 행정법적인 시각에서 생존권의 권리성을 모색하였다. 그것은 '행정법에 의한 헌법원리 형성력'으로 설명할 수 있다. 즉 현재 헌법상 제도로서 존재하는 많은 원리들이 처음부터 헌법상의 원리였던 것이 아니라 개별적 입법, 즉 특별행정법에 의해서 관련된 제도들이 하나씩 축적됨으로써 일정한 원리를 형성하고 그것의 총화로써 헌법상의 원리가 되었다는 것이다. 비례원칙은 여기에 해당되는 대표적인 것이라 할 수 있다. 생존권도 마찬가지이다. 기초생활보장법에 의한 기초생활보장권, 각종 연금법에 의한 연금수급권, 장애인복지법에 의한 복지수급권 등 다양한 사회보장의 영역에서의 입법이 축적됨으로써 헌법상 사회보장의 권리가 형성되고, 완성되고 있음을 설명할 수 있는 것이다.

둘째, 사회보장행정에 관한 입법의 재량을 통제하는 문제에 관해서는 입법재량을 전혀 인정하지 않거나, 문제가 된 사회보장 관련규정이 헌법상 생존권규정을 위반하는 것으로 입법재량의 한계를 넘는 것이라는 점을 들어, 이를 쟁송의 대상으로 삼아서는 재판상 구제를 받기는 현실적으로 어렵다. 헌법재판기관이 사회경제입법에 관하여 입법재량을 인정하고 여기에 명백성의 원칙을 적용하여, 현저히 합리성에 반하거나 재량을 일탈한 경우가 아닌 한, 입법부의 입법재량을 인정하는 것에 대항하는 것은 일종의 넘을 수 없는 한계에 해당하기 때문이다. 따라서 직접 생존권위반을 문제 삼거나, 생존권만을 문제 삼을 것이 아니라 헌법상 평등원칙이나, Due process와 같은 일반적이고도 근간이 되는 기본권들을 생존권규정에 교착시킴으로써 우회적인 방법으로 생존권적의 권리의 구제가능성을 타진해 보는 것이 필요하다.

셋째, 사회보장행정에 관한 재량의 통제에 관해서는 사회보장행정법이 갖는 특질, 즉 사회보장행정법이 급부행정법의 중요한 부분이긴 하나 일반적 급부행정법과는 다른 특질을 갖고 있기 때문에 급부행정법의 일반 원리를 적용하여 재량을 통제하기는 현실적으로 어렵기 때문에 이러한 특질을 고려한 재량통제의 방법을 모색하여야 한다. 즉 사회보장행정은 비권력작용으로서의 급부적 성질과 처분적 성질을 모두 가지기 때문에, 이러한 특질을 감안하여 처분적 행위에 계약의 법리를 적용하거나, 계약적 행위에 처분적 성질을 감안하여 그 효과를 중심으로 행정쟁송의 대상으로 하는 해석법을 고려해 보았다. 이것은 사회보장행정이 집행되는 각각의 행위형식에 따른 전형적인 법리로서 문제해결에 접근하는 것이 아니라, 사회보장행정의 행위형식에 집착하지 아니하고 사회보장행정이 가장 잘 실효성을 거둘 수 있도록 하는 방법으로서의 법리를 모색한 것이다.

이와 같이 사회보장은 공법원리에 의해 수행되는 공행정작용이므로, 사회보장행정법이 갖는 특질적인 요소를 감안하여 행정법의 원리에 따라 사회보장의 법문제에 접근한다면 사회보장의 실현은 보다 우리에게 가까이 오게 될 것이다.

· 저자 ·

이호용 　　**· 약　력 ·**
　　　　　(현) 강릉대 법학과 교수
　　　　　서울시 공무원교육원 전임교수
　　　　　법무부 (상근)전문위원
　　　　　한국보건사회연구원 주임연구원
　　　　　국무총리 청소년보호위원회 정책자문위원
　　　　　사법시험 2차 시험위원
　　　　　중앙인사위원회 행정고시 1차 및 2차 시험위원
　　　　　중앙인사위원회 7급, 9급 시험위원, 5급 승진 시험위원
　　　　　국회사무처 국회행정공무원 시험위원
　　　　　강원, 경기, 인천, 광주 대전 등 지방행정직 지방교육직 공무원 7급 9급 시험
　　　　　위원, 지방공무원 5급 승진 시험위원
　　　　　행자부 소방위 승진시험 출제위원
　　　　　공인중개사시험 기타 자격시험 출제위원
　　　　　서울메트로, 서울도시철도공사, 한국폴리텍, 도시개발공사 등 각종 공사 입사 시험위원
　　　　　한국공안행정학회 편집이사 및 편집위원
　　　　　한국지방자치법학회 정보이사
　　　　　한국민간경비학회 기획이사
　　　　　한국법정책학회 정보이사
　　　　　한국비교공법학회 연구위원
　　　　　한국공법학회 회원
　　　　　한국토지공법학회 연구위원
　　　　　한국부동산법학회 이사
　　　　　전공분야 행정법, 법정책학, 경찰법, 보건의료법, 사회보장행정법, 정보법

　　· 주요논저 ·
　　　　　성매매의 합리적 규제를 위한 법정책적 방향
　　　　　경찰자치제의 본질과 당위의 관점에서 본 경찰자치제 정부안의 검토
　　　　　경찰권발동의 근거로서의 위험의 개념과 양태
　　　　　풍속영업의 개념과 효율적 규제
　　　　　조세등정책목적적규제수단에대한 통제
　　　　　의료광고의 법적 규제
　　　　　사회보장행정법의 법리에 관한 연구
　　　　　수익자부담금제도에 관한 연구
　　　　　사회보장을 받을 권리의 구체적권리성을 위한 새로운 시론
　　　　　전자인증의 법적 과제
　　　　　의료정보의 법적 문제
　　　　　각국의 개인정보보호법제 동향
　　　　　일본의 전자공증 관련 법제 동향
　　　　　일본 전자서명 및 인증업무에 관한 법률 소개
　　　　　사회복지사업조성을 위한 법이론적 기초
　　　　　공표에 의한 인격권침해와 구제
　　　　　조례에 의한 형벌제정가능성
　　　　　전자문서의 이용활성화를 위한 법적 장애

사회보장행정법의 구조적 특성
―사회보장행정에 관한 입법재량과 행정재량―

• 초판 인쇄	2007년 7월 20일
• 초판 발행	2007년 7월 20일
• 지 은 이	이호용
• 펴 낸 이	채종준
• 펴 낸 곳	한국학술정보㈜
	경기도 파주시 교하읍 문발리 526-2
	파주출판문화정보산업단지
	전화 031) 908-3181(대표) · 팩스 031) 908-3189
	홈페이지 http://www.kstudy.com
	e-mail(출판사업부) publish@kstudy.com
• 등 록	제일산-115호(2000. 6. 19)
• 가 격	19,000원

ISBN   978-89-534-7015-6 93350 (Paper Book)
        978-89-534-7016-3 98350 (e-Book)